Thèmes et Discussions

D. C. Heath and Company
Lexington, Massachusetts Toronto

Thèmes et Discussions

Thomas H. Brown
Brigham Young University

Text Acknowledgments

"Les Discours du Général de Gaulle" extracted from *Discours et Messages* by Charles de Gaulle. Reprinted courtesy of Librairie Plon, Paris.

Extracts from *Un Village du Vaucluse* by Laurence Wylie. Copyright © Editions Gallimard, Paris. Reprinted by permission of Editions Gallimard.

"Le Jacassin" extracted from *Le Jacassin* by Pierre Daninos. Reprinted by permission of the author.

"A ma mère" and "L'Enfant noir" extracted from *L'Enfant noir* by Camara Laye. Reprinted by permission of Librairie Plon, Paris.

"La Cantatrice chauve" extracted from *La Cantatrice chauve* by Eugène Ionesco. Copyright © Editions Gallimard, Paris. Reprinted by permission of Editions Gallimard.

"En attendant Godot" extracted from *En attendant Godot* by Samuel Beckett. Reprinted by permission of Editions de Minuit, Paris.

"L'Elu" extracted from *La Statue de sel* by Albert Memmi. Reprinted by permission of the author.

"Les Bons Maîtres" extracted from *Mon Village et moi* by Pierre Gaxotte. Reprinted by permission of Librairie Ernest Flammarion, Paris.

"Le Défi américain" extracted from *Le Défi américain* by Jean-Jacques Servan-Schreiber. Reprinted by permission of Editions Denoël, Paris.

"Nuit de Sine" from *Poèmes* by Léopold Sédar Senghor. Reprinted by permission of Editions de Seuil, Paris.

"Flash Gordon: Tout nouveau, tout rétro" by Catherine Laporte. Reprinted by permission of *L'Express,* Paris.

"Critique du *Cheval d'orgueil*" by Jacques Thomas. Reprinted by permission of *Marie-France,* Paris.

"Vol de nuit" extracted from *Vol de nuit* by Antoine de Saint-Exupéry. Copyright © Editions Gallimard, Paris. Reprinted by permission of Editions Gallimard.

"La Peste" extracted from *La Peste* by Albert Camus. Copyright © Editions Gallimard, Paris. Reprinted by permission of Editions Gallimard.

"Qu'est-ce qu'un Français?" extracted from *Les Carnets du Major Thompson* by Pierre Daninos. Reprinted by permission of Librairie Hachette, Paris.

"Visite à New York" extracted from *L'Ecole buissonnière à New York* by Colette. Reprinted by permission of Madame Colette de Jouvenal.

"L'Etranger" extracted from *L'Etranger* by Albert Camus. Copyright © Editions Gallimard, Paris. Reprinted by permission of Editions Gallimard.

Photograph Credits

Courtesy, French Embassy Press and Information Service: pp. 5, 95; Courtesy, French Line: p. 119; Courtesy, French Tourist Office: p. 151; Courtesy, Mary Lyons, Food and Wines from France: p. 29; Peter Menzel: pp. 1, 19, 57, 75, 107, 129, 143; Courtesy, Radio Times Hulton Picture Library: p. 43; Courtesy, United Nations / Photograph by Ray Witlin: p. 83.

Illustrations

p. 138 left: Ami; p. 138 right: Chaval; p. 139 left and right: Trez. All from *The Best Cartoons of France,* by Edna Bennett. Copyright © 1953 by Simon and Schuster, Inc. Reprinted by permission of Simon and Schuster, a Division of Gulf & Western Corporation.

Published simultaneously in Canada.

Printed in the United States of America.

International Standard Book Number: 0-669-02844-4

Library of Congress Catalog Card Number: 81-84952

Preface

Thèmes et Discussions has been prepared for use in intermediate or advanced college and high school conversation-composition courses. With its interesting and stimulating readings grouped around recurring themes in literature and everyday life, this text is also appropriate for use as an intermediate reader. It contains materials designed to provide students with a variety of opportunities for expanding their abilities in speaking, reading, and writing French.

Lesson 1, intended for the first day of class, provides vocabulary, questions, and activities that encourage students to become acquainted with each other and with the instructor. The rest of the lessons contain two reading selections each, dealing with different aspects of a given theme. The lessons' organization is as follows:

1. *Introduction.* A brief statement on the author, the passage, and the theme to be studied.

2. *Reading.* The selection serves as a point of departure for conversation and composition as well as a basis for development of the reading skill. The passages have been chosen with great care in order to provide topics that students will find stimulating and enjoyable. Side notes in French of unfamiliar words and expressions have been included. It is suggested that the students read the selection out of class and be prepared to discuss its contents during the next class period.

3. *Vocabulaire.* The word lists, related to the themes and topics of the readings, provide vocabulary needed for intelligent expression in conversation and writing. Synonyms and antonyms are included to stimulate vocabulary expansion, and definitions in French are provided for unfamiliar words and phrases. Although students are invited to refer to the vocabulary lists as they prepare their discussions and assignments, they should not feel limited to those words and expressions given.

4. *Questions.* Based on the reading selection, these questions serve as a check on reading comprehension. They also provide guidelines for the discussion of the lesson theme. The goal is for students to *discuss* the questions, not read answers. The questions may also serve as a format for an oral or written résumé of the selection. Sometimes, the résumé will take the form of a chain activity, with one student beginning the narration, another continuing at a given point, and so on, until all the students have participated. Still another use for

the questions is to stimulate more individualized discussions in groups of two or three, with the students both asking the questions and giving the responses.

5. *Discussions.* These activities include thought questions, interviews, personalized questions, problems, and hypothetical situations. They encourage the students to express opinions, make judgments, address issues (often controversial), suggest solutions, and analyze the themes in view of their own feelings and attitudes.

6. *Discussions et activités facultatives.* Additional topics for discussion, games, special activities, and debates are provided in this section, giving students and instructors an extremely broad range of activities from which to choose. These discussions are optional and could be omitted at the instructor's discretion.

   It is essential that students be made to understand the importance of preparing the assigned discussions and other activities prior to class. Preparation means finding the appropriate vocabulary *in advance* to express desired ideas. Students should be encouraged to refer to the vocabulary lists. Preparation also consists of making individual notes on the discussion topics for reference during classroom conversations. Discussion of ideas and attitudes, not reading of answers, is desired in this activity. A variety of classroom activities will result from the students' preparation. Among them are the following:

   a. Discussion between the instructor and class members.
   b. Conversations in small groups of two or three, with students both asking and answering questions.
   c. Discussion involving the entire class, with specific students designated in advance as discussion leaders.
   d. Discussion of written materials prepared by the students prior to class.
   e. Discussions by a panel of three or four students, with one or two others who observe, listen, take notes, and then formulate questions to ask the members of the panel.
   f. Discussions with pictures or other visuals. As part of their preparation, students might be asked to bring pictures or photographs to support the description of certain topics.
   g. Speeches or short talks assigned in advance.
   h. Research on a specific topic.
   i. Debates. The class would be divided into the two groups, one for and one against the issue. A brief opening statement might be made by each member of the teams: then questions could be directed by members of one team to specific members of the opposing team. The instructor or one of the students would serve as moderator.
   j. Dialogues or skits. These would be based on a lesson theme, rehearsed in advance, and then presented in class.

7. *Composition.* At the end of every lesson, a subject for a short paper is given. However, any of the *discussions* or *discussions facultatives* would also be appropriate as topics for compositions. This assigned composition would normally be done outside of class and handed in for evaluation.

Grammaire

The grammar sections do not provide a complete review of French grammar. They focus instead on special problems and recurring and persistent structure difficulties. The grammar sections are placed at the end of every second lesson and have the following format:

1. Brief outline of grammar elements to be considered.
2. *Examen.* A brief test based on the grammar points.
3. *Vérification.* These answers to the test items enable the students to do an immediate check of their mastery of the grammar points under consideration.
4. *Notes grammaticales.* Written in English, these explanations are directed to those students who have had difficulty with the *Examen.* After studying the grammar, these students should be encouraged to redo the *Examen* to determine if they have mastered the structure points.

The grammar lessons are flexible and may be omitted or assigned in any order, according to need. Because of the self-correcting feature, they can be done at home, leaving class time for discussion and development of the speaking skill. Occasionally, the instructor may wish to give a quiz on the grammar material studied. The *Examen, Vérification,* and *Notes grammaticales* are intended as aids to strengthen students' grasp of important grammar concepts needed for communication.

The materials in *Thèmes et Discussions* are highly flexible and have been organized so that lessons may be assigned in any order or omitted altogether, at the instructor's discretion. This reader may be used alone or in combination with a review grammar. It is structured so that it can be covered in one semester or used over the entire school year. If used over one semester, with classes meeting two times per week, one reading with accompanying materials would be assigned for each class period. Only a few of the discussions and other activities would be assigned and these according to interest and need. The compositions and grammar lessons would be given as out-of-class assignments with an occasional quiz on the grammar material covered. For a conversation/composition course, with classes meeting three or four times per week or using the materials over the entire school year, the instructor could use the abundance of discussions, activities, and suggestions for compositions, plus the oral drills provided in Appendix A, as schedules, time, and needs permit.

Verb tables (Appendix B), and an end vocabulary (French/English) are provided for easy student reference.

The author wishes to express appreciation to his colleagues and students at Brigham Young University who have made valuable suggestions for improving the manuscript and to the members of the editorial staff of D. C. Heath for their assistance at every stage in the preparation of this text.

Thomas H. Brown

Contents

Thèmes et Discussions

1

Je suis...

Vocabulaire

Dans les listes de vocabulaire, = indique un synonyme, ≠ un antonyme; les définitions sont données en italique. Seules sont données les définitions pour les mots et les expressions qui ne sont pas bien connus ou qui ne ressemblent pas à l'anglais.

avoir un bon ou mauvais caractère

être sympathique, agréable, désagréable, méchant(e), calme, impulsif(-ve), raisonnable, têtu(e) = obstiné(e), sentimental(e), sérieux(-se), paresseux(-se) ≠ travailleur(-se), idéaliste, réaliste, sociable, spontané(e), ouvert(e), réservé(e), timide, fermé(e), optimiste, pessimiste, avare ≠ généreux(-se), agressif(-ve), ambitieux(-se), jaloux(-se), patient(e), impatient(e).

aimer, détester, préférer

Questions

1. Comment vous appelez-vous?
2. D'où venez-vous? Comment est votre ville (village)?
3. Préférez-vous la ville ou la campagne? Pourquoi?
4. Que pensez-vous de vos cours? de vos professeurs? des professeurs en général? de la vie universitaire? de la vie en général?
5. Que pensez-vous du cinéma américain? français? italien? suédois? de la télévision? des sports?, etc.

Activités

1. *Jeu: Pour se connaître*
   Remplissez chaque carré à la page suivante avec le nom d'une personne qui a cette même caractéristique que vous. Faites vite!
2. Donnez les noms des autres étudiants de la classe.
3. *Jeu: Qui est-ce?*
   Un(e) étudiant(e) ferme les yeux. Les autres choisissent quelqu'un du groupe. L'étudiant(e) ouvre les yeux et, en posant des questions aux autres, doit deviner la personne choisie.
4. *Causerie:* Indiquez comment vous êtes; donnez les traits de votre personnalité; dites ce que vous aimez, ce que vous n'aimez pas.

prénom	couleur des yeux	couleur des cheveux	qui porte la même couleur aujord'hui	date de naissance ou mois d'anniversaire
état ou pays où vous êtes né(e)	état ou pays où habite votre famille	ville où habite votre famille	marque de votre voiture	couleur de votre voiture
nombre de frères	nombre de sœurs	au choix	couleur préférée	plat préféré
sport préféré	roman préféré	spécialisation universitaire	auteur préféré	film préféré
passe-temps préféré	compositeur préféré	bête noire	fleur préférée	nombre d'années à l'université

2

La Patrie

Première partie

« La France est une république indivisible, laïque,° démocratique et sociale. Elle assure l'égalité devant la loi de tous les citoyens° sans distinction d'origine, de race, ou de religion.» Ainsi commence l'article deux de la Constitution du 4 octobre 1958 qui établit la Ve République. Cette constitution est la seizième depuis la révolution de 1789.

laïque: non-ecclésiastique
citoyens: membres d'un pays

L'histoire de la France? Le contraire d'une évolution paisible:° remous° politiques, déchirements sociaux. En 1958, un homme d'état puissant,° le général Charles de Gaulle, réorganisa le système politique français. Pendant onze ans il gouverna la France, suivi en 1969 par M. Georges Pompidou, en 1974 par M. Valéry Giscard d'Estaing, et en 1981 par M. François Mitterand.

paisible: calme / **remous:** agitations, troubles
puissant: fort

Juin 1940: La France tremble sous la menace allemande... sent Pourtant, le 18 de ce même mois, les radios du pays transmettent en direct de Londres une voix, une voix d'espoir. Le général de Gaulle commence ainsi à gagner, non sans autorité, le soutien° des Français, leur confiance, et plus tard ... leurs suffrages. L'amour de la patrie l'inspire depuis l'enfance. Sa famille, profondément conservatrice, lui laisse un héritage, une attitude: celle d'un « grand » homme, en caractère et en taille,° qui voit au-delà des conflits intérieurs, l'intérêt et le destin d'une France libre et unie.

soutien: aide, support
taille: dimension

Les Discours du Général de Gaulle

18 Juin 1940: Le Général de Gaulle arrive à Londres le 17 juin. Le dernier Gouvernement de la IIIe République a disparu au cours de la nuit précédente. Le Maréchal Pétain[1] ayant demandé l'armistice et invité les Français à déposer les armes, le Général de Gaulle lance son premier appel.

Discours prononcé à la radio de Londres

Les chefs qui, depuis de nombreuses années, sont à la tête des armées françaises, ont formé un gouvernement.

Ce gouvernement, alléguant° la défaite de nos armées, s'est mis

alléguant: indiquant

[1] **Henri-Philippe Pétain (1856–1951):** Commandant en chef des armées du Nord et du Nord-est pendant la Première Guerre mondiale, il devint chef de l'Etat durant l'occupation allemande (1940–1944) pendant la Deuxième Guerre mondiale.

en rapport avec l'ennemi pour cesser le combat.

Certes, nous avons été, nous sommes, submergés par la force mécanique, terrestre et aérienne, de l'ennemi.

Infiniment plus que leur nombre, ce sont les chars.° les avions, la tactique des Allemands qui nous font reculer.° Ce sont les chars, les avions, la tactique des Allemands qui ont surpris nos chefs au point de les amener là où ils en sont aujourd'hui.

chars: véhicules automobiles armés de canons et de mitrailleuses.
reculer: aller en arrière

Mais le dernier mot est-il dit? L'espérance doit-elle disparaître? La défaite est-elle définitive? Non!

Croyez-moi, moi qui vous parle en connaissance de cause et vous dis que rien n'est perdu pour la France. Les mêmes moyens qui nous ont vaincus peuvent faire venir un jour la victoire.

Car la France n'est pas seule! Elle n'est pas seule! Elle n'est pas seule! Elle a un vaste Empire derrière elle. Elle peut faire bloc avec l'Empire britannique qui tient la mer et continue la lutte.° Elle peut, comme l'Angleterre, utiliser sans limites l'immense industrie des Etats-Unis.

lutte: bataille

Cette guerre n'est pas limitée au territoire malheureux de notre pays. Cette guerre n'est pas tranchée° par la bataille de France. Cette guerre est une guerre mondiale. Toutes les fautes, tous les retards, toutes les souffrances, n'empêchent pas° qu'il y a, dans l'univers, tous les moyens nécessaires pour écraser un jour nos ennemis. Foudroyés° aujourd'hui par la force mécanique, nous pourrons vaincre dans l'avenir par une force mécanique supérieure. Le destin du monde est là.

tranchée: ici, décidée
n'empêchent pas: ne mettent pas d'obstacle
Foudroyés: Ecrasés

Moi, Général de Gaulle, actuellement à Londres, j'invite les officiers et les soldats français qui se trouvent en territoire britannique ou qui viendraient à s'y trouver, avec leurs armes ou sans leurs armes, j'invite les ingénieurs et les ouvriers spécialistes des industries d'armement qui se trouvent en territoire britannique ou qui viendraient à s'y trouver, à se mettre en rapport avec moi.

Quoi qu'il arrive, la flamme de la résistance française ne doit pas s'éteindre° et ne s'éteindra pas.

Demain, comme aujourd'hui, je parlerai à la Radio de Londres.

s'éteindre: cesser de brûler, mourir

24 Juin 1940: L'armistice conçu par le Maréchal Pétain avec l'Allemagne est signé le 23 juin. La révolte française est encore muette. Le Général de Gaulle va l'exprimer.

Discours prononcé à la radio de Londres

Ce soir, je dirai simplement, parce qu'il faut que quelqu'un le dise, quelle honte, quelle révolte, se lèvent dans le cœur des bons Français.

Inutile d'épiloguer sur les diverses conditions des armistices franco-allemand et franco-italien. Elles se résument en ceci: la France et les Français sont, pieds et poings° liés,° livrés° à l'ennemi.

poings: mains fermées / **liés:** attachés
livrés: donnés

Mais si cette capitulation est écrite sur le papier, innombrables sont chez nous les hommes, les femmes, les jeunes gens, les enfants, qui ne s'y résignent pas, qui ne l'admettent pas, qui n'en veulent pas.

La France est comme un boxeur qu'un coup terrible a terrassé. Elle gît° à terre. Mais elle sait, elle sent, qu'elle vit toujours d'une vie profonde et forte. Elle sait, elle sent, que l'affaire n'est pas finie, que la cause n'est pas entendue.°

gît: est couchée

entendue: perdue

Elle sait, elle sent, qu'elle vaut beaucoup mieux que la servitude acceptée par le Gouvernement de Bordeaux.[2]

Elle sait, elle sent que, dans son Empire, des forces puissantes de résistance sont debout pour sauver son honneur. Déjà, en beaucoup de points des terres françaises d'outre-mer,° s'est affirmée la volonté de poursuivre la guerre.

d'outre-mer: au-delà des océans et des mers

Elle sait, elle sent, que ses Alliés sont plus résolus° que jamais à combattre et à vaincre.

résolus: décidés

Elle perçoit dans le nouveau monde mille forces immenses matérielles et morales qui, peut-être, se lèveront un jour pour écraser les ennemis de la liberté.

Il faut qu'il y ait un idéal. Il faut qu'il y ait une espérance. Il faut que, quelque part, brille et brûle la flamme de la résistance française.

Officiers français, ingénieurs français, où que vous soyez, efforcez-vous de rejoindre ceux qui veulent combattre encore. Un jour, je vous le promets, nous ferons ensemble, l'armée française de l'élite, l'armée mécanique terrestre, navale, aérienne, qui, en commun avec nos Alliés, rendra la liberté au monde et la grandeur à la Patrie.

Vocabulaire

la guerre	les alliés
la supériorité	un ennemi
la faiblesse, faible	la défense, défendre
la défaite	gagner
l'armistice (*m*).	triompher de
la résistance, résister	être victorieux(-se)

[2] **Gouvernement de Bordeaux:** Gouvernement de Pétain.

l'encouragement (*m.*), encourager
le refus
l'honneur (*m.*)
le combat, combattre
lutter = se battre
remonter le moral = soutenir
redonner confiance
la liberté
la neutralité, le neutralisme, neutre, neutraliste
la fierté, être fier(-ère)
l'admiration (*f.*)
le chauvinisme *sentiment exagéré du patriotisme*
chauvin(e)
le nationalisme, nationaliste
l'extrémisme (*m.*), extrémiste
le danger nucléaire
la guerre froide
une armée
la diplomatie, un diplomate
le désarmement

Questions

1. Qu'est-ce qui se passait en France en juin 1940?
2. Quelle était l'attitude du Général de Gaulle vis-à-vis de la situation?
3. D'où parle Charles de Gaulle?
4. Parlez du ton et du style du Général de Gaulle. Trouvez dans le texte des expressions et des images frappantes.
5. Que demande le Général à ses compatriotes?

Discussions

1. Discutez: patriotisme, nationalisme, chauvinisme.
2. La guerre est-elle jamais justifiée? Expliquez.
3. Croyez-vous qu'il y ait un jour une Troisième Guerre mondiale? Si oui, quand et où? Qu'est-ce qui va la précipiter? Qu'est-ce qu'on pourrait faire pour éviter cette guerre?
4. Le monde connaîtra-t-il jamais la paix universelle? Pourquoi oui? Pourquoi non?
5. A votre avis, doit-on participer à la vie politique de sa ville? de son état? de son pays? Pourquoi? Pourquoi pas?

Discussions et activités facultatives

1. Indiquez ce qui se passait aux Etats-Unis en juin 1940. Quelle était la position de notre gouvernement en ce temps-là envers la situation en Europe?
2. Le Général de Gaulle avait-il raison d'espérer? Expliquez.
3. Qu'est-ce qui a précipité l'entrée des Etats-Unis dans la Deuxième Guerre mondiale? Connaissez-vous quelqu'un qui ait participé à ces événements? Pourriez-vous raconter ses souvenirs?

4. Par l'influence qu'il a eue sur l'histoire de la France et sur la conscience de ses compatriotes, Charles de Gaulle a certainement été un des grands Français de l'histoire. A votre avis qui est le plus grand Américain de l'histoire? l'Américaine la plus célèbre? Donnez les raisons de vos choix.
5. *Devinette:* Divisez la classe en groupes de deux équipes. Le premier groupe choisit le nom d'une personne célèbre dans l'histoire du monde. L'autre groupe pose au maximum vingt questions pour trouver le nom de la personne.

Deuxième partie

Au mois d'août 1950, une famille américaine (père, mère, deux fils âgés de trois et cinq ans) s'installe dans un village en Provence en France. Leur but: vivre la vie des habitants du village pendant une année afin que le père, professeur de civilisation française, puisse étudier la vie d'un village français[1] à travers ses habitants. Cet homme s'appelle Laurence Wylie; son livre, Un Village du Vaucluse, *décrit les expériences de la famille pendant leur séjour dans le Vaucluse. C'est donc dans un cadre rural qu'il faut situer le texte suivant. Aux sentiments nobles de Charles de Gaulle envers la patrie, contrastez l'attitude du peuple d'un village français envers le gouvernement.*

Un Village du Vaucluse

Les enfants acceptent aisément la notion de *patrie,* car chez eux et au village, ils n'entendent parler de la patrie qu'avec amour et respect. Ils savent que le « Monument aux Peyranais morts pour la Patrie » est un lieu vénéré° par tous les habitants du village. Plusieurs fois par an, ils voient les hommes du pays oublier momentanément leurs différends personnels pour aller ensemble déposer une couronne° au pied du monument. Les enfants savent que « la douce France » est un pays privilégié entre tous grâce à son extraordinaire forme hexagonale. Ils savent que la langue

vénéré: respecté

couronne: guirlande de fleurs

[1] Appelé par le nom fictif Peyrane dans l'édition anglaise du livre de M. Wylie, le village est en vérité Roussillon, comme l'a expliqué l'auteur dans la préface de l'édition française.

française est la langue de la civilisation et que les peuples civilisés de toute la terre considèrent la France comme leur seconde patrie. Culturellement, affectivement, géographiquement et esthétiquement, les gens de Peyrane se sentent partie intégrante de la patrie. Ils reconnaissent aussi qu'officiellement, légalement, statistiquement, ils font partie de l'Etat français qu'ils respectent mais qu'ils n'aiment pas.

Malheureusement, les notions de Patrie et d'Etat doivent se traduire en termes humains et c'est là que les Peyranais rejettent les « belles phrases » du manuel d'instruction civique.[2] En théorie, le gouvernement est peut-être le représentant de la Patrie, mais en fait, comme il se trouve composé d'êtres humains, c'est-à-dire de gens faibles, stupides, égoïstes et arrivistes, le citoyen doit, au lieu de coopérer avec eux—comme le demande le manuel—essayer par tous les moyens de les empêcher d'accroître° leur pouvoir sur les individus et sur les familles.

accroître: faire grandir

Les Peyranais sont tous d'accord sur ce point: tout homme qui a des droits sur vous ne peut vous faire que du mal. Ils admettent volontiers qu'un individu puisse être vertueux quand il commence à faire de la politique, mais ils sont persuadés qu'il ne peut le rester s'il prend le pouvoir. Hormis° quelques partisans du M.R.P.,[3] tous les gens de Peyrane disent que les dirigeants du parti pour lequel ils votent ainsi que ceux des autres partis sont tous « une bande de gangsters ». Même les gens qui ne sont pas des politiciens mais simplement des fonctionnaires sont touchés par la force corruptrice du pouvoir. Ils deviennent insensibles aux autres...

Hormis: Sauf

Il n'y a d'ailleurs rien de personnel dans ces attaques. Il ne s'agit pas d'un gouvernement en particulier ayant à sa tête tel groupe politique. On s'en prend à° tous les gouvernements quels qu'ils soient, où qu'ils soient—français, américains, russes—, de tous les temps passés et à venir. Certains sont peut-être moins mauvais que d'autres, mais foncièrement° et par définition, ils sont tous mauvais.

s'en prend à: s'oppose à

foncièrement: d'une manière fondamentale

Bien entendu, il ne faut pas prendre trop à la lettre tout ce que l'on entend dire sur les gouvernements et les hommes politiques. Les gens ne pensent pas toujours tout ce qu'ils déclarent dans le feu de la conversation. Ils admettent qu'un gouvernement est une chose nécessaire et sur le plan rationnel, ils savent qu'un certain sens civique est également nécessaire. Mais quand ils sont directement confrontés aux difficultés que leur causent les « ils » de

---

[2] **manuel ... civique:** livre d'école qui enseigne le respect et l'amour de la patrie.

[3] **M.R.P.:** Mouvement Républicain Populaire; parti politique de la majorité à l'époque de la Quatrième République (1946–58)

l'extérieur, ils ne peuvent s'empêcher de fulminer.° En fait, ces « ils » sont pris comme une fatalité—comme la pluie ou le vent—qu'il faut accepter parce que « c'est comme ça ». Et puis cela soulage° beaucoup de pester° contre les « ils » de l'extérieur comme cela soulage de pester contre le mauvais temps. En conclusion, je dirai que s'il ne faut pas prendre les diatribes contre le gouvernement trop au sérieux, il ne faut pas non plus les ignorer car l'hostilité envers cette institution est réelle et profonde...

fulminer: faire explosion

soulage: aide / **pester:** manifester

En 1945, quand les derniers Allemands furent chassés de la région, ce fut le chef local du maquis,[4] Raoul Chanon, qui s'installa à la mairie. Quelques heures après son installation, il reçut un télégramme du Comté départemental d'épuration[5] lui enjoignant d'arrêter les personnes suivantes pour collaboration avec l'ennemi: Barbier (notaire et maire nommé par Vichy),[6] Viquier (secrétaire de mairie, ancien légionnaire), Alibert (propriétaire de mines d'ocre), Reynard (l'épicier), Baume (propriétaire de l'autocar et du taxi), Bonerandi (le boulanger), Marnas, Anselme, Sanape, Laplace, Massot et Arnoux (les six plus riches cultivateurs de la commune).

Après avoir pris connaissance du télégramme, Chanon n'hésita pas; il déchira le télégramme en disant: « Ici, nous réglons nos affaires en famille! »

Aucun acte, aucune phrase ne pouvait emporter davantage l'adhésion des Peyranais. J'ai entendu raconter cette histoire par des gens de tous les bords,° depuis les communistes jusqu'aux victimes visées,° Barbier et Reynard. Quelles que soient les opinions que les gens avaient sur le rôle de Chanon dans la Résistance ou sur ses qualités personnelles, pour tous il devint le héros du village. Par son geste, Chanon avait défié ce qui représentait le gouvernement à l'époque. Il avait fait la nique° aux « ils » de l'extérieur. Il avait affirmé le droit des gens de Peyrane de régler leurs propres affaires. Il avait ainsi exprimé leur sentiment à tous, à savoir qu'en dépit des° querelles intestines° (ou grâce à elles?), Peyrane ne forme qu'une seule grande famille dont les membres ne sont pas toujours d'accord entre eux, mais qui savent, le moment venu, opposer un front uni aux ennemis de l'extérieur.

bords: opinions

visées: indiquées

nique: signe de moquerie

en dépit des: malgré les

intestines: á l'intérieur du village

---

[4] **maquis:** lieu de refuge où se réunissaient les résistants pendant l'occupation allemande; la résistance.

[5] **Comité ... épuration:** Organisation qui avait le but de faire punir les collaborateurs des Allemands.

[6] **Vichy:** siège du gouvernement (1940–1944) présidé par Pétain.

Vocabulaire

la collaboration, collaborer
l'indépendance *(f.)*
régler ses affaires = mettre en ordre
le patron, la patronne
le chef
un employeur
les relations humaines
les relations internationales
un contact
un collègue
énerver = exaspérer
juger sur les apparences
faire du tort à
le contrôle, contrôler
les minorités raciales
surveiller *guetter, épier*
censurer
la nationalisation
la liberté d'opinion, la liberté de la presse
le droit de grève *le droit de cesser son travail et manifester contre son employeur*
l'intérêt *(m.)*
s'efforcer de = essayer
répondre aux désirs *satisfaire*
une crise
l'économie *(f.)*
l'inflation *(f.)*
la politique étrangère
l'énergie nucléaire *(f.)*
la pollution

Questions

1. Résumez les attitudes envers la patrie que l'on veut enseigner aux enfants de Peyrane.
2. Contrastez ces attitudes à celles des habitants du village en général envers le gouvernement.
3. Que représente « ils » dans l'esprit collectif des habitants de Peyrane?
4. Racontez l'histoire de Raoul Chanon. Pour les Peyranais, que signifiait son acte?

Discussions

1. A votre avis, quel rôle le gouvernement doit-il avoir dans les affaires des citoyens d'un pays? Le gouvernement américain remplit-il, à votre avis, ces fonctions convenablement? Si oui, pourquoi? Si non, pourquoi?
2. A votre avis, quels sont les problèmes principaux du gouvernement américain actuel? Qu'est-ce qu'il pourrait faire pour les résoudre?
3. Supposons que vous soyez candidat(e) pour la présidence des Etats-Unis. Préparez votre programme électoral.
4. Quelquefois les citoyens se croient impuissants devant les rouages de la bureaucratie gouvernementale. Avez-vous jamais ressenti cela? Expliquez.

Discussions et activités facultatives

1. Y a-t-il des « ils » qui vous causent des ennuis? Si oui, nommez-les et dites pourquoi.
2. Que peut-on faire pour se faire entendre par le gouvernement?
3. *Débat:* Pour ou contre: le président actuel des Etats-Unis remplit bien ses fonctions comme chef d'état.

Composition

Si j'étais président(e), je...

Grammaire 1

Emploi du présent, du passé composé, de l'imparfait, du plus que-parfait, du passé simple et du passé antérieur de l'indicatif, **depuis, il y a ... que (voilà ... que, ça fait ... que), venir de, être en train de**

Examen

A. Ecrivez en français.

1. Children accept the notion of patriotism easily.
2. We're accepting the idea, too.
3. The general is accepting the honor tomorrow.
4. Did you **(vous)** accept his conditions this morning?
5. We used to win all the time.
6. You **(tu)** were winning when we came.
7. They had already won the war.
8. We've been working here for a month.
9. They had been working in the mayor's office for several weeks.
10. The soldiers are leaving tonight.
11. We left yesterday.
12. Our friends had already left.
13. They were leaving when you **(tu)** saw them.
14. Paul just left.
15. You **(vous)** had just left when I arrived.
16. What are they doing? They're eating. (use **être en train de)**

B. Remplacez les tirets par la forme convenable du passé composé ou de l'imparfait.

En juin 1940, la France (trembler) _____ sous la menace allemande. L'ennemi (occuper) _____ une grande partie du pays. Le 17 du même mois le général Charles de Gaulle (arriver) _____ à Londres. Le lendemain, les radios (transmettre) _____ en direct de Londres en France une voix d'espoir. Charles de Gaulle (commencer) _____ ainsi à gagner la confiance de ses compatriotes. Sa famille (être) _____ profondément conservatrice, et l'amour de la patrie inspirer) _____ cet homme fier depuis l'enfance. M. de Gaulle (vouloir) _____ à tout prix rester fidèle aux principes d'honneur d'un noble héritage.

C. Mettez les verbes en italique au passé composé ou au plus-que-parfait, selon le cas.

Quand les Allemands *furent partis* _____ de Peyrane, Raoul Chanon *s'installa* _____à la mairie. Quelques heures après son installation, il *reçut* _____un télégramme lui demandant d'arrêter quelques collaborateurs pendant l'occupation. Lorsqu'il *eut pris* _____connaissance du télégramme, il *décida* _____ce qu'il allait faire. Il n'*hésita* pas ______, il *déchira* ______ le télégramme en disant: « Ici, nous réglons nos affaires en famille! » A peine *eut-il affirmé* ______ les droits des citoyens de Peyrane contre les « ils » de l'extérieur, qu'il *devint* ______ le héros du village.

Vérification

A. 1. Les enfants acceptent facilement la notion du patriotisme. 2. Nous acceptons l'idée aussi. 3. Le général accepte l'honneur demain.* 4. Avez-vous accepté ses conditions ce matin? 5. Nous gagnions tout le temps. 6. Tu gagnais quand nous sommes venus. 7. Ils avaient déjà gagné la guerre. 8. Nous travaillons ici depuis un mois. (Il y a un mois que nous travaillons ici.) 9. Ils travaillaient à la mairie depuis plusieurs semaines. 10. Les soldats partent ce soir. 11. Nous sommes partis hier. 12. Nos amis étaient déjà partis. 13. Ils partaient quand tu les as vus. 14. Paul vient de partir. 15. Vous veniez de partir quand je suis arrivé(e). 16. Qu'est-ce qu'ils font? (Que font-ils?) Ils sont en train de manger.

B. tremblait, occupait, est arrivé, ont transmis, a commencé, était, inspirait, voulait.

C. étaient partis, s'est installé, a reçu, avait pris, a décidé, n'a pas hésité, a déchiré, avait-il affirmé, est devenu.

Notes grammaticales

1. Study the following examples of usage of the present indicative *(le présent).* (See the verb tables in the Appendix.)

   Le géneral prononce un discours maintenant. *The general is speaking at the present moment.* (An action taking place or existing now.)

   Il fait un discours tous les jours. *He makes a speech every day.* (A habit or customary action in the present.)

   Il parle ce soir. *He's speaking tonight.* (An intended or near future action.)

2. Contrast the usage of the imperfect *(l'imparfait)* and the past indefinite *(passé composé):*

   Nous étudiions encore à minuit. *We were still studying at midnight.* (Imperfect: an action not completed or still taking place relative to a definite time in the past.)

---

* Of course, the future, **le général acceptera,** or the near future, **le général va accepter,** may also be used here. This example shows that the present tense may be used to indicate a near future action.

Elle représentait le parti socialiste en ce temps-là. *She represented—used to represent—the socialist party at that time.*
(Imperfect: a habitual or customary action in the past.)

En ce temps-là j'étais gravement malade. *At that time I was really sick.*
(Imperfect: a state or condition in the past.)

Hier elle est partie pour la France. *Yesterday she left for France.*
(*Passé composé:* a completed past action.)

Quand je me suis levé(e) ce matin,... *When I got up this morning...*
(Passé composé a completed past action.)

... il pleurait. *...it was raining.*
(Imperfect: an action not completed, still in process relative to the completed act of getting up.)

3. The pluperfect *(le plus-que-parfait)* expresses what *had* happened before other past actions occurred:

   Lorsque nous avons vu le maire, il **avait** déjà **décidé** de déchirer le télégramme. *When we saw the mayor,* ***he had*** *already* ***decided*** *to tear up the telegram.*

4. Note the use of **depuis, il y a ... que (voilà ... que** and **ça fait ... que)** with the present and imperfect. Compare the French verbs with their English equivalents:

   Ils **font partie** de la résistance depuis un an. *They* ***have belonged*** *to the resistance for a year.*
   Depuis combien de temps **pestent-**ils contre le gouvernement? *How long* ***have*** *they* ***been complaining*** *against the government?*
   Il y a longtemps que j'**affirme** mes droits. ***I've been asserting*** *my rights for a long time.*
   Le pays **était** occupé depuis un mois. *The country* ***had been occupied*** *for a month.*

5. **Venir de** + *infinitive* indicates a recent past action:

   Le général **vient de lancer** un appel à ses compatriotes. *The general* ***has just issued*** *an appeal to his compatriots.*

   This structure may be used in the imperfect to convey the meaning *had just...:*

   Les Français **venaient de déposer** les armes. *The French* ***had just put down*** *their weapons.*

6. **Etre en train de** + *inifinitive* may be used to emphasize a progressive or continuing action in the present or past:

   Que fait ton frère? Il **est en train d'étudier.** *What is your brother doing? He* ***is studying.***
   Nous **étions en train de manger** quand tu es arrivé(e). *We* ***were eating*** when you arrived.

7. Think of the *passé composé* and the *passé simple* as generally equivalent in meaning; likewise the *plus-que-parfait* and *passé antérieur* signal a similar meaning. Use the *passé composé* and *plus-que parfait* in conversation and less formal contexts. You are expected to be able to recognize the *passé simple* and *passé antérieur* in reading:

   Le général de Gaulle **a gouverné (gouverna)** la France pendant onze ans. *General de Gaulle **governed** France for eleven years.*

   Après que Chanon **avait défié (eut défié)** le gouvernement, il **est devenu (devint)** le héros du village. *After Chanon **had defied** the government, he **became** the hero of the village.*

8. Most verbs in compound tenses require **avoir** as the auxiliary verb. The following verbs are conjugated with **être** as the auxiliary verb:

Infinitif	*Participe passé*	*Infinitif*	*Participe passé*
aller	allé	partir	parti
entrer	entré	sortir	sorti
rentrer	rentré	descendre	descendu
arriver	arrivé	venir	venu
monter	monté	revenir	revenu
rester	resté	devenir	devenu
retourner	retourné	redevenir	redevenu
tomber	tombé	mourir	mort
naître	né		

   Etre is used as the auxiliary verb of reflexive verbs.

9. The past participle of a verb conjugated with **être** must agree in gender and number with the subject of the sentence:

   Anne est sorti**e.**
   Ils sont arrivé**s** hier soir.

10. In negative compound tenses **pas** is placed between the auxiliary verb and the past participle:

   Ils n'ont **pas** suivi leur dirigeant.

NOTE TO THE STUDENT: Additional exercises providing practice for each of the structure points covered in these grammar lessons may be found in Appendix A, *Exercices supplémentaires.*

3

La Famille

Première partie

Dans la plupart des sociétés, la famille représente l'unité sociale de base. C'est généralement en elle que pour la première fois l'individu prend conscience de lui-même et se situe dans le cadre des rapports humains. C'est en elle que l'enfant se rend compte, tant bien que mal, que telle conduite est acceptable et que telle autre ne l'est pas. C'est par elle que les « idées reçues »° sont inculquées et rituellement transmises de génération en génération. Dans son livre, Le Jacassin° *(1962), Pierre Daninos, auteur humoristique, nous révèle les attitudes et les principes qui lui ont été passés par l'intermédiaire de sa famille.*

idées reçues: préjugés, opinions préconçues
Jacassin: « idées reçues »

Le Jacassin

J'ai grandi dans une épaisse forêt, d'où j'essayais parfois de m'échapper. Très vite une main tantôt ferme, tantôt douce me rattrapait (avec deux *t* et un *p*) pour me replacer à l'ombre des grands arbres familiers: les principes.

La géographie familiale était faite de clichés aussi rituels que ceux de la Maison carrée de Nîmes[1] ou de la momie de Ramsès II[2] dans les manuels d'histoire...

Les Anglais détestaient les Irlandais, les Américains détestaient les Anglais, les Japonais détestaient les Américains, les Chinois détestaient les Japonais, les Russes détestaient les Chinois, les Allemands détestaient les Russes, les Polonais détestaient les Allemands, les Bulgares détestaient les Polonais, les Grecs détestaient les Bulgares, les Turcs détestaient les Grecs, les Arméniens détestaient les Turcs, les Juifs détestaient les Arméniens, et personne n'aimait les Juifs, pas même les Juifs.

Les Grecs étaient tricheurs, les Anglais hypocrites, les Américains de grands enfants (sauf pour la cuisine où ils devenaient des sauvages), les Allemands querelleurs et obséquieux, les Polonais soûls,° les Russes insondables,° les Chinois indéchiffrables, les Argentins noceurs,° les Espagnols fiers, les Arabes paresseux, les Suisses lents, les Hollandais lourds, les Italiens versatiles, les Juifs juifs.

Au milieu de ce monde hostile et venimeux° était la France, la France éternelle, avec ses grands citoyens du tableau d'honneur:

soûls: ivres
insondables: qu'on ne peut pas pénétrer
noceurs: qui s'amusent
venimeux: qui ont du venin, poison

[1] **Maison carrée:** temple à Nîmes construit par les Romains.
[2] **Ramsès II:** devint roi égyptien vers 1330 avant J.C.

Duguesclin,[3] Bayard, Richelieu, Colbert, Pasteur, Clemenceau, Foch, Poincaré; la France galante, hexagonale et chevaleresque, la France-femme exploitée, spoliée, meurtrie,° la France saignante, prostrée dans son albe° robe déchirée, et à laquelle la botte d'un uhlan° imposait l'odieux-traité de Francfort,[4] la France roulée par Lloyd George,[5] la France tendant son cœur au monde et le monde prêt à le lacérer.

La France aux Bretons têtus, aux Corses vindicatifs, aux Alsaciens cabochards,° aux Marseillais galéjeurs,° aux Basques retors,° aux Normands avares, aux Lyonnais renfermés, aux Bordelais snobs, aux Parisiens badauds,° aux Auvergnats fouchtra,° aux politiciens pourris,° aux prostituées honte pour l'étranger, aux instituteurs communistes, aux avocats véreux,° aux financiers requins,° aux fonctionnaires j'menfichistes,° à la jeunesse dévoyée,° aux commerçants voleurs, aux magistrats corrompus, aux ouvriers haineux,° aux patrons égoïstes, au fisc° insatiable, aux hôpitaux scandaleux, aux peintres bohèmes, aux médecins charlatans°—la France dont tout le malheur, en somme, venait de ce que, déjà exploitée par l'étranger, elle était habitée par des Français.

Il fallait:

—Etre en règle
—Se méfier des courants d'air°
—Etre un homme
—Savoir *ses* départements
—Donner à l'Armée du Salut
—Céder le haut du trottoir aux dames
—Etre assis dans le sens de la marche°
—Avoir *son* bachot[6]
—Avoir fait *son* service militaire
—Vérifier *son* addition
—Avoir *ses* pauvres
—Fermer *ses* persiennes° le 1er mai

meurtrie: battue
albe: blanche
uhlan: espèce de lancier dans les armées allemandes à la guerre franco-allemande.
cabochards: entêtés, obstinés
galéjeurs: moqueurs / **retors:** fins, rusés
badauds: qui croient, admirent tout ce qu'on leur dit
fouchtra: juron auvergnat
pourris: gâtés, corrompus
véreux: qui ont des vers; suspects, mauvais
requins: poissons très voraces, ici sans scrupules
j'menfichistes: qui se moquent de tout
dévoyée: détournée de la bonne voie
haineux: pleins de rage, de révolte
fisc: administration chargée de la perception des impôts
charlatans: prétendus médecins
courants d'air: mouvements de l'air
dans le sens de la marche: dans la direction de la marche du tram, du train, du métro, etc.
persiennes: couverture faite de petites lames qui sert à couvrir une fenêtre

---

[3] **Duguesclin:** grand soldat français (1320–1380). **Bayard:** illustre capitaine français (1473–1524). **Richelieu:** cardinal, ministre de Louis XIII, un des grands hommes d'état (1585–1642). **Colbert:** un des plus grands ministres de la France (1619–1683). **Pasteur:** savant chimiste français (1822–1895). **Clemenceau:** homme politique français (1841–1929), organisa la victoire des Alliés, négocia le traité de Versailles. **Foch:** Maréchal de France (1851–1929). **Poincaré:** président de la République de 1913 à 1920.

[4] **traité de Francfort:** traité du 30 mai 1871 mettant fin à la guerre franco-allemande; l'Alsace et une partie de la Lorraine furent données à l'Allemagne.

[5] **Lloyd George:** premier ministre anglais de 1916 à 1922.

[6] **bachot:** baccalauréat, examen primordial á la fin du lycée.

—Avoir un lopin° de terre
—Epouser quelqu'un de son milieu
—Savoir nager
—Voter
—Se méfier des romanichels°
—Avoir la Légion d'honneur[7]
—Toujours avoir un peu d'or
—Aller à la messe
—Surveiller son foie°

lopin: morceau

romanichels: tziganes ou bohémiens, vagabonds

foie: organe sécréteur de la bile

Il ne fallait pas:

—Montrer du doigt
—Prendre le wagon de tête
—Téléphoner pendant un orage
—Etre (ou épouser un) réformé
—Avaler la fumée
—Se fier à° la Méditerranée
—Abuser des bonnes choses
—Passer en conseil de guerre
—Se baigner moins de deux heures après les repas
—Etre mal avec sa concierge
—Vivre au-dessus de ses moyens
—Fumer à jeun° (ou dans la rue si l'on était une dame)
—Prendre le wagon de queue.°

Se fier à: Mettre sa confiance en

à jeun: sans avoir mangé

wagon de queue: le dernier wagon

Proust[8] était compliqué, Gide érotique, Colette libidineuse, Cocteau farceur, Mauriac malsain.

D'une façon générale, tous les bons auteurs étaient morts depuis longtemps.

Il n'y avait plus d'Anatole France, il n'y avait plus de Flaubert, il n'y avait plus de Maupassant, il n'y avait plus de George Sand. Même Theuriet, on avait beau dire:° c'était tout de même du français. Il n'y avait plus rien...

Sans doute m'eût-il° fallu une âme mieux trempée° pour ne pas me sentir frustré. Mais quand on a été élevé dans un monde où chaque jour les grandes personnes vous répètent:

on avait beau dire: on protestait en vain

eût-il: aurait-il / **trempée:** ici, solide, sûr de soi

—Il n'y plus de gouvernement
—Il n'y a plus d'artisans
—Il n'y a plus d'honnêtes gens
—Il n'y a plus de domestiques
—Il n'y a plus de sens civique

[7] **Légion d'honneur:** ordre institué Napoléon pour récompenser les services militaires et civils.

[8] **Proust, Gide, Colette, Cocteau, Mauriac, Anatole France, Flaubert, Maupassant, George Sand, Theuriet:** auteurs français.

—Il n'y a plus d'hommes d'Etat
—Il n'y a plus de bons matelas°
—Il n'y a plus de tragédiens
—Il n'y a plus de vrai bon pain
—Il n'y a plus de salons
—Il n'y a plus de saisons
—Il n'y a plus d'armée
—Il n'y a plus de société
—Il n'y a plus de professeurs
—Il n'y a plus d'orateurs
—Il n'y a plus de bons relieurs°
—Il n'y a plus de monnaie sûre
—Il n'y a plus aucune mesure°
—Il n'y a plus de diplomates
—Il n'y a plus d'aristocrates
—Il n'y a plus rien nulle part

matelas: sorte de grand coussin que l'on met sur un lit

relieurs: qui relie des livres

mesure: limite

...on est obligé de constater qu'il ne vous reste pas grand-chose.

Past même les omelettes, puisque, s'il était question du Mont-Saint-Michel,[9] quelqu'un disait toujours:

« Leurs omelettes ne sont plus ce qu'elles étaient... »

Vocabulaire

l'honneur de la famille
l'obéissance (*f.*), obéir
un intéret, s'intéresser à
une crêche = une garderie d'enfants
un centre spécialisé
une maison de retraite = un établissement qui prend soin des vieux
partager = diviser pour donner une portion
éprouver = ressentir
les liens familiaux = les attachements familiaux
fortifier
s'amuser
ensemble
un manque de confort
le bien-être matériel = un bon état financier
la cellule familiale = le cercle familial
la pression
la tension
s'aggraver
un rapport
un rôle
les parents (*m.*) = le père et la mère; aussi, les grands-parents, les oncles, les tantes, les cousins, etc.

Voir aussi le vocabulaire de la huitième leçon.

---

[9] **Mont-Saint-Michel:** magnifique abbaye gothique en Normandie construite sur un ilôt rocheux. L'abbaye est entourée de boutiques, de magasins, de cafés et de restaurants.

Questions

1. Où a grandi l'auteur? Qu'est-ce qui lui arrivait quand il essayait de s'en échapper?
2. Pourquoi l'auteur précise-t-il « avec deux *t* et un *p* » à propos du mot « rattrapait »?
3. Qui les Anglais détestaient-ils? et les Américains?
4. Comment étaient les Grecs? les Américains? les Russes et les Chinois?
5. Décrivez la France telle qu'elle était présentée à l'auteur. Comment étaient présentés les Bretons? les Normands? les Parisiens? les avocats? les magistrats? les médecins?
6. D'où venait, selon l'auteur, tout le malheur de la France?
7. Indiquez comment il fallait et ne fallait pas se conduire.
8. Dites ce qui n'existe plus selon les grandes personnes.
9. Comment sont les omelettes du Mont-Saint-Michel?

Discussions

1. Faites une liste des « idées reçues » qui vous ont été transmises par votre famille. Indiquez ce qu'il fallait et ne fallait pas faire. Dites aussi ce qui n'existe plus en état idéal selon les dires de vos parents, de vos grands-parents, de vos tantes et oncles. Comparez votre liste à celle de Pierre Daninos et à celles des autres étudiants.
2. Quels principes fondamentaux voulez-vous inculquer à vos enfants? Pourquoi?
3. Où et comment commencent l'intégration dans la société et l'initiation à ses lois? Expliquez.
4. Discutez de l'importance des biens matériels d'une famille et de ses conséquences.
5. La plupart des êtres humains diraient probablement: «Famille, je vous aime. » Par contre, André Gide, écrivain français célèbre du vingtième siècle, a déclaré: « Famille, je vous hais. » Pourquoi quelqu'un dirait-il cela? Discutez des bons et des mauvais effets de la famille.

Discussions et activités facultatives

1. Parlez du divorce. Pourquoi divorce-t-on? Discutez les problèmes des enfants de divorcés.
2. Que pensez-vous des familles nombreuses? Combien d'enfants êtes-vous dans votre famille? Combien d'enfants aimeriez-vous avoir? Pourquoi?
3. Que pensez-vous de l'adoption? Quels sont les problèmes liés à l'adoption? Seriez-vous prêt(e) à adopter un enfant? Expliquez.
4. Quels sont vos sentiments pour les personnes âgées? Avez-vous déjà pensé à loger vos parents ou grands-parents dans une maison de retraite? ou vos enfants dans une crèche? Quels sont les avantages? Quels sont les dangers?
5. Que pensez-vous des mariages trop jeunes? Quels en sont les dangers? Pourquoi, à votre avis, les Américains ont-ils la réputation de se marier jeunes?
6. Que pensez-vous des familles sans enfants? Sont-elles heureuses? Pourquoi ce choix délibéré? Discutez.

Deuxième partie

L'Enfant noir *(1953) de Camara Laye nous transporte dans un autre décor: la petite ville de Kouroussa en Haute-Guinée dans l'Afrique occidentale. Les souvenirs touchants de l'auteur dans cette œuvre autobiographique évoquent l'existence paisible et heureuse de son village et de sa famille. En lisant ici la dédicace de Camara Laye à sa mère, un portrait de sa grand-mère et une description pathétique de la première nuit de Laye loin de son foyer, vous comprendrez que cette vie simple est riche en amour et en tendresse envers les siens.*

A ma mère

Femme noire, femme africaine, ô toi ma mère je pense à toi...

O Dâman, ô ma mère, toi qui me portas sur le dos, toi qui m'allaitas,° toi qui gouvernas mes premiers pas, toi qui la première m'ouvris les yeux aux prodiges° de la terre, je pense à toi...

Femme des champs, femme des rivières, femme du grand fleuve, ô toi, ma mère, je pense à toi...

O toi Dâman, ô ma mère, toi qui essuyais mes larmes, toi qui me réjouissais le cœur,° toi qui, patiemment supportais mes caprices, comme j'aimerais encore être près de toi, être enfant près de toi!

Femme simple, femme de la résignation, ô toi, ma mère, je pense à toi...

O Dâman, Dâman de la grande famille des forgerons,° ma pensée toujours se tourne vers toi, la tienne à chaque pas m'accompagne, ô Dâman, ma mère, comme j'aimerais encore être dans ta chaleur, être enfant près de toi...

Femme noire, femme africaine, ô toi, ma mère, merci; merci pour tout ce que tu fis pour moi, ton fils, si loin, si près de toi!

m'allaitas: me nourris de lait
prodiges: merveilles
me ... cœur: m'apportais le bonheur, la joie
forgerons: ouvriers qui travaillent le fer à la forge

L'Enfant noir

(Camara Laye était petit garçon à l'époque de la description suivante de sa grandmère.)

Souvent j'allais passer quelques jours à Tindican, un petit village à l'ouest de Kouroussa. Ma mère était née à Tindican, et sa mère, ses frères continuaient d'y habiter. Je me rendais là avec un plaisir extrême, car on m'y aimait fort, on me choyait,° et ma grand-mère particulièrement, pour qui ma venue était une fête; moi, je la chérissais de tout mon cœur.

choyait: entourait de soins, d'affections

C'est une grande femme aux cheveux toujours noirs, mince, très droite, robuste, jeune encore à dire vrai et qui n'avait cessé de participer aux travaux de la ferme bien que ses fils, qui suffisaient amplement à la tâche, tentâssent° de l'en dispenser; mais elle ne voulait pas du repos qu'on lui offrait, et sans doute était-ce dans cette activité suivie que gisait° le secret de sa verdeur.° Elle avait perdu son mari très tôt, trop tôt, et moi, je ne l'avais pas connu. Il arrivait qu'elle me parlât de lui, mais jamais longtemps: des larmes interrompaient bientôt son récit, si bien que je ne sais rien de mon grand-père, rien qui le peigne° un peu à mes yeux, car ni ma mère ni mes oncles ne me parlaient de lui: chez nous, on ne parle guère des défunts° qu'on a beaucoup aimés; on a le cœur trop lourd sitôt qu'on évoque leur souvenir.

tentâssent: essayâssent

gisait: se trouvait / **verdeur:** vigueur

peigne: décrive

défunts: morts

(L'auteur a quitté Kouroussa quand il avait quinze ans pour suivre l'enseignement technique à l'école Georges Poiret à Conakry. C'était son oncle Mamadou, le frère de son père, qui l'a reçu dans cette grande ville.)

Cette nuit fut la première que je passai dans une maison européenne. Etait-ce le manque d'habitude, était-ce la chaleur humide de la ville ou la fatigue de deux journées de train, je dormis mal. C'était pourtant une maison très confortable que celle de mon oncle, et la chambre où je dormis était très suffisamment vaste, le lit assurément moelleux,° plus moelleux qu'aucun de ceux sur lesquels je m'étais jusque-là étendu;° au surplus j'avais été très amicalement accueilli° comme un fils pourrait l'être; il n'empêche:° je regrettais Kouroussa, je regrettais ma case!° Ma pensée demeurait toute tournée vers Kouroussa: je revoyais ma mère, mon père, je revoyais mes frères et mes sœurs, je revoyais mes amis. J'étais à Conakry et je n'étais pas tout à fait à Conakry: j'étais toujours à Kouroussa; et je n'étais plus à Kouroussa! J'étais ici et j'étais là; j'étais déchiré.° Et je me sentais très seul, en dépit de° l'accueil° affectueux que j'avais reçu.

moelleux: le contraire de dur

étendu: couché

acceuilli: reçu / **il n'empêche:** ça ne fait rien

case: hutte

déchiré: très triste, partagé

en dépit de: malgré / **accueil:** réception

Vocabulaire

avoir le mal du pays = être dépaysé(e), avoir le cafard

s'aider

s'entr'aider = s'aider les uns, les autres

ressentir

se sentir

apprécier

conseiller, un conseil

manquer à

vouloir être chez soi

le conflit des générations

se faire du souci = s'inquiéter

être tolérant(e), intolérant(e), sympathique, compréhensif(-ve), sévère, strict(e)

une ambiance familiale

prendre soin de = s'occuper de

Voir aussi le vocabulaire de la huitième leçon.

Questions

1. D'où est Camara Laye? A qui a-t-il dédié son livre?
2. Indiquez les soins que la mère de Laye lui a donnés.
3. Où Laye aimait-il passer quelques jours? Pourquoi?
4. Décrivez la grand-mère de Camara Laye. Pourquoi est-elle restée vigoureuse?
5. Laye avait-il connu son grand-père? Pourquoi sa grand-mère ne parlait-elle que rarement de son mari?
6. Où Camara Laye est-il allé pour continuer ses études? Qui l'a reçu? Comment a-t-on accueilli Laye à Conakry?
7. Comment était la maison de l'oncle Mamadou? Comment était la chambre de Laye? et son lit?
8. Qu'est-ce que Laye regrettait? Pourquoi? Décrivez son mal.

Discussions

1. Pouvez-vous vous souvenir de la première nuit que vous avez passée loin de votre famille?
2. Quelles sont les qualités que vous appréciez le plus chez vos parents? Expliquez. Parlez des défauts des parents en général.
3. Pensez-vous qu'il existe une « clef du bonheur familial »? Si oui, laquelle? Comment définiriez-vous « une bonne famille »?
4. Indiquez les raisons pour lesquelles vous avez ou vous n'avez pas l'intention de fonder une famille dans les années à venir ... ou pourquoi vous l'avez déjà fait?

Discussions et activités facultatives

1. Quel est le défaut, selon vous, que vous possédez et que vos enfants pourraient vous reprocher?
2. Enoncez les raisons pour lesquelles vous êtes pour ou contre le fait de placer un enfant dans un centre spécialisé.
3. Décrivez le mari idéal, la femme idéale?
4. Quel rôle les parents pourraient-ils jouer dans ces situations? Assumez le rôle des parents:
   - Votre petit garçon de six ans a l'habitude de persécuter tous les animaux qu'il rencontre.
   - Vous vous apercevez que votre petite fille ment continuellement pour faire punir son frère aîné.
   - Votre enfant de quatorze ans vous raconte avec fierté les farces que lui (elle) et ses compagnons (compagnes) ont joué à l'un(e) de leurs camarades qu'on juge naïf(-ve).

Compositions

Décrivez votre propre famille. Quels genres de relations y a-t-il entre les différents membres de votre famille? Voudriez-vous avoir le même genre de relations dans le foyer que vous fonderez ou que vous avez déjà peut-être fondé?

4

La Nourriture

Première partie

*On le sait: les Français aiment bien manger. Et ce n'est pas seulement dans les restaurants de luxe où vous noterez le rôle important que joue la cuisine en France. Même dans les foyers modestes, la mère de famille prépare avec grand soin les repas préférés de son mari et de ses enfants, comme vous allez le voir en lisant l'extrait suivant tiré d'*Un Village du Vaucluse *de Laurence Wiley.* *(Voir aussi les pages 10 et 80.)*

Un Village du Vaucluse

Dans le budget familial, la nourriture tient la plus grande place. Malheureusement, il s'agit là d'un domaine où il est très difficile de faire des économies en raison de l'importance qu'on lui attache. La nourriture constitue un des principaux sujets de conversation. Les gens en parlent aussi librement et avec autant de plaisir que du temps ou des vicissitudes° de la vie, alors que les discussions politiques déchaînent les passions agressives. Ce n'est pas seulement entre femmes qu'on échange les bonnes recettes de cuisine; au café, les hommes s'amusent autant à comparer les différentes façons de rôtir les grives° qu'à aller les chasser. Les gens de Peyrane ne mangent pas seulement pour satisfaire leur faim; manger, pour eux, fait partie des joies de l'existence.

Cette attitude devant la nourriture rend la tâche de la mère de famille particulièrement délicate. Car elle doit satisfaire les goûts difficiles de chacun tout en dépensant le moins possible. Il n'est donc pas étonnant que les plats traditionnels se composent d'ingrédients bon marché. L'un des plus populaires est la *daube* que l'on fait avec des bas morceaux de bœuf. Pour préparer la daube, on commence par faire tremper° la viande dans du vin avec des herbes et des condiments afin de ramollir° les fibres et faire ressortir le goût. Quand la viande a mariné pendant plusieurs heures, on la sort et on la fait revenir° à l'huile chaude. Puis on la met dans une cocotte° avec le vin de la marinade et on la laisse mijoter° trois ou quatre heures. C'est un plat qui ne revient pas cher; il est cependant réservé pour les jours de fête.

En effet, si un plat comme la daube est bon et pas cher, il exige une longue préparation. Or, le temps est précieux à la ménagère qui, nous l'avons vu, doit contribuer au moins autant que son mari aux revenus de la famille. Car même si elle ne travaille pas au-

vicissitudes: difficultés

grives: oiseaux dont le plumage est blanc et brun

tremper: mouiller dans un liquide

ramollir: rendre mou, tendre

fait revenir: fait brunir

cocotte: sorte de casserole en fonte

laisse mijoter: fait cuire lentement

dehors, elle a fort à faire dans sa maison, avec les enfants, le ménage,° la vaisselle, la lessive, la couture, les poules et les lapins. Le rôle de la femme est donc difficile: elle doit dépenser le moins possible en nourriture et cependant faire une cuisine soignée tout en ayant peu de temps à lui consacrer.

ménage: nettoyage d'une maison

Le petit déjeuner est un repas simple. La plupart des membres de la famille prennent un bol de lait chaud mélangé à un peu de café brûlant. Le pain se trempe dans le bol ou se mange avec du miel ou de la confiture. Mais pour les hommes qui ont un gros travail physique à fournir, le « déjeuner au bol » consistant en café au lait avec du pain ne suffit pas; il leur faut un « déjeuner à la fourchette », c'est-à-dire une soupe épaisse, des saucisses et du fromage, souvent accompagné d'un bon verre de vin plutôt que du café.

On déjeune à midi. Le repas comporte parfois de la viande, mais le plus souvent la viande est remplacée par un plat très consistant à base d'œufs et de pâtes,° de riz ou de pommes de terre. Comme entrée, on sert souvent des crudités° en salade. Pour dessert, du fromage et des fruits ou de la confiture, parfois du gâteau. Le soir, au dîner, on sert une bonne soupe solide, de la salade verte, du fromage et des fruits.

pâtes: spaghetti, macaroni, etc.

crudités: légumes crus, non cuits

Aux trois repas et aux deux goûters du matin et de l'après-midi, on mange beaucoup de pain. Tout le monde préfère les « baguettes » et les pains étroits en général parce qu'ils ont beaucoup de croûte,° mais on achète plutôt les grosses miches° parce qu'elles sont plus économiques.

croûte: partie extérieure du pain / **miches:** pains ronds assez gros

Vocabulaire

le ménage *nettoyage d'une maison*

faire le ménage *nettoyer la maison*

la vaisselle *tout ce qui sert à l'usage à table, comme plats, assiettes, etc.*

faire la vaisselle *laver la vaisselle*

la lessive *linge à lessiver*

faire la lessive *laver les vêtements*

la couture *art de coudre, faire la couture*

les travaux ménagers

être cher(-ère) ≠ être bon marché

joindre les deux bouts

économiser

faire des économies

épargner = amasser par économie

faire des épargnes

payer

dépenser

l'entrée *(f.)* *le premier plat d'un repas*

un hors d'œuvre

le plat de résistance = le plat principal

le dessert

l'appétit, bon appétit!

préparer

faire la cuisine

faire cuire quelque chose
copieux(-se) = abondant(e)
succulent(e)
apprécier la nourriture
savourer = déguster

le goût, goûter
congeler *solidifier un liquide par le froid*
les ingrédients *(m.)*
surgeler *congeler à très basse température*
une boîte de conserves

Questions

1. Qu'est-ce qui tient la plus grande partie dans le budget familial des Peyranais?
2. Dans la conversation, quel sujet engendre des attitudes agressives?
3. Parlez de l'importance de la nourriture dans la vie des Peyranais. Pourquoi la mère de famille a-t-elle une tâche délicate en ce qui concerne la nourriture?
4. Qu'est-ce que c'est que « la daube »? Expliquez comment préparer ce plat.
5. En quoi consiste le petit déjeuner des Peyranais? Comparez le « déjeuner au bol » au « déjeuner à la fourchette ».
6. En quoi consistent le déjeuner et le dîner? Quand prend-on les goûters?
7. Quelle sorte de pain préfèrent les Peyranais? Quels pains achètent-ils d'ordinaire? Pourquoi?

Discussions

1. Les repas ont-ils un rôle important dans votre famille? Si oui, pourquoi? Si non, pourquoi? Décrivez un grand repas familial chez vous (une fête de mariage, par exemple).
2. Quel est votre plat préféré? Quels souvenirs vous rappelle-t-il?
3. Pensez-vous qu'il existe un critère à la bonne cuisine? Si oui, quel serait-il?
4. Croyez-vous qu'avec les horaires de plus en plus chargés que nous avons, la nourriture et la cuisine prennent moins d'importance dans le futur? Expliquez.

Discussions et activités facultatives

1. Comparez les attitudes des Français et des Américains vis-à-vis de la cuisine.
2. A votre avis, quel repas est le plus important de la journée? Pourquoi? Quel repas pour votre famille est le plus substantiel?
3. Cherchez dans des magazines des réclames de plats que vous trouvez bons ou mauvais. Montrez-les aux autres étudiants en leur indiquant les raisons de vos préférences. Discutez les publicités à la télévision qui traitent de la nourriture.
4. Préparez une friandise ou un plat simple que vous apporterez en classe pour partager avec les autres.

Deuxième partie

Autrichiens et Allemands, Hollandais et Suisses, Italiens et Espagnols, Américains et Anglais, et bien sûr, Français—tous semblent être d'accord: la cuisine française est la meilleure au monde.

Vous voulez essayer quelques mets français? Eh bien, voici plusieurs recettes bien connues qui ne sont pas chères et que vous pourrez préparer vous-mêmes.

Soupe à l'oignon

3 gros oignons
¼ tasse de beurre
1 cuillerée à soupe rase° de farine
4 tranches de pain
¼ tasse de gruyère râpé°
7 tasses d'eau
1 ou 2 verres de vin blanc
sel, poivre

rase: pleine jusqu'aux bords
râpé: mis en poudre avec la râpé

Epluchez° les oignons; coupez-les en rondelles minces. Faites-les blondir° doucement avec un peu de beurre dans une grande casserole.

Epluchez: Enlevez la pelure
faites-les blondir: Faites-les cuire dans du beurre

Saupoudrez° de farine et remuez avec une cuillère en bois jusqu'à ce que le mélange brunisse° un peu. Ajoutez 7 tasses d'eau, 1 ou 2 verres de vin, du sel et du poivre. Laissez bouillir 20 minutes.

Saupoudrez: Ajouter à petite dose
brunisse: devienne brun

Faites dorer les tranches de pain à la poêle avec du beurre. Versez la soupe à l'oignon sur le pain. Parsemez de° fromage et laissez gratiner quelques minutes.

Parsemez de: Mettez çà et là

Salade russe

1 boîte de macédoine de légumes°
1 boîte de fonds d'artichauts
1 petite laitue
2 œufs durs
2 tomates
½ tasse de mayonnaise

macédoine de légumes: pommes de terre, petits pois, carottes, coupés en morceaux

Egouttez° la macédoine et les fonds d'artichauts.

Mélangez-les avec la mayonnaise.

Dans un fond de plat creux,° disposez les feuilles de laitue lavées et égouttées. Mettez le mélange dessus et décorez avec des rondelles d'œufs durs ou des quartiers de tomates.

Egouttez: Enlevez le liquide de

creux: qui a une cavité intérieure

Quiche lorraine

La pâte°

1⅔ tasses de farine

½ tasse de beurre

sel (une pincée)°

eau

pâte: farine détrempée et pétrie qui deviendra le fond de la tarte

pincée: ce qu'on peut prendre avec deux ou trois doigts

Mélangez le tout et travaillez la pâte avec les mains. Ajoutez un peu d'eau pour aider à travailler la pâte. Laissez reposer une heure.

Garniture

¾ d'un paquet de bacon

1 tasse de gruyère râpé

Liquide

1 cuillerée à soupe rase de Maïzena°

3 cuillerées à soupe de crème fraîche

2 œufs

1½ tasses de lait

1 pincée de sel

Maïzena: farine de maïs qui sert à épaissir *(cornstarch)*

Retirez la graisse du bacon. Râpez le fromage.

Faites frire le bacon.

Mettez la pâte dans un plat. Etalez avec la main après avoir beurré le plat. Déposez sur la croûte le bacon et le fromage râpé. Mélangez les ingrédients du liquide et versez sur le bacon.

Faites cuire à four 375° pendant 45 minutes environ.

Mousse au chocolat

1 tablette de chocolat fin à croquer

1 cuillerée à soupe de beurre

tablette ... croquer: bar of eating chocolate

4 œufs
1 pincée de sel

Faites fondre° le chocolat avec le beurre à feu doux.
Cassez les œufs en séparant les blancs des jaunes. Versez les jaunes dans la casserole avec le chocolat en battant vigoureusement avec une cuillère en bois. Ajoutez une pincée de sel aux blancs d'œufs et battez-les en neige très ferme.
Ajoutez les blancs au mélange chocolat-jaune d'œufs. Faites-le, petit à petit. Laissez reposer au frais pendant quelques heures.

fondre: rendre liquide ce qui est solide

Vocabulaire

un feu doux, moyen, vif
le four *la partie de la cuisinière où l'on fait cuire les gâteaux*
une poêle *l'ustensile où l'on fait cuire les aliments*
une marmite *grande casserole ou fait-tout (m.)*
une soupière *un récipient pour servir la soupe*
un moule à tarte *un plateau pour faire cuire une tarte (au four)*
la pâte = un fond de tarte, par exemple
la farine = le blé moulu
les ingrédients *(m.)*
une cuillère en bois
une cuillère à soupe, à café
une cuillerée à café, à soupe *la quantité que contient une cuillère*
un bifteck bien cuit ≠ saignant, à point
froid(e)
tiède
chaud(e)
fondre = rendre liquide ce qui est solide
épais(-se)
mélanger
assaisonner = mettre du sel et du poivre, etc.
découper *couper en petits morceaux*
saupoudrer *ajouter à petite dose*
égoutter *faire écouler l'eau*
faire griller
faire mijoter *faire cuire doucement, à petit feu*
faire sauter *faire cuire en tournant dans le beurre*
laisser cuire
pétrir *malaxer avec les mains* (On pétrit le pain)
étaler au rouleau *agrandir la pâte, l'affiner*
laisser refroidir
ajouter
recouvrir
séparer = diviser (On sépare le blanc et le jaune d'un œuf)

Questions

1. Aimez-vous la soupe à l'oignon? Comment la prépare-t-on?
2. Avez-vous jamais mangé une salade russe? une quiche lorraine? une mousse au chocolat?

3. Indiquez comment on prépare un de ces plats.

Discussions

1. On dit qu'un plat préparé et servi avec amour est le meilleur de tous. Démontrez-le surtout dans le cadre de l'enfance.
2. Quand vous prenez un repas au restaurant, quels mets choisissez-vous d'habitude?
3. Quand vous avez un repas spécial à donner, qu'est-ce que vous préparez? Pourquoi?
4. Expliquez et contrastez l'étiquette de table française et américaine.
5. Chaque famille a un plat préféré. Quel est celui de votre famille? Parta-gez-en la recette et évoquez les souvenirs qui s'y rattachent.

Discussions et activités facultatives

1. Avez-vous jamais manqué de nourriture pendant longtemps? Décrivez l'expérience. Indiquez vos sentiments à l'égard de la nourriture pendant cette expérience.
2. Donnez des exemples d'hommes et de femmes qui n'ont pas eu assez à manger. Pensez-vous que nous connaissions encore la valeur du pain quotidien dans notre société. Expliquez.
3. Jusqu'où peuvent-être portés les êtres humains par manque de nourriture? Peut-on contrôler ces réactions?
4. Expliquez aux autres comment préparer un plat que vous aimez bien.

Composition

Description d'un repas familial.

Grammaire 2

L'article indéfini
L'article défini
Les adjectifs démonstratifs
Les adjectifs possessifs
L'article partitif
Les pronoms démonstratifs
Les pronoms possessifs

Examen

A. Remplacez les tirets par la forme convenable de l'article indéfini **(un, une, des),** s'il le faut.

1. L'oncle de Georges est ____ médecin. C'est ____ très bon médecin.
2. Anne et Josette sont ____ françaises.
3. Quel ____ repas délicieux!
4. *Le Jacassin,* ____ œuvre de Pierre Daninos, paraît en 1962.
5. Nous sommes allés à la plage en ____ autocar.
6. Leurs parents sont ____ catholiques. Ce sont ____ catholiques pratiquants.

B. Traduisez en français les expressions entre parenthèses.

1. Voilà *(a hundred)* ____ principes qui te serviront de guide.
2. Mon père me répète les mêmes conseils deux fois *(a week)* ____ .
3. M. Durand gagne *(a thousand)* ____ dollars *(a month)* ____ .

C. Remplacez les tirets par la forme convenable de l'article défini **(le, la, l', les),** s'il le faut.

1. Louis ____ XIV était roi de France au XVIIe siècle.
2. Tante Alice parle ____ russe, n'est-ce pas? —Oui, elle parle très bien ____ russe et elle étudie aussi ____ japonais.
3. Nous aimons voyager en ____ Europe en ____ automne.
4. ____ professeur Martin vit maintenant dans une maison de retraite.
5. On dit que ____ avocats et ____ magistrats sont corrumpus.
6. Mon oncle Jules est né ____ 6 avril 1927.

D. Traduisez en français les expressions entre parenthèses.

1. Notre cousine Solange vient nous rendre visite *(on Fridays)* ____ .
2. Voici *(my)* ____ amie Nicole.
3. *(That)* ____ famille s'amuse bien ensemble.
4. Nous nous sommes lavé *(our)* ____ mains.

5. Les enfants prennent un goûter *(in the afternoon)* ______ .
6. Le rosbif coûte 13 francs 80 *(a)* ______ demi-kilo.
7. A qui est *(that)* ______ enfant?
8. Levez *(your)* ______ main.
9. As-tu vu *(his)* ______ tante?
10. Les enfants ont *(their bread and chocolate)* ______ .
11. J'ai *(my)* ______ idées et il a *(his)* ______ .
12. Quel joli costume! *(Marie's)* ______ est plus beau que *(that one)* ______ .

E. Remplacez les tirets par la forme convenable du partitif **(du, de la, de l', des, de, d')** ou de l'article défini **(le, la, l', les).**

1. Apportez-nous *(some)* ______ pain, *(some)* ______ beurre, *(some)* ______ soupe, *(some)* ______ salade, *(some)* ______ pomme frites, et *(some)* ______ eau, s'il vous plaît.
2. Je regrette, madame, mais nous n'avons plus ______ jambon. Nous n'avons que ______ poulet ce soir.
3. Ils ont pris *(some)* ______ artichauts. Nos amis ont aussi pris ______ très beaux artichauts.
4. Je crois que j'aime mieux ______ pêches que ______ poires.
5. As-tu autant ______ dessert que moi?
6. Vous préférez ______ café, n'est-ce pas?
7. Bien ______ fois, il avait beaucoup ______ doutes sur ______ avenir.
8. Donnez-moi quelques petits gâteaux et un peu ______ lait, s'il vous plaît.
9. La plupart ______ parents étaient arrivés en retard.

Vérification

A. 1. —, un 2. — 3. — 4. — 5. — 6. —, des

B. 1. cent 2. par semaine 3. mille, par mois

C. 1. — 2. —, le, le 3. —, — 4. Le 5. les, les 6. le

D. 1. le vendredi 2. mon 3. Cette 4. les 5. l'après-midi 6. le 7. cet 8. la 9. sa 10. leur pain et leur chocolat 11. mes, les siennes 12. Celui de Marie, celui-là

E. 1. du, du, de la, de la, des, de l' 2. de, du 3. des, de 4. les, les 5. de 6. le 7. des, de, l' 8. de 9. des

Notes grammaticales

1. The indefinite article **(un, une, des)** is not stated before a predicate noun or adjective denoting profession, nationality, or religion:

   Mme Matagne est professeur.
   Hans est allemand.
   Nous sommes protestants.

Note the following exceptions to the rule just stated:

a. Use the indefinite article if **c'** or **ce** is the subject of the sentence. Compare:

M. Cottard est médecin. Il est médecin. C'est **un** médecin.
Ils sont français. Ce sont **des** Français.*

b. Use **c'est** (singular) and **ce sont** (plural) with predicate nouns that are modified. In such sentences state the indefinite article. Compare:

Elle est pianiste. **C'est** une pianiste admirable.
Ils sont catholiques. **Ce sont** des catholiques fervents.

Remember that **des** becomes **de** when used with an adjective that precedes the noun:

Ce sont **de** bons catholiques.

2. Do not use the indefinite article after the preposition **en,** after **quel** in an exclamation, before the numbers **cent** and **mille,** or before a noun in apposition:

Nous sommes allés au concert **en** taxi.
Quelle jolie petite fille!
cent cinquante *a hundred and fifty;* mille *a thousand*
Jean-Jacques Rousseau, écrivain célèbre du XVIIIe siècle,... *Jean-Jacques Rousseau, a famous writer of the 18th century,...*

3. Note the use of **par** instead of the indefinite article in certain time expressions:

trois fois **par** jour... *three times a day...*

4. In addition to the standard usages of the definite article **(le, la, l', les),** note the following special cases when the definite article is required: (Remember the following contractions with the definite article: **à + le = au, à + les = aux, de + le = du, de + les = des.)**

a. before the name of a language except after **parler** and **en:**

J'aime **le** français.
Répondez **en** allemand.

b. before titles to denote profession or rank:

le professeur Antoine **le** Président Roosevelt

c. with parts of the body to replace the possessive adjective:

Je me suis lavé **les** mains.

d. with expressions of weight or measurement:

Les pommes coûtent 4 francs 80 **le** kilo.

---

* Nouns referring to nationalities are capitalized; adjectives referring to nationalities are not capitalized. Names of languages are also written in lower case. Compare: **C'est un Français** (noun); **Il est français** (adjective); **une auto française** (adjective); le français *(the French language).*

5. The definite article is not used:
   a. with titles of sovereigns:
      Henri IV
   b. after the preposition **en:**
      en hiver en Espagne en autocar
   c. before nouns used adjectively with **de:**
      un cours de chimie un arbre de Noël

6. The particles **-ci** and **-là** may be added to the demonstrative adjective **(ce, cette, cet, ces)** and modified noun to distinguish between *this* and *that* and *these* and *those:*

   ce film-**ci** **ce** film-**là.**

   Remember to use masculine, singular **cet** before a word beginning with a vowel sound:

   cet hôtel

7. Be sure to make the proper distinction between the demonstrative adjective, which modifies its noun, and the demonstrative pronoun (**celui,** masculine singular; **celle,** feminine singular; **ceux,** masculine plural; and **celles,** feminine plural), which *replaces* the noun to which it refers. The pronoun agrees in gender and number with the noun it replaces. The demonstrative pronouns are never used alone but are followed by **-ci** or **-là,** a prepositional phrase, or a relative clause. Used with **de** they indicate possession:

   Ces légumes sont plus chers que **ceux-là.** *These vegetables are more expensive than **those.***
   Ma voiture est bleue; **celle de Marc** est rouge. *My car is blue; **Mark's** is red.*
   Celui qui ne travaille pas échouera. ***He who/the one who** doesn't work will fail.*

8. The possessive adjectives **(mon, ma, mes, ton, ta, tes,** etc.) agree in gender and number with the object possessed and not the possessor:

   le livre de Jacqueline → **son** livre
   la chemise de Marc → **sa** chemise

   Feminine **ma, ta, sa** become **mon, ton, son** when followed by nouns beginning with a vowel sound:

   mon école
   son histoire
   ta sœur BUT: **ton** autre sœur

9. The possessive pronouns (**Le mien,** masculine singular; **la mienne,** feminine singular; **les miens,** masculine plural; and **les miennes,** feminine plural, etc.) agree in gender and number with the noun they replace. Remember that **à** and **de** contract with the definite articles **le** and **les** of the possessive pronoun.

Make a distinction between the possessive adjective and the possessive pronoun:

Mes parents et **les tiens** sont allés au cinéma. *My parents and **yours** went to the movies.*

Je pense à mes problèmes et ils pensent aux **leurs.** *I'm thinking about my problems and they're thinking about **theirs.***

Possession may also be shown by using the verb **être** followed by the preposition **à** and the appropriate stress pronoun:

Ces gants sont à moi. *These gloves are mine.*

10. The partitive forms *(some, any)* are: masculine singular: **du (de + le);** feminine singular: **de la;** singular (masculine or feminine) before a vowel sound: **de l';** plural **des (de + les):**

du pain	**de l'**argent
de la bière	**des** livres

11. In the following cases, **de (d')** expresses the partitive sense:

a. when the verb is negative:

Nous n'avons pas **de** lait.
Ils n'ont plus **de** soupe.
Ils n'ont jamais **d'**argent.

b. when the noun is *preceded* by a plural adjective:

Nous avons **des** professeurs formidables.
Nous avons **d'**excellents professeurs.

c. when the noun is preceded by an expression denoting a quantity:

beaucoup **d'**argent, un peu **de** pain, un panier **de** croissants.

12. Note the following special cases:

a. Use the regular partitive forms after **ne ... que.** Compare:

On n'a pas **de** rosbif.
On n'a que **du** rosbif aujourd'hui.

b. Use the regular partitive forms after the expression **la plupart:**

La plupart **des** pêcheurs n'ont pas attrapé de poissons.

c. The expression **bien des** means *many.* Compare:

beaucoup **d'**étudiants   **bien des** étudiants.

13. Nouns used in a general sense (requiring the definite article) are not to be confused with nouns used in the partitive sense. Compare:

Robert aime **le** rosbif. Donnez-moi **du** rosbif.
Marie déteste **les** carottes. Apportez-nous **des** carottes.

14. Be sure to include the appropriate indefinite, definite or partitive article, demonstrative or possessive adjective before *each* noun in a sequence of nouns:

Il a acheté **une** chemise et **une** cravate. *He bought a shirt and a tie.*
J'ai **mon** crayon et **mon** stylo. *I have my pencil and pen.*

15. It is important to note that it is the noun-marker (indefinite, definite or partitive article, demonstrative or possessive adjective) that signals the gender and number of the noun modified, especially in the spoken language. Compare the following:

    ENGLISH: the family, the famili*es;*
    FRENCH: **la** famille, **les** familles.

    In English, singular or plural is heard in the noun, while in French these distinctions are heard in the definite article.

5

L'Absurde

Première partie

Après la Deuxième Guerre mondiale on pouvait voir dans les petits théâtres de la rive gauche de Paris des pièces très différentes de celles des époques précédentes. Appelée « avant-garde », « anti-théâtre », « théâtre de l'absurde », cette nouvelle esthétique a suscité des cris de dérision et de dégoût; il est vrai que les auteurs du nouveau théâtre voulaient choquer un public habitué à un théâtre traditionnel et orthodoxe. En effet, que penser d'une pièce illogique et sans intrigue où les personnages ne se comprennent pas, ne sentent pas, ne communiquent pas, n'agissent pas, n'évoluent pas, ne disent que des non-sens? Mais attention. Gardons-nous de faire des jugements trop rapides. Au-delà d'une absurdité apparente peut-être trouverons-nous une image fidèle et vraie de certains aspects de la vie moderne. Peut-être découvrirons-nous des vérités fondamentales sur la condition humaine en général.

Le dialogue suivant est tiré de La Cantatrice chauve *d'Eugène Ionesco. Les Martin sont chez les Smith, couple typiquement anglais. Cette conversation entre M. et Mme Martin a lieu pendant que les Smith s'apprêtent pour le dîner.*

La Cantatrice chauve

Mme et M. Martin s'assoient l'un en face de l'autre, sans se parler. Ils se sourient, avec timidité.

M. MARTIN *(Le dialogue qui suit doit être dit d'une voix traînante,° monotone, un peu chantante, nullement nuancée.)* —Mes excuses, Madame, mais il me semble, si je ne me trompe, que je vous ai déjà rencontrée quelque part.

traînante: lente

MME MARTIN —A moi aussi, Monsieur, il me semble que je vous ai déjà rencontré quelque part.

M. MARTIN —Ne vous aurais-je pas déjà aperçue, Madame, à Manchester, par hasard?

MME MARTIN —C'est très possible. Moi, je suis originaire de la ville de Manchester! Mais je ne me souviens pas très bien, Monsieur, je ne pourrais pas dire si je vous y ai aperçu, ou non!

M. MARTIN —Mon Dieu, comme c'est curieux! Moi aussi je suis originaire de la ville de Manchester, Madame!

MME MARTIN —Comme c'est curieux!

M. MARTIN —Comme c'est curieux!... Seulement, moi, Madame, j'ai quitté la ville de Manchester, il y a cinq semaines, environ.°

environ: à peu près

MME MARTIN —Comme c'est curieux! quelle bizarre coïncidence! Moi aussi, Monsieur, j'ai quitté la ville de Manchester, il y a cinq semaines, environ.

M. MARTIN —J'ai pris le train d'une demie après huit le matin, qui arrive à Londres à un quart avant cinq, Madame.

MME MARTIN —Comme c'est curieux! comme c'est bizarre! et quelle coïncidence! J'ai pris le même train, Monsieur, moi aussi!

M. MARTIN —Mon Dieu, comme c'est curieux! peut-être bien alors, Madame, que je vous ai vue dans le train?

MME MARTIN —C'est bien possible, ce n'est pas exclu, c'est plausible et, après tout, pourquoi pas!... Mais je n'en ai aucun souvenir, Monsieur!

M. MARTIN —Je voyageais en deuxième classe, Madame. Il n'y a pas de deuxième classe en Angleterre, mais je voyage quand même en deuxième classe.

MME MARTIN —Comme c'est bizarre, que c'est curieux, et quelle coïncidence! moi aussi, Monsieur, je voyageais en deuxième classe!

M. MARTIN —Comme c'est curieux! Nous nous sommes peut-être bien rencontrés en deuxième classe, chère Madame!

MME MARTIN —La chose est bien possible et ce n'est pas du tout exclu. Mais je ne m'en souviens pas très bien, cher Monsieur!

M. MARTIN —Ma place était dans le wagon n° 8, sixième compartiment, Madame!

MME MARTIN —Comme c'est curieux! Ma place aussi était dans le wagon n° 8, sixième compartiment, cher Monsieur!

M. MARTIN —Comme c'est curieux et quelle coïncidence bizarre! Peut-être nous sommes-nous rencontrés dans le sixième compartiment, chère Madame?

MME MARTIN —C'est bien possible, après tout! Mais je ne m'en souviens pas, cher Monsieur!

M. MARTIN —A vrai dire, chère Madame, moi non plus je ne m'en souviens pas, mais il est possible que nous nous soyons aperçus là, et si j'y pense bien, la chose me semble même très possible!

MME MARTIN —Oh! vraiment, bien sûr, vraiment, Monsieur!

M. MARTIN —Comme c'est curieux!... J'avais la place n° 3, près de la fenêtre, chère Madame.

MME MARTIN —Oh, mon Dieu, comme c'est curieux et comme c'est bizarre, j'avais la place n° 6, près de la fenêtre, en face de vous, cher Monsieur.

M. MARTIN —Oh, mon Dieu, comme c'est curieux et quelle

coïncidence!... Nous étions donc vis-à-vis, chère Madame! C'est là que nous avons dû nous voir!

MME MARTIN —Comme c'est curieux! C'est possible mais je ne m'en souviens pas, Monsieur!

M. MARTIN —A vrai dire, chère Madame, moi non plus je ne m'en souviens pas. Cependant, il est très possible que nous nous soyons vus à cette occasion.

MME MARTIN —C'est vrai, mais je n'en suis pas sûre du tout, Monsieur.

M. MARTIN —Ce n'était pas vous, chère Madame, la dame qui m'avait prié de mettre sa valise dans le filet° et qui ensuite m'a remercié et m'a permis de fumer?

filet: où l'on met les bagages dans un compartiment de train

MME MARTIN —Mais si, ça devait être moi, Monsieur! Comme c'est curieux, et quelle coïncidence!

M. MARTIN —Comme c'est curieux, comme c'est bizarre, quelle coïncidence! Eh bien alors, alors, nous nous sommes peut-être bien connus à ce moment-là, Madame?

MME MARTIN —Comme c'est curieux et quelle coïncidence! c'est bien possible, cher Monsieur! Cependant, je ne crois pas m'en souvenir.

M. MARTIN —Moi non plus, Madame.

(Un moment de silence. La pendule° sonne 2–1.)

pendule: très grande horloge

M. MARTIN —Depuis que je suis arrivé à Londres, j'habite rue Bromfield, chère Madame.

MME MARTIN —Comme c'est curieux, comme c'est bizarre! moi aussi, depuis mon arrivée à Londres j'habite rue Bromfield, cher Monsieur.

M. MARTIN —Comme c'est curieux, mais alors, mais alors, nous nous sommes peut-être rencontrés rue Bromfield, chère Madame.

MME MARTIN —Comme c'est curieux; comme c'est bizarre! c'est bien possible, après tout! Mais je ne m'en souviens pas, cher Monsieur.

M. MARTIN —Je demeure au n° 19, chère Madame.

MME MARTIN —Comme c'est curieux, moi aussi j'habite au n° 19, cher Monsieur.

M. MARTIN —Mais alors, mais alors, mais alors, mais alors, mais alors, nous nous sommes peut-être vus dans cette maison, chère Madame?

MME MARTIN —C'est bien possible, mais je ne m'en souviens pas, cher Monsieur.

M. MARTIN —Mon appartement est au cinquième étage, c'est le n° 8, chère Madame.

MME MARTIN —Comme c'est curieux, mon Dieu, comme c'est bizarre! et quelle coïncidence! moi aussi j'habite au cinquième étage, dans l'appartement n° 8, cher Monsieur!

M. MARTIN *(songeur)*° —Comme c'est curieux, comme c'est curieux, comme c'est curieux et quelle coïncidence! vous savez, dans ma chambre à coucher j'ai un lit. Mon lit est couvert d'un édredon° vert. Cette chambre, avec ce lit et son édredon vert, se trouve au fond du corridor, entre les water° et la bibliothèque, chère Madame!

songeur: préoccupé

édredon: couverture

les water: les cabinets de toilette

MME MARTIN —Quelle coïncidence, ah mon Dieu, quelle coïncidence! Ma chambre à coucher a, elle aussi, un lit avec un édredon vert et se trouve au fond du corridor, entre les water, cher Monsieur, et la bibliothèque!

M. MARTIN —Comme c'est bizarre, curieux, étrange! alors, Madame, nous habitons dans la même chambre et nous dormons dans le même lit, chère Madame. C'est peut-être là que nous nous sommes rencontrés!

MME MARTIN —Comme c'est curieux et quelle coïncidence! C'est bien possible que nous nous y soyons rencontrés, et peut-être même la nuit dernière. Mais je ne m'en souviens pas, cher Monsieur!

M. MARTIN —J'ai une petite fille, ma petite fille, elle habite avec moi, chère Madame. Elle a deux ans, elle est blonde, elle a un œil blanc et un œil rouge, elle est très jolie, elle s'appelle Alice, chère Madame.

MME MARTIN —Quelle bizarre coïncidence! moi aussi j'ai une petite fille, elle a deux ans, un œil blanc et un œil rouge, elle est très jolie et s'appelle aussi Alice, cher Monsieur!

M. MARTIN *(même voix traînante, monotone)* —Comme c'est curieux et quelle coïncidence! et bizarre! c'est peut-être la même, chère Madame!

MME MARTIN —Comme c'est curieux! c'est bien possible, cher Monsieur.

(Un assez long moment de silence... La pendule sonne vingt-neuf fois.)

M. MARTIN *(Après avoir longuement réfléchi, se lève lentement et, sans se presser, se dirige vers Mme Martin qui, surprise par l'air solennel de M. Martin, s'est levée, elle aussi, tout doucement; M. Martin a la même voix rare, monotone, vaguement chantante.)* —Alors, chère Madame, je crois qu'il n'y a pas de doute, nous nous sommes déjà vus et vous êtes ma propre épouse... Elisabeth, je t'ai retrouvée!

(Mme Martin s'approche de M. Martin sans se presser. Ils s'embrassent sans expression. La pendule sonne une fois, très fort. Le coup de la pendule doit être si fort qu'il doit faire sursauter° les spectateurs. Les époux Martin ne l'entendent pas.)

sursauter: faire un mouvement brusque causé par une surprise inattendue

MME MARTIN —Donald, c'est toi, darling!

(Ils s'assoient dans le même fauteuil, se tiennent embrassés et s'endorment. La pendule sonne encore plusieurs fois.)

Vocabulaire

avoir lieu = se passer
un personnage
l'intrigue *(f.) le résumé d'une pièce littéraire*
ne pas avoir de sens
une coïncidence
la parodie
la caricature
une marionnette
la banalité quotidienne = les choses tout à fait ordinaires, de tous les jours
une impossibilité de se comprendre
un manque de communication
burlesque
une farce, farcesque
la bouffonnerie, bouffon(-ne)
la clownerie, clownesque
insignifiant(e)
monotone
se découvrir étrangers
parler pour ne rien dire
irrationnel(-lle)
illogique
un non-sens
la dérision
la moquerie = la raillerie
la satire
la déformation, déformer
être attentif(-ve)
écouter attentivement
poser des questions intéressantes
s'intéresser à
l'art de la conversation
développer
être sincère, compréhensif(-ve)

Questions

1. Où a lieu la conversation entre M. et Mme Martin? Comment se parlent-ils?
2. Indiquez les endroits où M. et Mme Martin se sont peut-être rencontrés. Pourquoi ne se reconnaissent-ils pas?
3. Décrivez leur fille. Quel âge a-t-elle?
4. Décrivez Donald et Elisabeth comme personnages. En quoi consiste l'absurdité de cet extrait?
5. A la fin du passage Elisabeth et Donald « se tiennent embrassés et s'endorment. La pendule sonne encore plusieurs fois. » Pourquoi, à votre avis, la scène se termine-t-elle ainsi?

Discussions

1. Discutez le comique de cette situation. Citez des exemples.
2. Indiquez et discutez les situations où les gens se parlent sans arriver à se connaître ou à communiquer.
3. Quelles sont les forces qui bloquent la communication? Expliquez.
4. Qu'est-ce qui facilite la communication? Expliquez.

Discussions et activités facultatives

1. Qu'est-ce qui rend absurdes, insignifiantes certaines situations de votre vie?
2. Qu'est-ce qui produit des expériences valables, importantes?
3. *Débat:* Pour ou contre: L'existence des êtres humains est absurde.
4. *Devinette:* Divisez la classe en deux équipes. Une équipe choisit un auteur ou un comédien (une comédienne) célèbre. L'autre équipe pose au maximum vingt questions pour deviner le nom de la personne.

Deuxième partie

Rien ne se passe dans la pièce En attendant Godot *(1952) de Samuel Beckett. Vladimir et Estragon, deux clochards° misérables, ne font qu'attendre durant toute la pièce un certain Monsieur Godot. Les deux actes se terminent de la même façon: un enfant vient annoncer de la part de Monsieur Godot que lui (Monsieur Godot) ne viendra pas, mais qu'il viendra certainement le lendemain. L'extrait que vous allez lire se trouve à la fin du premier acte. Le décor de la pièce: une route à la campagne avec un seul arbre. La nuit tombe.*

clochards: vagabonds

En attendant Godot

VOIX EN COULISSE° —Monsieur!

coulisse: partie du théâtre située derrière la scène

(Estragon s'arrête. Tous les deux regardent en direction de la voix.)

ESTRAGON —Ça recommence.
VLADIMIR —Approche, mon enfant.

(Entre un jeune garçon, craintivement. Il s'arrête.)

GARÇON —Monsieur Albert?
VLADIMIR —C'est moi.
ESTRAGON —Qu'est-ce que tu veux?
VLADIMIR —Avance.

(Le garçon ne bouge pas.)

ESTRAGON *(avec force)* —Avance, on te dit!

(Le garçon avance craintivement, s'arrête.)

VLADIMIR —Qu'est-ce que c'est?
GARÇON —C'est Monsieur Godot—*(Il se tait.)*
VLADIMIR —Evidemment. *(Un temps)* Approche.

(Le garçon ne bouge pas.)

ESTRAGON *(avec force)* —Approche, on te dit! *(Le garçon avance craintivement, s'arrête.)* Pourquoi tu viens si tard?
VLADIMIR —Tu as un message de Monsieur Godot?
GARÇON —Oui Monsieur.
VLADIMIR —Eh bien, dis-le.
ESTRAGON —Pourquoi tu viens si tard?

(Le garçon les regarde l'un après l'autre, ne sachant à qui répondre.)

VLADIMIR *(à Estragon)* —Laisse-le tranquille.
ESTRAGON *(à Vladimir)* —Fous-moi la paix,° toi. *(Avançant, au garçon.)* Tu sais l'heure qu'il est?
GARÇON *(reculant)*° —Ce n'est pas ma faute, Monsieur!
ESTRAGON —C'est la mienne peut-être.
GARÇON —J'avais peur, Monsieur.
ESTRAGON —Peur de quoi? De nous? *(Un temps)* Réponds!
VLADIMIR —Je vois ce que c'est, ce sont les autres[1] qui lui ont fait peur.
ESTRAGON —Il y a combien de temps que tu es là?
GARÇON —Il y a un moment, Monsieur.
VLADIMIR —Tu as eu peur du fouet?°
GARÇON —Oui Monsieur.
VLADIMIR —Des cris?
GARÇON —Oui Monsieur.
VLADIMIR —Des deux messieurs?°
GARÇON —Oui Monsieur.
VLADIMIR —Tu les connais?

Fous-moi la paix: Laisse-moi tranquille

reculant: allant en arrière

fouet: corde de cuir dont on se sert pour battre ou punir

deux messieurs: Pozzo et Lucky

---

[1] **les autres:** Pozzo et Lucky, deux personnages de la pièce. Pozzo a maltraité Lucky et cela a fait peur à l'enfant.

GARÇON —Non Monsieur.
VLADIMIR —Tu es d'ici?
GARÇON —Oui Monsieur.
ESTRAGON —Tout ça c'est des mensonges!° *(Il prend le garçon par le bras, le secoue.)*° Dis-nous la vérité!
GARÇON *(tremblant)* —Mais c'est la vérité, Monsieur.
VLADIMIR —Mais laisse-le donc tranquille! Qu'est-ce que tu as? *(Estragon lâche° le garçon, recule, porte ses mains au visage. Vladimir et le garçon le regardent. Estragon découvre son visage décomposé.)* Qu'est-ce que tu as?
ESTRAGON —Je suis malheureux.
VLADIMIR —Sans blague!° Depuis quand?
ESTRAGON —J'avais oublié.
VLADIMIR —La mémoire nous joue de ces tours.° *(Estragon veut parler, y renonce, va en boitillant° s'asseoir et commence à se déchausser.° Au garçon.)* Eh bien?
GARÇON —Monsieur Godot...
VLADIMIR *(l'interrompant)* —Je t'ai déjà vu, n'est-ce pas?
GARÇON —Je ne sais pas, Monsieur.
VLADIMIR —Tu ne me connais pas?
GARÇON —Non Monsieur.
VLADIMIR —Tu n'es pas venu hier?
GARÇON —Non Monsieur.
VLADIMIR —C'est la première fois que tu viens?
GARÇON —Oui Monsieur.

(Silence)

VLADIMIR —On dit ça. *(Un temps)* Eh bien, continue.
GARÇON *(d'un trait)*° —Monsieur Godot m'a dit de vous dire qu'il ne viendra pas ce soir mais sûrement demain.
VLADIMIR —C'est tout?
GARÇON —Oui Monsieur.
VLADIMIR —Tu travailles pour Monsieur Godot?
GARÇON —Oui Monsieur.
VLADIMIR —Qu'est-ce que tu fais?
GARÇON —Je garde les chèvres,° Monsieur.
VLADIMIR —Il est gentil avec toi?
GARÇON —Oui Monsieur.
VLADIMIR —Il ne te bat pas?
GARÇON —Non Monsieur, pas moi.
VLADIMIR —Qui est-ce qu'il bat?
GARÇON —Il bat mon frère, Monsieur.
VLADIMIR —Ah! tu as un frère?
GARÇON —Oui Monsieur.
VLADIMIR —Qu'est-ce qu'il fait?

mensonges: propos contraires à la vérité
secoue: agite fortement
lâche: laisse échapper
Sans blague!: C'est vrai?
nous ... tours: nous trompe
boitillant: marchant avec difficulté / **se déchausser:** enlever ses chaussures
d'un trait: rapidement
chèvres: genre d'animal corné

GARÇON —Il garde les brebis,° Monsieur.

brebis: moutons

VLADIMIR —Et pourquoi il ne te bat pas, toi?
GARÇON —Je ne sais pas, Monsieur.
VLADIMIR —Il doit t'aimer.
GARÇON —Je ne sais pas, Monsieur.
VLADIMIR —Il te donne assez à manger? *(Le garçon hésite.)* Est-ce qu'il te donne bien à manger?
GARÇON —Assez bien, Monsieur.
VLADIMIR —Tu n'es pas malheureux? *(Le garçon hésite.)* Tu entends?
GARÇON —Oui Monsieur.
VLADIMIR —Et alors?
GARÇON —Je ne sais pas, Monsieur.
VLADIMIR —Tu ne sais pas si tu es malheureux ou non?
GARÇON —Non Monsieur.
VLADIMIR —C'est comme moi. *(Un temps)* Où c'est que tu couches?
GARÇON —Dans le grenier,° Monsieur.

grenier: pièce directement sous le toit

VLADIMIR —Avec ton frère?
GARÇON —Oui Monsieur.
VLADIMIR —Dans le foin?°

foin: herbe que mangent les vaches, les chevaux, etc.

GARÇON —Oui Monsieur.

(Un temps)

VLADIMIR —Bon, va-t-en.
GARÇON —Qu'est-ce que je dois dire à Monsieur Godot, Monsieur?
VLADIMIR —Dis-lui... *(Il hésite.)* Dis-lui que tu nous as vus. *(Un temps)* Tu nous as bien vus, n'est-ce pas?
GARÇON —Oui Monsieur. *(Il recule, hésite, se retourne et sort en courant.)*

(La lumière se met brusquement à baisser. En un instant il fait nuit. La lune se lève, au fond, monte dans le ciel, s'immobilise, baignant la scène d'une clarté argentée.)

VLADIMIR —Enfin! *(Estragon se lève et va vers Vladimir, ses deux chaussures à la main. Il les dépose près de la rampe, se redresse et regarde la lune.)* Qu'est-ce que tu fais?
ESTRAGON —Je fais comme toi, je regarde la blafarde.°

la blafarde: la pâle (la lune)

VLADIMIR —Je veux dire avec tes chaussures.
ESTRAGON —Je les laisse là. *(Un temps)* Un autre viendra, aussi ... aussi ... que moi, mais chaussant moins grand,° et elles feront son bonheur.

chaussant moins grand: avec les pieds plus petits

VLADIMIR —Mais tu ne peux pas aller pieds nus.
ESTRAGON —Jésus l'a fait.

VLADIMIR —Jésus! Qu'est-ce que tu vas chercher là! Tu ne vas tout de même pas te comparer à lui!
ESTRAGON —Toute ma vie je me suis comparé à lui.
VLADIMIR —Mais là-bas il faisait chaud! Il faisait bon!
ESTRAGON —Oui. Et on crucifiait vite.

(Silence.)

VLADIMIR —Nous n'avons plus rien à faire ici.
ESTRAGON —Ni ailleurs.
VLADIMIR —Voyons, Gogo, ne sois pas comme ça. Demain tout ira mieux.
ESTRAGON —Comment ça?
VLADIMIR —Tu n'as pas entendu ce que le gosse° a dit?

gosse: enfant

ESTRAGON —Non.
VLADIMIR —Il a dit que Godot viendra sûrement demain. *(Un temps)* Ça ne te dit rien?
ESTRAGON —Alors il n'y a qu'à attendre ici.
VLADIMIR —Tu es fou! Il faut s'abriter.° *(Il prend Estragon par le bras.)* Viens. *(Il le tire. Estragon cède d'abord, puis résiste. Ils s'arrêtent.)*

s'abriter: chercher un refuge

ESTRAGON *(regardant l'arbre)* —Dommage qu'on n'ait pas un bout de corde.
VLADIMIR —Viens. Il commence à faire froid. *(Il le tire.° Même jeu.)*

le tire: l'amène après lui

ESTRAGON —Fais-moi penser° d'apporter une corde demain.

Fais-moi penser: Rappelle-moi

VLADIMIR —Oui. Viens. *(Il le tire. Même jeu.)*
ESTRAGON —Ça fait combien de temps que nous sommes tout le temps ensemble?
VLADIMIR —Je ne sais pas. Cinquante ans peut-être.
ESTRAGON —Tu te rappelles le jour où je me suis jeté dans la Durance?[2]
VLADIMIR —On faisait les vendanges.°
ESTRAGON —Tu m'as repêché°
VLADIMIR —Tout ça est mort et enterré.°
ESTRAGON —Mes vêtements ont séché° au soleil.

vendanges: récolte du raisin
repêché: retiré de l'eau
enterré: terminé
ont séché: sont devenus secs

VLADIMIR —N'y pense plus, va. Viens. *(Même jeu)*
ESTRAGON —Attends.
VLADIMIR —J'ai froid.
ESTRAGON —Je me demande si on n'aurait pas mieux fait de rester seuls, chacun de son côté. *(Un temps)* On n'était pas fait pour le même chemin.

---

[2] **la Durance:** rivière dans le Vaucluse. (Pendant la Deuxième Guerre mondiale Beckett se trouvait à Roussillon, village situé dans cette région de la France.)

VLADIMIR *(sans se fâcher)* —Ce n'est pas sûr.
ESTRAGON —Non, rien n'est sûr.
VLADIMIR —On peut toujours se quitter, si tu crois que ça vaut mieux.
ESTRAGON —Maintenant ce n'est plus la peine.

(Silence)

VLADIMIR —C'est vrai, maintenant ce n'est plus la peine.

(Silence)

ESTRAGON —Alors on y va?
VLADIMIR —Allons-y. *(Ils ne bougent pas.)*

Vocabulaire

le décor
ne rien se passer
venir de la part de
un message
attendre éternellement = attendre à jamais
une attente interminable
pénible = doulouroux(-se)
insupportable
tuer le temps = passer son temps
une absence d'événements
un rendez-vous manqué
espérer en vain
le destin
la condition humaine
le désespoir ≠ l'espoir *(m.)*
l'espérance *(f.)*
rendre ridicule
grotesque
impuissant(e) = sans force
s'immobiliser
l'ennui *(m.),* s'ennuyer ≠ s'amuser
l'insatisfaction permanente
la routine monotone
le suicide, un désir de suicide
l'humiliation *(f.),* humilier
la dégradation
la pauvreté
la gesticulation, gesticuler
un geste
un anti-héros

Questions

1. Nommez les personnages de la scène que vous venez de lire.
2. Quel est le décor de la pièce? Quel moment de la journée est-ce?

3. Qui arrive? Quel est son message?
4. De quoi l'enfant avait-il peur? Pourquoi? Pour qui l'enfant travaille-t-il? Qu'est-ce qu'il fait?
5. Qui Monsieur Godot bat-il? Quel est le travail du frère?
6. L'enfant est-il heureux? Où dort l'enfant? Avec qui?
7. Qu'est-ce que l'enfant va dire à Monsieur Godot de la part des clochards?
8. Pourquoi Estragon décide-t-il de laisser ses chaussures? A qui Estragon s'est-il toujours comparé? Pourquoi, à votre avis?
9. Pourquoi Estragon veut-il un bout de corde?
10. Depuis quand les clochards sont-ils ensemble?
11. Pourquoi Estragon s'est-il jeté dans la Durance?
12. Pourquoi les clochards ne se quittent-ils pas?
13. Qu'est-ce qui rend absurde la vie de Vladimir et d'Estragon? Qu'est-ce qui est tragique dans le passage? Expliquez.
14. Relevez et discutez les éléments comiques de l'extrait.
15. Pourquoi, à votre avis, chaque acte de la pièce se termine-t-il par la nouvelle que Monsieur Godot ne viendra pas?
16. Croyez-vous qu'il vienne voir les clochards un jour? Pourquoi? Pourquoi pas?
17. Est-ce la première fois qu'un enfant vient annoncer que Godot ne viendra pas?
18. Depuis quand, à votre avis, annonce-t-on aux clochards que Monsieur Godot viendra le lendemain? Expliquez, dans ce contexte, le « ça recommence » dit par Estragon tout au commencement du passage.

Discussions

1. Dans une interview Beckett a dit: "If by Godot I had meant God, I would have said God." A votre avis, que représente donc Monsieur Godot? Est-ce possible qu'il représente Dieu *et* autre chose? Expliquez.
2. Expliquez l'échange suivant:

   VLADIMIR Nous n'avons plus rien à faire ici.
   ESTRAGON Ni ailleurs.

3. Beckett a écrit *En attendant Godot* pendant la Deuxième Guerre mondiale. Qu'est-ce que les Français attendaient pendant cette période? Qu'est-ce que les Américains attendaient? les Allemands?
4. Qu'attendent les gens aujourd'hui? Qu'est-ce que vous attendez?

Discussions et activités facultatives

1. Indiquez les marques d'ennui métaphysique et social sur votre campus. Que peut-on faire pour porter remède au problème?
2. Discutez les causes d'ennui et de lassitude dans votre vie. Que faites-vous pour combattre la dépression?

3. Commentez la citation suivante de Blaise Pascal:
   « Nous ne pensons presque point au présent; et, si nous y pensons, ce n'est que pour en prendre la lumière pour disposer de l'avenir. Le présent n'est jamais notre fin: le passé et le présent sont nos moyens; le seul avenir est notre fin. Ainsi nous ne vivons jamais, mais nous espérons de vivre; et, nous disposant toujours d'être heureux, il est inévitable que nous ne le soyons jamais. »

Composition

Ecrivez un dialogue dans le style absurde.

6

L'Education

Première partie

« L'homme est un roseau,° le plus faible de la nature mais c'est un roseau pensant » C'est une des Pensées *de Pascal, œuvre qui date du XVII*^e^ *siècle. L'être humain possède incontestablement la faculté de penser, de raisonner. Cette capacité le conduit en général à vouloir progresser, apprendre, connaître, comprendre. On ne se contente pas d'être; on veut devenir, et pour cela il faut s'éduquer. Pourtant, les voies ne s'ouvrent pas toujours facilement à tous ceux qui désirent une « bonne éducation. » Dans la lecture suivante tirée du roman,* La Statue de sel, *Albert Memmi, auteur francophone tunisien, dépeint les difficultés et les joies d'un jeune élève de condition modeste qui essaie d'améliorer sa condition par ses études.*

roseau: plante fragile qui pousse au bord des eaux

L'Elu

Je devais aller au lycée à la rentrée° qui suivait ma première communion. Cet extraordinaire événement était le résultat d'une chance inespérée. La voie est droite pour les jeunes bourgeois: le petit lycée, le grand lycée, puis l'université ou l'affaire paternelle. S'ils bifurquent° en route, ils l'ont bien voulu. Je ne savais rien de mon avenir au-delà du certificat d'études.[1] Non que je n'eusse° des rêves ou même des ambitions précises mais, au-delà du certificat, c'était le noir.

Je désirais ardemment devenir médecin, à la suite d'une visite gratuite à l'hôpital, où nous attendîmes des heures pour être admis devant un médecin lointain° et autoritaire comme Dieu. Je fus impressionné par le prestige des infirmières° et l'humilité des pauvres. Le « Docteur » restait chez nous un magicien, bénéficiait de l'héritage du devin° et en avait l'assurance...

Le nombre d'obstacles que la chance a levés pour moi fut vraiment considérable. Et son premier cadeau, le plus inattendu, fut de m'avoir ouvert le lycée.

J'atteignis le cours du certificat d'études° à onze ans, âge exceptionnel à l'école primaire, où l'on terminait vers treize ans ... j'étais

rentrée: ouverture des classes

bifurquent: changent de direction

n'eusse: n'avais

lointain: distant

infirmières: femmes qui soignent les malades

devin: qui prédit l'avenir

J'atteignis ... études: Je suis arrivé au dernier cours de l'école primaire

[1] **certificat d'études:** diplôme donné à un élève qui réussit aux examens à la fin des études primaires.

fier d'accéder à la classe terminale et d'être le plus jeune de ma promotion.° Je n'en tirai, cependant, aucun avantage, car pour être candidat° il fallait avoir douze ans au moins. Oh! tout était admirablement calculé! Et si l'un d'entre nous° franchissait tous ces obstacles, c'est qu'il était tellement supérieur aux fils des bourgeois! Lorsque Monsieur Marzouk dressa la liste des candidats officiels, il m'avertit avec regret que je devais attendre l'année suivante ... je fis une deuxième année où je décrochai° tous les prix. Ces lauriers dérisoires° eurent peut-être plus d'influence sur ma destinée qu'un succès prématuré au certificat d'études.

Vers la fin de la seconde année, Grazziani, notre portier° italien, entra dans la classe et dit à Monsieur Marzouk° que Monsieur le Directeur me demandait. *Me* demandait? Moi? Monsieur le Directeur? Le Directeur de l'école était pour nous un personnage majestueux, tellement lointain, presque mythique. Ses ordres étaient d'abstraits commandements, impersonnels, communiqués par signes comme ceux des divinités. Pourquoi moi? je ne pus établir le lien. A une ou deux reprises,° un élève avait été mis en contact avec Monsieur le Directeur; toujours à la suite d'une catastrophe ou d'une indiscipline démesurée.° Ainsi, Monsieur le Directeur avait annoncé à Nataf Pipo, de la cinquième, la mort de sa mère, brusquement survenue à dix heures du matin. Ainsi Brami Pinhas, de la troisième, fut convoqué au bureau: il avait jeté un encrier contre le mur. Il fut exclu et d'ailleurs devint fou. Le cœur m'en battait à coups violents dans ma cage thoracique...

Pour la première fois, je poussai la porte vitrée du bureau et aperçus Monsieur le Directeur qui écrivait. J'étais dans l'enceinte sacrée° et en conséquence, mes gestes furent lents et mesurés, rituels. Avec soin je refermai la porte et m'avançai lentement sur trois estrades° mises bout à bout. La table de Monsieur Louzel occupait l'extrémité de la dernière, tout au fond, contre le mur. Trois armoires° noires, des reproductions sous verre, en noir et blanc, des rideaux noirs. Derrière Monsieur Louzel, une baie° vitrée révélait un jardin minuscule, comblé par un bananier vert et une agave° unique, tempérait la sévérité scolaire, solennelle et glacée de la pièce.

De la main, Monsieur le Directeur me fit signe de m'asseoir, puis alla chercher mon dossier dans une des armoires. Je le regardai furtivement et l'admirai. Ses cheveux parfaitement blancs, d'un beau blanc soyeux,° lui donnaient un air distingué. Il était, je crois bien, un peu théâtral, mais avec sincérité, par conscience de sa fonction, de son importance à nos yeux. Il nous impressionnait par sa diction parfaite et ses manières policées,° qui représentaient pour nous le vrai Français, le Français de France, dont le prestige restait inentamé.°

promotion: classe entière d'un certain niveau
candidat: candidat pour les examens
nous: enfants de condition modeste
je décrochai: j'ai gagné
dérisoires: ici, gagnés par dérision
portier: qui ouvre et ferme la porte, fait des commissions à l'école
Monsieur Marzouk: son instructeur
reprises: occasions
démesurée: exagérée
enceinte sacrée: ici, salle respectée
estrades: petits planchers élevés
armoires: meubles pour ranger les vêtements et, ici, les fournitures
baie: ouverture de fenêtre
agave: plante désertique à feuilles épaisses
soyeux: ayant la nature de la soie
policées: adoucies, polies, courtoises
inentamé: intacte

Mes différents maîtres et lui-même, me dit Monsieur le Directeur, avaient noté mes constants succès. Aussi avaient-ils décidé de me récompenser: j'étais proposé comme candidat à la bourse° annuelle de l'école. Il est faux qu'à douze ans l'enfant ne perçoive pas un moment capital de sa vie. Je restai muet, ému jusqu'à l'oppression. Une foule de projets, vagues et splendides, passaient brusquement de l'imagination à l'existence probable. Le prestige de la blouse blanche, l'hôpital, le respect des infirmières, le jeu exquis et sérieux, l'argent... Cela serait, je serais médecin. Le mot se scandait dans ma tête:° médecin, médecin, médecin... Monsieur Louzel comprit mon émoi et ma distraction. Il eut la gentillesse de ne pas sembler les remarquer, et se lança dans la description de l'ingénieuse institution: chaque année, l'école désignait à la communauté un élève brilliant et nécessiteux. La communauté le confiait à l'un de ses anciens protégés° qui lui payait ses études. Plus tard, ses études terminées, sa situation assurée, le nouvel élu° devait prendre en charge un cadet. Je trouvai admirable cette idée de chaîne infinie, ces inventeurs des bienfaiteurs de l'humanité.

Monsieur le Directeur fit une pause solennelle: il restait à connaître mon avis: si je voulais entreprendre des études... La Communauté Israélite de Tunis, sur la proposition de l'Alliance Israélite Universelle, accepterait de me payer ces études, le lycée puis l'université. Mon avis? Monsieur le Directeur me demandait mon avis! Mon importance commençait déjà. Si je voulais! Dieux, si je voulais faire mes études... « Bien, conclut tout seul Monsieur le Directeur, vous êtes donc d'accord. Evidemment, il nous a fallu, au préalable,° l'autorisation de Monsieur votre père. Il fallait qu'il acceptât un gros sacrifice: se passer de votre aide jusqu'aux diplômes terminaux. » Le Directeur me révéla qu'il avait pressenti° mon père depuis plusieurs jours. On ne m'avait rien dit pour ne pas me décevoir.° Juste ce matin, mon père venait de répondre affirmativement. Que mon père acceptât! Comment aurait-il pu refuser? Je me sentis plein de révolte contre la seule possibilité d'une objection paternelle. Confusément j'entrevis une lutte° avec mon père, jamais il n'aurait pu m'empêcher d'aborder° la voie glorieuse.

Monsieur Louzel continuait à parler de sa voix directoriale et moi je restais toujours silencieux. Mais j'avais réponse à tout, les réparties° me venaient aux lèvres, j'étais bouillonnant° de promesses, de reconnaissance, de rêves. A chacune de ses phrases, je réagissais par des gestes naissants, de tout mon corps, qui approuvaient, niaient,° m'engageaient. On avait hésité, me confia Monsieur Louzel, entre Lévy, le fils de la veuve,° et moi. Sa situation financière méritait plus d'attention, mais j'étais meilleur élève. Je fis un signe de tête qui se voulait navré° pour Lévy Isidro, mais ma joie était trop complète pour se nuancer, sinon de peur rétrospective.

bourse: somme, récompense donnée aux étudiants pour les aider à poursuivre leurs études

se scandait ... tête: se répétait dans mon esprit

protégés: ici, anciens boursiers

élu: choisi

au préalable: avant ce moment

pressenti: averti

décevoir: désappointer

lutte: querelle

m'empêcher d'aborder: s'opposer à ce que j'aborde

réparties: discours / **bouillonnant:** très agité

niaient: refusaient

veuve: femme sans mari

navré: désolé

—Enfin, vous avez mérité votre chance, conclut Monsieur le Directeur. Maintenant, vous allez retourner en classe, vous y prendrez vos affaires et irez voir de suite Monsieur Bismuth, votre tuteur désigné. Il désire vous voir immédiatement, car il part en voyage cet après-midi. Allez... Ah, attendez, je ne vous ai rien dit de Monsieur Bismuth.

Déjà nous passions aux applications, nous mordions sur l'avenir.° Je pris un air attentif et préoccupé, prêt à m'élancer vers où il m'enverrait. Monsieur Bismuth, le pharmacien bien connu, serait donc mon tuteur payant. Oh, oui! j'en connaissais la pharmacie, sinon Monsieur Bismuth lui-même, façade moderne, vitrines spacieuses, néon la nuit. Un grand fil d'or me reliait° à la ville. Le Directeur me parla longuement de mon tuteur; enfance pauvre, courage et travail assidu, la bourse de la communauté sanctionnant le mérite, et le voilà riche, honoré, propriétaire de la plus belle pharmacie de la région.

mordions sur l'avenir: anticipions le futur

reliait: attachait

—Prenez-le comme modèle, conclut M. Louzel. Vos destinées se ressemblent, se ressembleront toujours, je l'espère pour vous.

Quittant son air théâtral, le Directeur me demanda paternellement:

—Que voulez-vous devenir?

—Médecin, répondis-je sans hésiter.

—Eh bien, si vous continuez à travailler ainsi, nous ferons de vous un médecin.

Puis il me donna congé.° Je retraversai les trois estrades, ouvris la porte vitrée, la refermai soigneusement. Alors il me sembla quitter un rêve. Mais contrairement aux réveils où nous prend l'irrésistible envie de vérifier l'existence du trésor, mon or était là; magiquement mon rêve avait pris corps. J'irais au Lycée, Monsieur le Directeur me l'avait promis: Monsieur le Directeur, Monsieur Bismuth le puissant pharmacien, l'Alliance Israélite Universelle, la Communauté toute entière, l'avaient décidé.

me donna congé: me dit que je pourrais partir

Le moment n'était pas à de complaisantes jubilations. Mon destin me pressait: on m'attendait. Rapidement, je parcourus la cour, sans prendre garde aux eucalyptus bienveillants, à la grande cloche° de bronze, qui patientait placide et maternelle, aux coups d'œils obliques des élèves enfermés.° Je grimpai quatre à quatre le vieil escalier de bois. En ramassant fébrilement° mes affaires, je sentais sur moi les regards de mes camarades. Peut-être s'étonnaient-ils de ma convocation par le Directeur, peut-être M. Marzouk leur avaient-ils annoncé ma gloire nouvelle. J'étais sûr que tous me regardaient. Pour ne pas lutter contre l'inattention générale, M. Marzouk s'interrompit. Dans le silence, mon cœur battait allègrement, à grands coups sonores, comme s'il dansait...

cloche: instrument de bronze qui signale la fin des cours

enfermés: toujours en classe

fébrilement: avec enthousiasme

La sirène de la ville annonça midi. Je courus dans la rue parce que je découvris ma faim et aussi parce que j'avais envie de courir. J'avais envie de chanter, d'annoncer à tout le monde mon incroyable aventure, de faire des compliments aux passants. Des journaliers° musulmans réparaient des rails, sur lesquels le soleil étincelait,° je leur criai:

—Que Dieu vous aide!

Comme en pleine campagne on salue les travailleurs sans les connaître, simplement pour manifester, contre la solitude, la solidarité des hommes. Etonnés, parce que les conventions de politesse ne jouent qu'entre coréligionnaires, ils me répondirent tout de même:

—Que Dieu te bénisse, que Dieu te bénisse!

Je fus heureux de cette communion avec toute l'humanité. Je donnai mes deux sous à un mendiant° bédouin, j'étais si riche dorénavant!° Une vieille idée, étiolée° par les déceptions, refleurit, relia mon enfance à ma naissante adolescence. J'avais été choisi entre tous, avant Lévy, imbattable en arithmétique, avant Spinoza, le favori de Monsieur Marzouk! J'étais certainement supérieur à tous mes camarades, à tous les élèves de l'école, peut-être des deux écoles de l'Alliance! Et sans doute, j'irais loin, je serais très puissant. A vrai dire, je n'entrevoyais même pas quelle serait cette puissance, c'était une espèce de vaste mouvement vers l'avenir, un élan° quasi musculaire...

journaliers: qui travaillent à la journée
étincelait: brillait

mendiant: qui demande de l'aide
dorénavant: dès cet instant / **étiolée:** affaiblie

élan: mouvement, jubilation

Vocabulaire

la bonne volonté
un effort
la discipline, discipliné(e)
travailleur(-se)
attentif(-ve)
s'intéresser à
participer à
s'appliquer
un aperçu *un bref regard ou compte-rendu*
une idée générale
les connaissances *(f.)*
la spécialisation, spécialiser

la matière = le sujet d'étude
la concentration, concentrer
la technique
l'ordinateur *(m.),* le calculateur
un exemple IBM
donner de l'importance à
la découverte, découvrir
la réflexion, réfléchir
poursuivre = continuer = persévérer
confronter = faire face à
s'améliorer = devenir meilleur

Questions

1. Quelle voie est ouverte aux jeunes bourgeois selon le narrateur?
2. Que désirait devenir le narrateur? Pourquoi? Notez les détails qui indiquent

que le narrateur vient d'une famille de situation modeste. Comment le narrateur décrit-il le médecin qui l'a soigné?

3. Qu'est-ce qui arrive au narrateur vers la fin de sa seconde année du certificat d'études?
4. Selon le jeune garçon, comment était le directeur de l'école? Comment étaient ses ordres?
5. Comment s'appelle le directeur? Comment est son bureau?
6. Pourquoi le directeur impressionnait-il les élèves de l'école?
7. Quelle nouvelle le directeur annonce-t-il au garçon? Décrivez les sentiments de l'adolescent devant cette nouvelle.
8. Indiquez les conditions de la bourse. Pourquoi le directeur en avait-il parlé au père du garçon?
9. Qui est Monsieur Bismuth? Quels seront les rapports entre lui et le garçon?
10. Décrivez la joie du narrateur après avoir parlé au directeur. Donnez-en quelques exemples.
11. A votre avis, que serait devenu le garçon si on ne lui avait pas accordé la bourse?
12. Qui est Lévy Isidro? A votre avis, qu'est-ce qu'il est devenu?
13. Que pensez-vous de ce système de discrimination entre fils de bourgeois et fils de pauvres en Tunisie?

Discussions

1. Quelles doivent être les qualités de l'élève? Faites le portrait du mauvais étudiant.
2. En quoi vous spécialisez-vous? Pourquoi étudiez-vous une langue étrangère? Discutez les métiers et les carrières qui s'ouvrent aux étudiants de langues étrangères.
3. Pensez-vous que l'enseignement que vous avez reçu soit adapté au monde actuel? Peut-on réussir dans la vie sans éducation universitaire? Expliquez.
4. Vous devenez président(e) de l'université. Quelles réformes allez-vous effectuer?

Discussions et activités facultatives

1. Comment voyez-vous les procédés d'enseignement de demain?
2. En quoi l'enseignement des enfants doit-il être différent de celui des adolescents? des adultes? Quelles sont les qualités professionnelles appropriées à ces trois groupes?
3. Est-ce aussi important pour une fille que pour un garçon de faire des études universitaires? Discutez.
4. Considérez-vous les frais de votre éducation comme un investissement dans le futur? Expliquez.
5. *Débat:* Pour ou contre: On devrait accorder des bourses aux étudiants surtout selon leurs besoins financiers.

Deuxième partie

En mai 1968, plusieurs bâtiments de l'Université de Paris sont occupés par des étudiants. Il y a des confrontations avec la police et d'autres manifestations. Ce que les étudiants exigent, sont des réformes dans l'éducation et dans l'enseignement. Les méthodes et les programmes, selon les contestataires, sont démodés; le vieux système, disent-ils, ne correspond plus à leurs besoins. A la suite de ces événements, des changements en rapport avec les nouvelles théories pédagogiques ont été décidés. Bien entendu, il y en a qui réprouvent° ces nouveaux programmes. Ils gardent de bons souvenirs de l'école d'antan.°

réprouvent: rejettent

d'antan: du passé

Pierre Gaxotte, qui partage les sentiments de ce dernier groupe, a publié une œuvre historique importante; mais ce n'est pas en historien qu'il se présente dans son livre, Mon Village et moi *(1968). Ici, il s'abandonne aux souvenirs touchants et heureux de son enfance dans son village, Revigny en Lorraine. Un thème qui revient souvent dans ce récit est le respect et la reconnaissance qu'il a gardés pour ses anciens professeurs.*

Les Bons Maîtres

J'ai eu de la chance. L'Université qui m'acceptait comme nourrison° était une institution solide, grave et respectée. On ne bouleversait pas les programmes en cours d'année; il n'y avait pas de réforme semestrielle; les ignorants ne prétendaient pas faire la leçon aux professeurs; on ne déchirait pas les manuels à chaque changement de ministre; on ne mettait pas à tout propos les examens cul par-dessus tête°... On raconte que la France éperdue vivait alors dans l'instabilité et le désespoir. Ceux qui n'ont pas connu ce temps le croient peut-être. Pour ma part, en me reportant à ce qu'on appelait l'Instruction publique, jamais je n'ai eu le spectacle d'un ordre plus sûr de lui-même. A voir le champ de ruines qu'il est devenu, on peut dire, selon l'habitude de mon village, qu'une vache n'y retrouverait pas son veau.

nourrison: petit bébé; ici, jeune homme ayant soif de connaissances

ne mettait ... tête: ne remettait pas constamment les examens

Le concours° des bourses d'études envoyait chaque année au lycée des élèves durs, intelligents, acharnés,° qui savaient que la bourse était leur chance et qui donnaient un ton de sérieux à notre travail commun. Personne ne prêtait attention à leur qualité de boursier. La situation financière des familles ne comptait pas pour nous. Nous ne pensions pas encore que ces choses-là eussent une importance. Comme il n'était pas d'usage de munir d'argent les°

concours: compétition

acharnés: déterminés, persévérants

munir ... les: donner de l'argent aux

garçons très jeunes, les fils de riches (s'il s'en trouvait)° avaient dans leur poche deux sous ou vingt sous comme les autres, avec la recommandation de ne pas les dépenser.

s'il s'en trouvait: s'il y en avait

Les classes n'étaient pas encombrées: quinze, vingt auditeurs,° vingt-cinq, trente quand on réunissait plusieurs sections. Les professeurs connaissaient leurs élèves, s'attachaient à eux, les suivaient dans leurs études et leur indépendance d'esprit était admirable...

auditeurs: étudiants

Nos professeurs étaient des hommes dignes, tranquilles et patients. L'un d'eux cependant était sujet à de brusques accès de fureur, dont il avait honte. Aussi, en montant en chaire,° posait-il devant lui un vaste papier sur lequel il avait recopié en lettres énormes une maxime de Sénèque ou de quelque autre stoïcien, flétrissant° la colère comme indigne et avilissante.° Lorsqu'une explication latine marchait de travers, que les faux sens et les impropriétés s'accumulaient, il devenait rouge, ses yeux lançaient des éclairs, sa barbe, fort soignée, semblait se hérisser° sous un vent de tempête, sa bouche s'ouvrait pour proférer des malédictions... Le papier attirait ses regards, il restait la bouche ouverte, il se contenait, il s'apaisait; la classe, pétrifiée par l'attente de l'orage menaçant, recommençait à respirer et les choses reprenaient leur cours...

chaire: pupitre d'où parle le professeur

flétrissant: déshonorant / **avilissante:** humiliante, rabaissante

se hérisser: se dresser

Les élèves ne demandent qu'à admirer leurs professeurs et à jurer par eux.° Certaine année, notre grand homme fut Pierre Denis, fils d'Ernest qui, enseignant à la Sorbonne, inventa, ou presque, la Tchéco-Slovaquie. Pierre Denis était surtout géographe. Une bourse lui avait permis de faire le tour du monde. Ses leçons de géographie, mêlées de souvenirs personnels, nous mettaient dans le ravissement.

à jurer par eux: à les prendre comme exemple

Dans cette Université, tout apparaissait si honnête, si sérieux, si désintéressé! En vérité, je ne puis penser à mes maîtres qu'avec respect et reconnaissance. Notre professeur de première, M. Cauët, nous éblouit° d'abord parce qu'il portait des cravates comme Edmond Rostand.[1] Mais c'est lui (et M. Brunel à Henri IV)[2] qui m'a appris à écrire en français. Comment? Par ses corrections, par sa façon de découvrir les secrets d'un écrivain, par son soin à ne rien laisser obscur, par sa haine du précieux,° du clinquant,° du galimatias°... Une fois, il m'interrogea sur mes lectures. A cet âge, on lit tout. Je lisais le tout de ce temps, Anatole France,[3] Loti, Bourget, Régnier, Péguy, Louÿs, Lemaître... Pour avoir l'air dessalé,° j'ajoutai le nom de Mme Gyp[4] qui écrivait de petites histoires

éblouit: émerveilla

précieux: ici, ce qui est exagéré / **clinquant:** bruyant, faux brillant

galimatias: flot de paroles désordonnées

dessaleé: un peu blasé

[1] **Edmond Rostand:** écrivain français de l'époque.

[2] **Henri IV:** le nom d'un lycée à Paris.

[3] **Anatole France, etc:** auteurs français importants.

[4] **Mme Gyp:** écrivain de l'époque.

mondaines, où les jeunes filles bien élevées parlent un argot° inoffensif et où des comtesses très élégantes trompent leurs maris avec des libertins très riches. Il eut un sourire qui me fit rentrer sous terre. Si j'avais été plus savant, j'aurais pu lui dire que j'avais un répondant de poids:° Nietzsche aussi lisait Gyp et prenait plaisir à cette lecture. Il est vrai que je n'avais pas écrit le *Prélude à une philosophie de l'avenir.* Pour ne pas démériter,° j'ai abandonné, sans en souffrir, Mme Gyp.

Notre maître, courtois, souriant et secret, parcourut une carrière brillante. Je pensais qu'il m'avait oublié. Il a formé tant d'élèves! Un jour, il m'écrivit ou plutôt me fit écrire. J'avais parlé de lui, sans le nommer, dans une chronique du *Figaro.*[5] Il avait été sensible à mon souvenir. Il était retraité.° Il habitait la même rue que moi, à quelques maisons de distance. Il me demandait de ne pas aller le voir, car il était aveugle et souffrait beaucoup. Il est mort en stoïcien.

argot: français familier

répondant de poids: référence importante

démériter: perdre l'estime du professeur

retraité: en retraite, ne travaillant plus

Vocabulaire

le tempérament
le caractère
l'animation *(f.),* être animé(e)
l'enthousiasme *(m.),* enthousiaste
l'autorité *(f.)*
la pédagogie, pédagogique
l'ambiance *(f.)*
le rapport
la patience, patient(e)
la compréhension, comprendre
encourager
se faire respecter
aider
les progrès *(m.)*
un échange
ouvrir l'esprit
donner le goût pour
instructif(-ve)
être ouvert(e), souple, réceptif(-ve)
communiquer
transmettre
conseiller

Questions

1. Pourquoi l'auteur a-t-il eu de la chance? Comment était le système d'éducation à l'époque du jeune Pierre Gaxotte? Quelle est son opinion sur l'instruction publique actuelle?

---

[5] **Figaro:** journal français.

2. Comment se déroulait le concours des bourses? Comment étaient les candidats pour les bourses?
3. Comment étaient les classes? et les professeurs?
4. Que faisait l'un d'eux pour ne pas se mettre en colère?
5. Selon Pierre Gaxotte, que demandent les élèves de leurs professeurs?
6. Qu'enseignait Pierre Denis? Qu'est-ce qui rendait ses cours intéressants?
7. Qui a appris à l'auteur à écrire en français? Comment l'a-t-il fait?
8. Quels auteurs Pierre Gaxotte lisait-il à cette époque?
9. Quelles sortes d'histoires Mme Gyp écrivait-elle?. Pourquoi Pierre Gaxotte a-t-il cessé de lire Mme Gyp?
10. Comment M. Couët est-il mort? Pourquoi l'auteur garde-t-il un si bon souvenir de ce professeur?

Discussions

1. Que pensez-vous des professeurs de Pierre Gaxotte? Quelles sont les qualités que vos appréciez chez un professeur? Qu'est-ce qui fait un mauvais professeur?
2. Quel est le professeur qui vous a influencé(e) le plus? Pourquoi?
3. A votre avis, quels devraient être les rapports entre professeurs et étudiants?
4. Nous sommes ou serons tous, d'une manière ou d'une autre, des « enseignants. » En avons-nous conscience? Connaissons-nous l'influence déterminante que nous avons sur ceux qui nous entourent? Discutez.
5. Indiquez les différents facteurs qui contribuent au succès d'un cours. Donnez des exemples.

Discussions et activités facultatives

1. Racontez un souvenir amusant ou touchant du lycée.
2. Discutez l'importance des examens dans l'enseignement. En quoi consistent les bons examens? Devrait-on supprimer les examens?
3. Quelle est l'importance du langage et du raffinement culturel dans notre communication avec les autres?
4. Quel est l'intérêt de la lecture, de la connaissance de la littérature, des philosophies, de la psychologie?

Composition

Description du professeur idéal.

Grammaire 3

Les pronoms compléments d'objet direct et indirect
Les pronoms **y** et **en**
Les pronoms toniques

Examen

A. Récrivez les phrases suivantes en remplaçant les mots en italique par les pronoms correspondants.

1. C'est *Mlle Lebrun* qui a formé tous *ces élèves.*
2. *Estragon* a dit *à l'enfant de s'avancer.*
3. *Marc* est aussi travailleur que *Suzanne.*
4. Quelquefois *les ignorants* veulent faire *la leçon au professeur.*
5. *Monique* pense souvent *à ces expériences de lycée.*
6. Il pensait *à ses anciens maîtres* avec respect.
7. *L'enfant* devrait obéir *à ses professeurs.*
8. Je vous paierai *les billets* demain.
9. *Mme Martin* a permis *à M. Martin* de fumer.
10. Nous avons plusieurs *cours intéressants.*
11. Que pensez-vous *de ma fiancée?*
12. Que penses-tu *de cette pièce sans intrigue?*

B. Répondez aux questions suivantes en employant **y, en,** ou un complément d'objet direct ou indirect, au besoin.

1. L'enfant avait peur du fouet, n'est-ce pas? (Oui)
2. Robert s'intéresse au théâtre de l'absurde, n'est-ce pas? (Non)
3. Qui t'a enseigné cette leçon? (C'est M. Robert...)
4. Combien de cours a-t-elle ce semestre? (trois)
5. M. Godot donne assez à manger aux enfants? (Oui)
6. L'enfant a dit aux clochards que M. Godot ne viendra pas, n'est-ce pas? (Oui)
7. As-tu vu ces pièces françaises? (Oui ... quelques-unes)
8. As-tu vu ces pièces avec Anne? (Oui)
9. Qui m'a donné ces billets? (Roger)
10. Vous avez parlé de la pièce à Solange, n'est-ce pas? (Oui)

C. Ecrivez à l'affirmatif.

1. N'y allons pas.
2. Ne les leur donnez pas.
3. Ne nous en apporte pas cinq.

D. Ecrivez au négatif.
   1. Alors, donnez-le-moi.
   2. Montrez-les-nous.
   3. Vas-y.

Vérification

A. 1. C'est elle qui les a tous formés. 2. Il le lui a dit. 3. Il est aussi travailleur qu'elle. 4. Quelquefois ils veulent la lui faire. 5. Elle y pense souvent. 6. Il pensait à eux avec respect. 7. Il devrait leur obéir. 8. Je vous les paierai demain. 9. Il le lui a permis. 10. Nous en avons plusieurs. 11. Que pensez-vous d'elle? 12. Qu'en penses-tu?

B. 1. Il en avait peur. 2. Non, il ne s'y intéresse pas. 3. C'est M. Robert qui me l'a enseignée. 4. Elle en a trois. 5. Oui, il leur en donne assez. 6. Oui, il le leur a dit. 7. Oui, j'en ai vu quelques-unes. 8. Oui, je les ai vues avec elle. 9. Roger vous (te) les a donnés. 10. Oui, je lui en ai parlé.

C. 1. Allons-y. 2. Donnez-les-leur. 3. Apporte-nous-en cinq.

D. 1. Alors, ne me le donnez pas. 2. Ne nous les montrez pas. 3. N'y va pas.

Notes grammaticales

1. Study the following table of personal prounouns:

Subject	*Direct Object*	*Indirect Object*	*Reflexive*	*Stress*
je	me (moi)	me (moi)	me	moi
tu	te (toi)	te (toi)	te (toi)	toi
il	le	lui	se	lui
elle	la	lui	nous	elle
nous	nous	nous	vous	nous
vous	vous	vous	se	vous
ils	les	leur	se	eux
elles	les	leur		elles

2. **Y** replaces a prepositional phrase indicating a location. In such cases, it means *there:*

   Vladimir et Estragon étaient **à la campagne.**
   Ils **y** étaient.

   Les Martin sont allés **chez les Smith.**
   Ils **y** sont allés.

Y may replace prepositional phrases with **à** that do not indicate location:

Tu penses **à tes examens?**
Oui, j'**y** pense.

Note that **à** plus a noun *person* is replaced by the indirect object; **à** plus a noun *thing* is replaced by **y:**

Tu as répondu **au professeur?**

Oui, je **lui** ai répondu.

Tu vas répondre **à sa lettre?**
Oui, je vais **y** répondre.

3. **En** replaces **de** + *object* (a thing, not a person):

Elle a parlé **de sa leçon?**
Oui, elle **en** a parlé.

Tu as besoin **de mon stylo?**
Non, je n'**en** ai pas besoin.

Used in a partitive sense, **en** may replace **de** plus its noun, whether the noun is a person or a thing:

Ils ont **du pain?**
Oui, ils **en** ont.

Robert a **de bons professeurs?**
Non, il n'**en** a pas beaucoup.

Elle a formé beaucoup **d'étudiants?**
Oh oui, elle **en** a formé tant!

En is used with numbers when the word modified by the number is implied but not stated. Compare:

Tu as deux cours?
Non, j'**en** ai trois.

Combien de personnages y a-t-il dans la scène?
Il y **en** a deux.

En is used with the expressions **quelques-uns, quelques-unes,** and **plusieurs** when the noun is not stated:

Tu as gardé **de bons souvenirs** de l'école?
Oui, j'**en** ai gardé quelques-uns.

L'enfant a **des ambitions?**
Oui, il **en** a quelques-unes.

Le garçon a gagné **beaucoup de prix?**
Oui, il **en** a gagné plusieurs.

With **tout, toute, tous, toutes,** use the direct object, not **en:**

Tu as lu **toute** la pièce?
Oui, je **l'**ai **toute** lue.

Vous avez lu **tous** les livres?
Oui, nous **les** avons **tous** lus.

When **tous** is an adjective (*as in* **tous les crayons**), the final **s** is not pronounced; the final **s** *is* pronounced when **tous** functions as a pronoun (*as in* **je les ai tous lus**).

4. Direct objects, indirect objects, reflexive prounouns, **y** and **en** precede the verb:

    Les clochards regardent **la lune.**
    Ils **la** regardent.

    Cette cravate ne convient pas **au professeur.**
    Elle ne **lui** convient pas.

    Avez-vous **des pommes.**
    Oui, nous **en** avons.

    Vous intéressez-vous **au théâtre de l'absurde?**

    Oui, nous nous **y** intéressons.

5. When there are two object pronouns before the verb, the following word order is followed:

me								
te		**le**						
se	before	**la**	before	**lui** / **leur**	before	**y**	before	**en**
nous		**les**						
vous								

    Qui nous a donné ce message?
    M. Godot **vous l'**a donné.

    Elle a apporté du potage aux autres.
    Non, elle ne **leur en** a pas apporté.

6. When **avoir** is the auxiliary verb, agreement is made with a *preceding* direct object. No agreement is made with **en** or the indirect object. Compare:

    Les enfants ont déchiré leurs manuels?
    Non, ils ne **les** ont pas **déchirés.**

    Quelle **pièce** avez-vous **vue?**

    As-tu acheté quelques robes?
    J'**en** ai **acheté** trois.

    Je ne **leur en** ai pas **parlé.**

7. Compare the use of pronoun objects in negative and affirmative commands:

Negative	*Affirmative*
Ne **m'**attendez pas ce soir.	Attendez-**moi** demain.
Ne **te** couche pas tout de suite.	Couche-**toi** tout de suite.

Note that **moi** and **toi** in the affirmative replace **me** and **te** used in negative commands. When both direct and indirect object pronouns are used in an affirmative command, the objects will follow the verb and the direct object will come first:

Apportez **la soupe aux autres.**
Apportez-**la-leur.**

When **en** is used with another object pronoun after the imperative, **en** stands last. **Moi** when followed by **en** becomes **m':**

Donnez-**moi du courage.**
Donnez-**m'en.**

In negative commands having two objects, the objects precede the verb and the word order discussed in number five of these notes is followed. Compare:

Affirmative	*Negative*
Dites-**le-moi.**	Ne **me le** dites pas.
Apportez-**moi du pain.**	Ne **m'en** apportez pas.

8. When a verb is followed by an infinitive, the object pronouns, **y** and **en** precede the infinitive, not the conjugated verb:

   Ces auteurs voulaient choquer **ce public traditionnel.**
   Ils voulaient **le** choquer.

   A la fin de la scène, les Martin vont se souvenir **de leur vie ensemble.**
   A la fin de la scène, ils vont s'**en** souvenir.

   In compound tenses, the object pronoun, **y** and **en** precede the auxiliary verb, not the past participle:

   L'enfant a reçu la bourse.
   Il **l'**a reçue.

   Donald a retrouvé Elisabeth.
   Il **l'**a retrouvée.

   Il avait eu honte **de ses brusques accès de fureur.**
   Il **en** avait eu honte.

9. The direct object **le** is sometimes used to replace a previously stated idea:

   Tu es désespéré(e)? Oui, je **le** suis.
   Les Martin habitaient à Manchester. Je **le** sais.

10. The following verbs, having a preposition in English when used with an object, require the direct object in French (no preposition is used):

attendre *to wait* ***for***	**payer** *to pay* ***for***
écouter *to listen* ***to***	**demander** *to ask* ***for***
chercher *to look* ***for***	**regarder** *to look* ***at***

   Ils ont déjà payé **le loyer.**
   Ils **l'**ont déjà payé.

On va regarder **la télévision.**
On va **la** regarder.

11. The following verbs, which require a direct object in English, take an indirect object in French.

obéir *to obey* **plaire** *to please* **permettre** *to allow*
désobéir *to disobey* **répondre** *to answer* **défendre** *to forbid*
pardonner *to pardon*

Dois-je obéir **à mes maîtres?**
Oui, tu dois **leur** obéir.

La pièce plaît **à Anne?**
Oui, elle **lui** plaît beaucoup.

Il ne peut pas venir?
Non, je **lui** ai défendu de venir.

12. Note also the following verbs and their usage with direct and indirect objects:

dire quelque chose à quelqu'un *to tell something to someone*
demander quelque chose à quelqu'un *to ask something of someone*
promettre quelque chose à quelqu'un *to promise something to someone*

Estragon a demandé **à Vladimir de partir?**
Oui, il **le lui** a demandé.

Tu as dit **ma communication aux autres?**
Non, je ne **la leur** ai pas dite.

13. Stress pronouns have the following functions:

a. One word answer:

Qui est là?
Moi.

b. After prepositions:

Nous attendrons avec **eux.**

c. After **c'est** and **ce sont. C'est** is used with **moi, toi, lui, elle, nous, vous; ce sont** is used with **eux** and **elles:**

C'est **moi.**
C'est **nous.**
Ce sont **elles.**

Note that in relative clauses the verb will agree with its antecedent:

C'est **vous** qui **avez dit** cela?

d. In compound subjects:

Elle et **moi,** nous allons poursuivre nos études.

e. For emphasis:

Moi, je le ferai.

f. In comparisons after **que:**

Je suis moins travailleur(-se) que **toi.**

g. To clarify ambiguous statements:

Je **lui** ai parlé **à elle.**
C'est sa voiture **à lui.**

h. With the adjective **même:**

Je le ferai **moi-même.**

14. Note the special uses of the verb **penser** with the prepositions **à** and **de: Penser à** means *to think about,* that is, *to have someone or something on one's mind.* **Penser de,** almost always used in questions, means *to think about,* that is, *to have an opinion about.* The answer to a question using the wording **penser de** is **Je pense que...** + *clause:*

Les clochards pensent **à leur condition misérable.**
Ils **y** pensent.

Tu penses **à Chantal?**
Oui, je pense **à elle.***

Qu'est-ce que vous pensez **de votre professeur?**
Qu'est-ce que vous pensez **de lui?**
Je pense qu'il est formidable.

Que penses-tu **de ton cours?**
Qu'**en** penses-tu?

---

* Note that in this instance the stress pronoun is used rather than the indirect object pronoun.

7

La Vie économique

Première partie

Le Défi° américain *de Jean-Jacques Servan-Schreiber paraît en 1967 et connaît tout de suite un succès énorme. En quoi consiste le « défi américain »? Servan-Schreiber, dans l'introduction de son livre, nous le dit: « La guerre, car c'en est une, ne nous est pas livrée° à coups de dollars, de pétrole, de tonnes d'acier,° ni mêmes de machines modernes, mais à coups d'imagination créatrice, et de talent d'organisation. »*

Comment agir en face de l'invasion des investissements et des industries américains en Europe? Voici la conclusion de l'auteur: « Ni les légions, ni les matières premières,° ni les capitaux ne sont plus les marques, ni les instruments, de la puissance.° Et les usines elles-mêmes n'en sont qu'un signe d'extérieur. La force moderne c'est la capacité d'inventer, c'est-à-dire la recherche; et la capacité d'insérer les inventions dans les produits, c'est-à-dire la technologie. Les gisements° où il faut puiser° ne sont plus ni dans la terre, ni dans le nombre ni dans les machines—ils résident dans l'esprit. Plus précisément dans l'aptitude des hommes à réfléchir et à créer. »

Dans le texte suivant, Servan-Schreiber décrit la société américaine de 1980. Pour l'auteur, 1980 c'était l'avenir; pour nous c'est l'actualité. En lisant, vous déciderez vous-même si Jean-Jacques Servan-Schreiber a bien résumé ou non les facteurs qui ont formé notre société d'aujourd'hui.

Défi: Appel à un combat ou à une épreuve

livrée: donnée

acier: fer traité pour être dur

matières premières: matières à l'état brut, non-raffiné

puissance: force

gisements: couches minérales / **puiser:** prendre

Le Défi américain

A aucune autre période de l'histoire, nos modes de vie, nos systèmes d'organisation, notre société toute entière n'ont été aussi complètement soumis° aux changements. En outre, le rythme de changement, selon les indications que nous enregistrons, ne fera que s'accroître° dans les douze prochaines années.

Les trois facteurs les plus importants qui domineront notre environnement social en 1980 sont:

—*l'urbanisation générale,* ou quasi générale;
—*l'automation généralisée* de l'industrie;
—*la révolution dans l'information.*

Ces trois facteurs, pris ensemble, doivent déterminer une nouvelle organisation sociale. L'urbanisation, l'automation, et les communications, ont évidemment des effets séparés, mais la plupart de leurs effets réagiront les uns sur les autres. Nous devons donc les considérer comme des forces convergentes qui vont forger une

soumis: disposés

s'accroître: grandir

nouvelle société, celles de l'accomplissement de la deuxième révolution industrielle.

La première révolution industrielle est encore récente. Elle a moins d'un siècle. Ce fut la révolution mécanique qui a transformé l'Amérique du Nord et l'Europe. Les voies ferrées° ont ouvert nos continents. Les usines et les villes ont entraîné d'immenses changements sociaux. L'impact sur notre vie de la production de masse, de la technique du moteur à combustion, a été radical et il continue de se développer. La vie agricole traditionnelle s'éteint° peu à peu. Les automobiles individuelles ont changé le visage de la société, notre mode de vie, nos modes d'éducation. Notre société d'aujourd'hui, essentiellement urbaine et industrielle, a bien des problèmes, souvent très graves, à résoudre, mais elle a aussi devant elle un horizon incomparable...

voies ferrées: chemins de fer

s'éteint: meurt

L'un des facteurs les plus importants aux Etats-Unis, pour le dernier tiers° de ce siècle, sera la diminution progressive de la durée du travail. L'automation industrielle va réduire de plus en plus le nombre d'heures que chaque travailleur de l'industrie effectuera.

tiers: la troisième partie de quelque-chose

Pendant les cinquante dernières années, nous avons diminué *de moitié* la moyenne° de la semaine de travail, par les progrès de la mécanisation. Aujourd'hui le travailleur de l'industrie, quand il entre dans le secteur de production est un peu plus âgé, et un peu mieux équipé. Une fois qu'il y est, il travaille un moins grand nombre d'heures, il a davantage de congés.° Et il prend sa retraite° plus jeune. Les conséquences de ces nouveautés avant, pendant, et après la vie professionnelle, pèsent directement sur nos structures d'éducation.

moyenne: quantité qui tient le milieu

congés: vacances / **retraite:** état d'une personne retirée de son travail

Les hommes ont déjà un peu plus de temps pour faire les choses qu'ils ont envie de faire. Comme leur envie reflète, dans une large mesure, la forme initiale de leur éducation, les loisirs° plus nombreux vont imposer des responsabilités encore plus grandes à notre système d'éducation. Par ailleurs, le progrès technologique va accroître les possibilités de chacun de mieux utiliser son temps de loisirs. Les progrès dans les communications électroniques peuvent permettre de stimuler, plus que concurrencer,° les formes classique de distraction et de culture. La technologie et le raffinement de la production ne devraient pas cesser d'élargir nos possibilités de choix.

les loisirs: le temps libre

concurrencer: entrer en rivalité, compétition avec

Une plus grande urbanisation de la population, les conséquences accrues de l'automation industrielle, et les changements de notre système d'éducation, sont les trois facteurs liés qui nous amènent à l'instrument nouveau dont nous commençons seulement à concevoir les usages: l'ordinateur.°

La technologie de l'ordinateur, et des « *systèmes d'information* » qui en découlent,° sera le factuer dominant de l'environnement de

ordinateur: calculateur qui permet d'effectuer des opérations arithmétiques complexes

découlent: résultent

1980. Actuellement nous en découvrons presque chaque jour de nouvelles dimensions, de nouvelles potentialités.

L'imagination, l'inspiration, l'intuition, la création d'idées, qui sont le propre de l'esprit, auront désormais comme partenaires la mémoire et la capacité de calculs qui sont le propre de l'ordinateur. Cette nouvelle association créera une dimension intellectuelle inconnue qui forgera un univers différent.

Il y aura, bien avant 1980, un nombre croissant° d'années de notre vie consacrées à une amélioration permanente de notre équipement intellectuel—progrès qui, à son tour, entraînera un rythme plus rapide d'innovation technologique et de transformation sociale.

croissant: grandissant

Mais tout ne sera ni simple ni facile. L'un des grands problèmes qui nous est posé par cette nouvelle percée technologique, est le fossé° qui se creuse,° de plus en plus, entre l'industrie américaine d'une part, le reste du monde de l'autre. Ceci ne posera pas seulement des problèmes mais pourrait mener à des catastrophes.

fossé: séparation / **se creuse:** se forme

Ce qui arrive c'est que nous sommes en train de *comprimer° l'espace et le temps* dans des proportions qui n'étaient guère concevables il y a encore dix ans. Et plus encore que l'espace et le temps, nous sommes en train de découvrir la capacité de *densifier° l'expérience humaine,* à travers la centralisation de l'information et la communication instantanée. C'est un monde nouveau qui s'ouvre, avec tous les aléas° de l'aventure.

comprimer: réduire

densifier: ici, rendre plus intense

aléas: chances, possibilités

Vocabulaire

un changement
bouleverser *mettre en désordre, changer beaucoup*
un bouleversement
les progrès *(m.)*
un résultat
le développement, développer
améliorer = devenir meilleur
augmenter
diminuer = baisser
la production de masse
le moteur à combustion
la société
urbain(e)
industriel(-le)
la durée du travail = les heures de travail
l'automation *(f.)*
un congé = des vacances
la retraite *l'état d'une personne retirée de son travail*
un(une) retraité(e) *une personne en retraite*
toucher sa retraite *recevoir de l'argent selon les conditions de la retraite*
les loisirs *le temps libre*
l'ordinateur *(m.)* *calculateur qui réalise des opérations arithmétiques complexes*
programmer

intellectuel(-le)
les travaux manuels
passer son temps à
s'amuser = se divertir
se détendre = relaxer
se consacrer à
un gain de temps, gagner du temps
une entreprise
un entrepreneur
le niveau de vie *le standard de vie*
les matières premières *les matières à l'état brut, non raffiné*
l'offre et la demande
rivaliser
la compétition

Questions

1. Qu'est-ce que c'est que « le défi américain »?
2. Indiquez et discutez les trois facteurs, selon l'auteur, qui allaient dominer l'environnement social en 1980. Servan-Schreiber avait-il raison?
3. Quelle était la première révolution industrielle? Décrivez-la.
4. Parlez des influences de cette révolution sur la société américaine.
5. Qu'est-ce que les Américains feront afin que leurs loisirs soient, non seulement agréables, mais profitables?
6. Quand vous avez quelques heures de libre, qu'est-ce que vous en faites?
7. Discutez l'influence des ordinateurs dans notre société.

Discussions

1. Quelle sorte de technologie aurons-nous dans vingt ans? dans cent ans?
2. A votre avis, quels ont été les avancements technologiques les plus importants pendant les XIXe et XXe siècles? Pourquoi?
3. Quelles ont été les inventions les plus importantes? Justifiez vos choix.
4. Quels facteurs domineront la société américaine pendant le XXIe siècle? Décrivez la vie des Américains à cette époque.
5. On dit que les Américains sont plus matérialistes que d'autres peuples. Etes-vous d'accord avec cette opinion? Si oui, pourquoi? Si non, pourquoi?

Discussions et activités facultatives

1. Parlez des problèmes économiques actuels des Etats-Unis.
2. Il y en a qui s'inquiètent de la déshumanisation de l'homme par les ordinateurs. Discutez. Parlez aussi des effets bienfaisants des machines dans notre vie.
3. S'il y a un « défi américain » pour les Européens, y a-t-il aussi un « défi français, européen, japonais, russe, arabe, etc. » pour les Américains? Expliquez.

4. Indiquez l'influence (bonne et mauvaise) de la publicité dans la vie de tout le monde aux Etats-Unis. Cherchez dans les magazines des réclames qui vous attirent. Présentez-les en classe et dites pourquoi elles vous plaisent. Cherchez aussi des réclames que vous trouvez absurdes ou de mauvais goût. Dites pourquoi vous ne les aimez pas.
5. *Débat:* Pour ou contre: Le progrès est en vérité un mythe.

Deuxième partie

Nous venons de lire un extrait d'un livre qui analyse les chocs et les problèmes dans le cercle des affaires internationales. En contraste, il y a les préoccupations économiques des individus, les « petites gens » qui doivent lutter, travailler dur pour « joindre les deux bouts » Voici le cas de Louis Borel, rapporté dans le livre de Laurence Wylie, Un Village du Vaucluse.

Un Village du Vaucluse

Louis Borel est né dans un petit village de montagne au nord de Peyrane—région la plus pauvre du Vaucluse. Après avoir perdu ses parents très tôt, il a quitté sa montagne et il s'est mis à travailler un peu partout selon ce qui s'offrait. Vers l'âge de vingt ans, il est arrivé à Peyrane pour y travailler comme aide-maçon. Il avait appris toutes sortes de métiers, mais ce qu'il préférait c'était bâtir des maisons. Son grand handicap était qu'il n'était allé à l'école que quelques mois et savait tout juste lire quelques chiffres et signer son nom.

A Peyrane, il a fait la connaissance de Françoise Béchade qu'il a épousée. Françoise avait son certificat d'études et savait tenir des comptes. Ensemble, ils ont assez bien réussi. Louis fait le travail et sa femme tient la comptabilité.° Jusqu'à la guerre, Louis Borel est resté maçon et sa grande entreprise a été de construire la plus belle maison de Peyrane, celle du notaire. Pendant la guerre, il y avait peu de travail pour un maçon alors, comme il possédait un camion, Louis s'est mis à acheter des produits dans les fermes alentour° pour aller les revendre à la ville. Après la guerre, il s'est porté acquéreur° d'un gros camion confisqué aux Allemands et il a continué en la développant l'affaire commencée

comptabilité: art de tenir les comptes en règle

alentour: dans les environs

acquéreur: qui achéte, un acheteur

quelques années plus tôt. Aujourd'hui, il est l'intermédiaire le plus actif de la commune; il achète des fruits et des légumes aux cultivateurs qu'il va revendre au marché de Cavaillon ou aux usines de fruits confits° à Apt. En hiver, il coupe du bois dans la montagne, il le scie,° et il le vend aux villageois. Il est le seul marchand de charbon à Peyrane et c'est lui qui tient la station-service du village.

confits: conservés dans du sucre
scie: coupe avec une scie

Rien dans la façon de vivre des Borel ne les distingue de la plupart des gens du village. Ils s'habillent de la même façon, mangent la même chose, vivent comme tout le monde. Louis tire visiblement des bénéfices substantiels de son affaire, mais le seul signe extérieur de sa richesse c'est qu'il augmente sans cesse son matériel. Sur un petit terrain en face de chez lui il construit cuve° après cuve pour stocker des cerises. Sans les cuves, il est obligé de vendre à bas prix en pleine saison. Quand il aura installé toutes ses cuves, il pourra conserver les cerises pendant des semaines ou des mois et les revendre hors saison, au moment où les prix sont les plus hauts.

cuve: grand récipient

Vocabulaire

un emploi, un employeur, un employé
le chômage *le temps passé sans travail*
le revenu
le salaire
la misère
un minimum vital
l'ouvrier(-ère)
les travaux agricoles
une classe sociale
un fonctionnaire *qui remplit une charge publique*
le travail à la chaîne *travail où les ouvriers effectuent chacun une opération bien déterminée sur des pièces qui défilent devant eux*
un commerçant
faire tous les métiers
subsister
se débrouiller = s'arranger

se contenter de
un travail supplémentaire
s'élever
s'améliorer
s'enrichir
l'argent de poche
faire des économies = épargner
emprunter *obtenir de quelqu'un quelque chose qu'on compte lui rendre*
un emprunt
rembourser
acheter à crédit
une carte de crédit
travailler à plein temps, à mi-temps
l'intérêt *(m.)*
les frais *(m.)* = les dépenses *(f.)*
se priver de = se passer de
toucher des commissions

Questions

1. Qui est Louis Borel? Où est-il né? Quel âge a-t-il quand il vient à Peyrane? Pourquoi y vient-il? Quelle a été son éducation? Qui épouse-t-il?
2. Parlez du travail de Louis Borel. Indiquez le rôle de son épouse dans le travail de Louis Borel.
3. Décrivez la réussite économique de Louis Borel. Donnez des exemples de ses multiples activités.
4. Comparez la vie des Borel à celle des autres habitants de Peyrane.

Discussions

1. Parlez des problèmes financiers des jeunes gens d'aujourd'hui. Qu'est-ce que vous faites pour « joindre les deux bouts »?
2. Est-ce que vous arrivez à faire des économies en étant étudiant(e)? Si oui, comment?
3. Est-ce que vos études vous préparent à bien gagner votre vie? Si oui, de quelle manière? Si non, pourquoi?
4. Parlez du rôle de l'épouse en ce qui concerne les besoins financiers de la famille. Devrait-elle aussi travailler en dehors du foyer? Quand? Dans quelles circonstances?

Discussions et activités facultatives

1. Décrivez aux autres les différents genres de travail que vous avez faits pendant votre vie. Qu'est-ce que vous comptez faire quand vous aurez terminé vos études? Où voulez-vous vivre? Pourquoi?
2. Parlez de l'importance du budget familial. Supposons que vous ayez une famille de quatre personnes, votre époux(-se) compris(e). Vous avez un salaire de $1500 par mois (après le paiement d'impôts, assurance, etc.). Préparez votre budget familial mensuel selon votre salaire. Comparez et discutez le vôtre à ceux des autres étudiants.
3. Quand et dans quelles circonstances pourrait-on, à votre avis, acheter à crédit? Discutez les avantages et les désavantages de cette sorte d'achat.
4. A votre avis, comment faudrait-il faire pour devenir millionnaire?

Composition

Ecrivez l'histoire de quelqu'un que vous connaissez (votre père, votre mère, votre oncle, votre tante, votre grand-père, votre grand-mère, par exemple) qui a dû travailler dur pour gagner sa vie.

8

Chez moi

Première partie

On ne peut pas associer Francis Jammes (1868–1938) à un mouvement littéraire précis; d'ailleurs,° il ne le veut pas lui-même. Il désire sa liberté... il la prend: celle de chanter ses poésies avec la pureté et la simplicité qui le caractérisent. C'est la mélodie du vent, du ciel, du soleil, des montagnes, de la terre qui a bercé° son enfance; la mélodie profondément touchante de son Béarn[1] natal. Très vite on s'aperçoit° qu'elle fait vibrer en nous des cordes nostalgiques: celles qui nous relient° à une atmosphère, à un décor: le pays tant aimé.

d'ailleurs: de plus
bercé: calmé, apaisé
s'aperçoit: se rend compte
relient: attachent

J'allais dans le verger...°

verger: lieu planté d'arbres fruitiers

J'allais dans le verger où les framboises au soleil
chantent sous l'azur à cause des mouches à miel.°
C'est d'un âge très jeune que je vous parle.
Près des montagnes je suis né, près des montagnes.
Et je sens bien maintenant que dans mon âme°
il y a de la neige, des torrents couleur de givre°
et de grands pics cassés où il y a des oiseaux
de proie qui planent° dans un air qui rend ivre,°
dans un vent qui fouette° les neiges et les eaux.
Oui, je sens bien que je suis comme les montagnes.
Ma tristesse a la couleur de gentianes° qui y croissent.°
Je dus avoir, dans ma famille, des herborisateurs°
naïfs, avec des boîtes couleur d'insecte vert,
qui, par les après-midi d'horrible chaleur,
s'enfonçaient° dans l'ombre glacée des forêts,
à la recherche d'échantillons° précieux
qu'ils n'eussent° point échangés pour les vieux
trésors des magiciens des Bagdads merveilleuses
où les jets d'eau° ont des fraîcheurs endormeuses.
Mon amour a la tendresse d'un arc-en-ciel
après une pluie d'avril où chante le soleil.
Pourquoi ai-je l'existence que j'ai?... N'étais-je fait
pour vivre sur les sommets, dans l'éparpillement°
de neige des troupeaux, avec un haut bâton,
à l'heure où on est grandi par la paix du jour qui tombe?

De l'Angélus de l'Aube à l'Angélus du Soir

mouches à miel: abeilles
âme: esprit
givre: couche de glace qui s'attache aux arbres, aux toits, etc.
planent: restent en l'air sans mouvement apparent / **ivre:** exalté
fouette: frappe
gentianes: plantes toniques / **croissent:** poussent
herborisateurs: ceux qui étudient et classent les plantes
s'enfonçaient: pénétraient
échantillons: types, choix de plantes
eussent: auraient
jets d'eau: fontaines
éparpillement: dispersion

---

[1] **Béarn:** province dans le sud-ouest de la France.

Vocabulaire

décrire
évoquer
se souvenir de = se rappeler
un sentiment
une correspondance (entre)
une image
un ancêtre ≠ un descendant
la généologie *l'étude de l'origine et la filiation des familles*
une impression, impressionner
l'enfance
la jeunesse
la vieillesse
le foyer = la maison, la demeure
être déterminé(e) par
former, être formé(e) par,
une tendance
un exemple
une habitude, la force de l'habitude
les mœurs *(f.)* = les usages particuliers
la tradition
l'héritage *(m.)*
une coutume
un lien *tout ce qui relie, attache*
créer des liens
l'amour ≠ la haine
la tendresse
l'indifférence *(f.)*
l'ambiance *(f.)* = le milieu
une génération, le conflit des générations
le passé ≠ l'avenir
faire partie de

Questions

1. Où allait le poète? Qu'est-ce qu'il y a dans le verger? De quel âge le poète parle-t-il? Où est-il né? Qu'est qu'il a dans son âme?
2. En ce qui concerne votre pays, qu'est-ce que vous ressentez profondément?
3. Pourquoi le poète est-il comme les montagnes?
4. Comment est l'amour du poète?
5. Indiquez des exemples de personnification dans ce poème.
6. En somme, pourquoi le poète est-il tel qu'il est?

Discussions

1. Expliquez pourquoi on éprouve des sentiments si forts pour son « pays natal ». Notez le rôle de la famille et l'influence de l'endroit.
2. Quand vous êtes chez vous, quels sont les moments de la journée que vous préférez? l'aube? le jour? le crépuscule? la nuit? Pourquoi? Quelle saison préférez-vous chez vous? Pourquoi?
3. Que peut-on faire pour créer et garder des traditions dans une famille? Parlez de quelques traditions de votre famille.
4. Faites une interview avec un (une) autre étudiant(e). Posez des questions pour qu'il (elle) décrive la ville (le village) et les environs où il (elle) a passé son enfance. Découvrez les sentiments et les influences les plus importants de sa jeunesse.

Discussions et activités facultatives

1. Préparez une causerie sur le Béarn. Indiquez où il est. Décrivez les paysages. Servez-vous de photos ou d'images si vous voulez.
2. Quelle est la tradition la plus typique de votre pays? de votre région? de votre ville? de votre foyer? Décrivez ces traditions.
3. Vous voulez laisser pour votre postérité vos meilleurs conseils. Indiquez-les et expliquez les raisons de votre choix.
4. *Supposition:* Notre civilisation est entièrement détruite. Plusieurs siècles plus tard on en trouve des traces, et on tâche de savoir comment nous étions. A votre avis, que dirait-on de notre civilisation et de nous?

Deuxième partie

Laissons-nous emporter par un autre vent vers d'autres horizons au rythme d'une autre musique: celle des tams-tams d'Afrique. Nous avons vu briller le soleil sur les montagnes de Francis Jammes; nous écouterons maintenant le « silence rythmé » d'une « Nuit de Sine » avec Léopold Sédar Senghor. Il est né en 1906 au Sénégal où il s'acquittera plus tard des fonctions° de Président de la République.

C'est avec tendresse, amour ... avec passion qu'il va se confier à nous, comme s'il nous parlait de sa femme, comme s'il nous parlait de sa mère, la « mère-patrie ».

s'acquittera ... fonctions: accomplira plus tard les fonctions

Nuit de Sine

Femme, pose sur mon front tes mains balsamiques,°
mains douces plus que fourrure.°
Là-haut les palmes balancées qui bruissent° dans
la haute brise nocturne
A peine. Pas même la chanson de nourrice.°
Qu'il nous berce,° le silence rythmé.
Ecoutons son chant, écoutons battre notre
sang sombre, écoutons
Battre le pouls profond de l'Afrique dans la
brume° des villages perdus.
Voici que décline la lune lasse° vers son lit de
mer étale°

balsamiques: qui a les propriétés du baume
fourrure: peau d'animal
bruissent: agitent légèrement les feuilles
nourrice: femme qui allaite un enfant
Qu'il nous berce: Puisse-t-il nous bercer
brume: brouillard épais
lasse: fatiguée
étale: qui ne monte ni ne descend, calme

Voici que s'assoupissent° les éclats de rire, que
les conteurs eux-mêmes
Dodelinent de la tête° comme l'enfant sur le dos
de sa mère
Voici que les pieds des danseurs s'alourdissent,
que s'alourdit la langue des chœurs alternés.

C'est l'heure des étoiles et de la nuit qui songe et
S'accoude° à cette colline de nuages, drapée dans
son long pagne de lait.[1]
Les toits des cases° luisent° tendrement. Que
disent-ils, si confidentiels, aux étoiles?
Dedans le foyer s'éteint dans l'intimité d'odeurs
âcres° et douces.

Femme, allume la lampe au beurre clair,° que°
causent autour les ancêtres comme les
parents, les enfants au lit.
Ecoutons la voix des anciens d'Elissa.[2] Comme
nous exilés
Ils n'ont pas voulu mourir, que° se perdît par les
sables leur torrent séminal.
Que j'écoute,° dans la case enfumée que visite un
reflet d'âmes propices°
Ma tête sur ton sein° chaud comme un dang[3] au sortir
du feu et fumant
Que je respire l'odeur de nos Morts, que je recueille°
et redise leur voix vivante, que j'apprenne à
Vivre avant de descendre, au-delà du plongeur,° dans
les hautes profondeurs du sommeil.

s'assoupissent: se laissent aller au sommeil

Dodelinent de la tête: S'assoupissent en baissant la tête

S'accoude: S'appuie sur les coudes

cases: huttes, abris primitifs / **luisent:** brillent

âcres: piquantes

lampe au beurre clair: référence à la couleur de la flamme / **que:** afin que

que: de peur que

Que j'écoute: Que je puisse écouter

propices: favorables

sein: poitrine

recueille: reçoive

plongeur: qui plonge dans un lac, par exemple

Vocabulaire

la patrie = le pays natal

une image visuelle, auditive, olfactive, tactile ou gustative *une image qui se rapporte aux sens de la vue, de l'ouïe, de l'odorat du toucher ou du goût*

écouter

imaginer, s'imaginer

éprouver = sentir

une case = une hutte

la solitude

se réunir

---

[1] **pagne:** vêtement primitif qui couvre une personne de la ceinture aux genoux; **pagne de lait:** ici, la constellation de la voie lactée.

[2] **Elissa:** lieu d'origine de la famille de Senghor, de la Guinée portugaise.

[3] **dang:** plat africain fait de graines et de morceaux de viande.

rire
conter, un conteur
une danse, danser
un chant, une chanson
la tranquillité
la douceur
le calme
l'intimité *(f.)*
le repos
le changement
le progrès
l'oubli *(m.)*, oublier
s'adapter à = être habitué(e) à
simple, la simplicité
un milieu rural ≠ un milieu urbain
avoir le mal du pays = être dépaysé(e) = avoir le cafard
être déprimé(e) *être en état de dépression*
regretter son pays ≠ se sentir chez soi
apprécier

Questions

1. A qui le poète s'adresse-t-il? Quelle est sa demande? Quel moment de la journée est-ce? Comment est ce moment?
2. Commentez les expressions « le silence rythmé » et « la brume des villages perdus. »
3. Décrivez la scène du village africain. Notez les détails qui indiquent comment les villageois ont passé la soirée. Donnez les mots et les expressions qui suggèrent le sommeil. Quelles présences mystérieuses sont évoquées? Quel est leur message?
4. Donnez des exemples de personnification dans le poème.
5. Trouvez dans le texte les mots et les expressions qui ont un rapport avec la musique.
6. Trouvez les mots et les expressions qui se rapportent à chacun de nos sens.

Discussions

1. L'auteur semble attaché à ses ancêtres. Pourquoi? D'où viennent vos ancêtres? Qu'est-ce que vous leur devez? Que faites-vous pour remonter aux origines de votre famille?
2. Où est votre pays? Qu'est-ce qui fait son charme?
3. Qu'est-ce qui fait le charme de l'endroit décrit par Senghor? Pourriez-vous aimer cet endroit? Pourquoi ou pourquoi pas? Qu'est-ce qui fait le charme de l'endroit décrit par Jammes? Pourriez-vous aimer cet endroit? Pourquoi ou pourquoi pas?
4. L'auteur a dû quitter l'Afrique afin de poursuivre ses études en France. Avez-vous déjà quitté votre pays? Quels étaient vos sentiments alors? Avez-vous apprécié davantage votre foyer après? Pourquoi? Pourquoi pas?

Discussions et activités facultatives

1. Précisez les différences entre la description de Senghor et celle de Jammes.
2. Savez-vous ce que c'est que la « négritude »? Pour Senghor c'est « l'ensemble des valeurs de civilisation du monde noir ». Commentez le poème de Senghor vis-à-vis de son concept de négritude.
3. *Débat:* Pour ou contre: Il est préférable de vivre à la ville qu'à la campagne?

Composition

Ecrivez un paragraphe: Un souvenir d'enfance.

Grammaire 4

Emploi du futur, du conditionnel, du passé du conditionnel
Les propositions *(clauses)* avec **si** et **quand**
devoir et **pouvoir**

Examen

A. Remplacez les tirets par la forme convenable du verbe.

1. Quand mon père (avoir) _____ plus de loisirs, il passera son temps à jouer au golf.
2. Si tu (avoir) _____ du temps libre demain, tu pourras jouer au tennis.
3. Dès que vous (savoir) _____ les mœurs de cette région, vous apprécierez les habitants.
4. Si elle partait, elle (regretter) _____ son pays.
5. Si j'avais fait partie d'un groupe social, je (ne pas être) _____ déprimé(e) en ce temps-là.
6. Si les machines font de plus en plus de travaux, les employés (prendre) _____ leur retraite plus jeunes.
7. Si vous (apprendre) _____ un métier, vous auriez pu trouver du travail.
8. Si les ouvriers (être) _____ mieux payés, ils aimeraient mieux leur sort.

B. Ecrivez en français.

1. He's going to take his retirement in July. 2. We hope you **(vous)** won't be homesick. 3. He said we would have more leisure time in the future. 4. Paul says he'll work tonight. 5. Guy said you **(tu)** would have more responsibility. 6. You **(vous)** must see the computer. 7. I should see it too. 8. They should have developed their productivity. 9. I was supposed to work this morning. 10. We could work part-time this summer. 11. Last week, I couldn't earn any pocket money. 12. You **(tu)** could have bought the car on credit.

Vérification

A. 1. aura 2. as 3. saurez 4. regretterait 5. n'aurais pas été 6. prendront 7. aviez appris 8. étaient

B. 1. Il va prendre sa retraite en juillet. 2. Nous espérons que vous n'aurez pas le mal du pays. 3. Il a dit que nous aurions plus de loisirs dans l'avenir. 4. Paul dit qu'il travaillera ce soir. 5. Guy a dit que tu aurais plus de responsabilité. 6. Vous devez voir l'ordinateur. 7. Je devrais le voir aussi. 8. Ils auraient dû développer leur productivité. 9. Je devais travailler ce matin. 10. Nous pourrions travailler à mi-temps cet été. 11. La semaine dernière, je n'ai pas pu gagner d'argent de poche. 12. Tu aurais pu acheter la voiture à crédit.

Notes grammaticales

1. Review the forms of the future, conditional, and conditional past tenses in the Appendix.
2. The following are different ways to express the future in French.
   a. The present tense may express near future action:

      Elle **étudie** ce soir.
      She's studying tonight.

   b. **Aller** in the present tense + *infinitive* expresses near future action:

      L'ordinateur **va changer** le monde. *The computer **is going to change** the world.*

   c. The future tense itself indicates future action:

      L'ordinateur **changera** le monde. *The computer **will change** the world.*
3. Note that **aller** in the imperfect + *infinitive* may be used to indicate a kind of past future:

   Jean-Jacques Servan-Schreiber a dit que trois facteurs importants **allaient dominer** l'environnement social en 1980. *Jean-Jacques Servan-Schreiber said three important factors **were going to dominate** the social environment in 1980.*
4. After the expressions **quand** *(when)*, **lorsque** *(when)*, **dès que** *(as soon as)*, **aussitôt que** *(as soon as)*, use the future when it is implied. Compare the following:

   Quand l'ouvrier **entrera** dans le secteur de production, il sera mieux équipé. *When a worker **enters** the production sector, he will be better prepared.*

   Use the future perfect after **quand, lorsque, dès que, aussitôt que** in future clauses in order to express *to have done something.* Compare:

   Quand Louis Borel **aura installé** toutes ses cuves, il pourra conserver ses cerises. *When Louis Borel **has installed** all his vats, he'll be able to store his cherries.*
5. The conditional indicates supposition; it states what *would happen* in certain circumstances:

   Dans ce cas, il n'**y aurait** plus de progrès. *In that case, there **would be** no more improvement.*

6. The conditional perfect *(le passé du conditionnel)* indicates what *would have happened* in certain circumstances:

   Moi, je n'**aurais** pas **eu** le cafard. *I* ***wouldn't*** *have* **been** *homesick.*

7. *If* **(si)** clauses follow the tense sequence patterns shown below:

If clause		*Result clause*
present	←——→	future
imperfect	←——→	conditonal
pluperfect	←——→	conditional perfect
pluperfect	←——→	conditonal

   Si tu **viens,** Robert **viendra** aussi. *If you come, Robert will come too.*
   Si tu **venais,** Robert **viendrait** aussi. *If you came, Robert would come too.*
   Si Marc **était venu,** elle n'**aurait** pas **été** déprimée. *If Mark had come, she would have not been depressed.* (at that time in the past).
   Si Marc **était venu,** elle ne **serait** pas déprimée. *If Mark had come, she wouldn't be depressed.* (right now).

Do not use the conditional in place of the imperfect when the *if* clause is followed by a clause in the conditional. Likewise, do not use the conditional perfect in place of the pluperfect when the *if* clause is followed by a clause in the conditional or conditional perfect.

8. Note the following meanings of the verbs **devoir** and **pouvoir:**
   a. **Devoir** used with direct and/or indirect objects means *to owe:*

   Je lui **dois** cinquante francs. *I* ***owe*** *him fifty francs.*

Used with the infinitive, it signifies the following:

PRÉSENT: je dois *I must, am supposed to*
PASSÉ COMPOSÉ: nous avons dû *we had to, must have*
IMPARFAIT: vous deviez *You were supposed to*
CONDITIONNEL: il devrait *he should, ought to*
PASSÉ DU CONDITONNEL: elles auraient dû *They should have, ought to have.*

Je **dois** considérer ces facteurs. ***I must*** *consider these factors.*
J'**ai dû** partir hier. ***I had to*** *leave yesterday.*
Le général **devait** parler ce soir. *The general* ***was supposed to*** *speak tonight.*
Vous **devriez** les considérer aussi. *You* ***ought to*** *consider them, too.*
Tu **aurais dû** toucher ta retraite. *You* ***should have*** *gotten your retirement money.*

   b. **Pouvoir** has the following meanings:

PRÉSENT: je peux *I can (am able)*
PASSÉ COMPOSÉ: ils ont put *they could (were able)*
IMPARFAIT: elle pouvait *she could (was able)*
CONDITIONNEL: nous pourrions *we could (would be able)*
PASSÉ DU CONDITIONNEL: vous auriez pu *you could have (would have been able)*

Nous ne **pouvons** pas rivaliser avec eux. *We **can**'t compete with them.*
Ils ne **pourraient** jamais faire de travaux manuels. *They **could** never do manual work.*
Dans ce cas-là, ils **auraient pu** développer leurs matières premières. *In that case they **could have** developed their raw materials.*

The distinction between the *passé composé* and *imparfait* with **pouvoir** is the usual one:

Je n'**ai** pas **pu** venir hier soir. *I **could**n't come last night.* (one time).
Quand j'**étais** jeune, je pouvais jouer du piano. *When **I was** young, I could play the piano.* (a habit, a state)

9

Cinéma—télévision

Première partie

Des films, il y en a de toutes sortes: comédies, westerns, films policiers, histoires d'amour, récits de guerre, comédies musicales, dessins animés, etc. Quel genre préférez-vous? Vu le grand nombre de films ayant des sujets interplanétaires, il semble que les cinéphiles d'aujord'hui aient un penchant pour la science-fiction. Que pensent les français de ce genre de film? Vous l'apprendrez en lisant la critique de Flash Gordon *par Catherine Laporte dans* l'Express *du 31 janvier 1981.*

Flash Gordon: tout nouveau, tout rétro.[1]

A 47 ans (il est né en 1934), Flash Gordon n'a rien perdu de sa vigueur ni de sa fantaisie. Il revient au cinéma, riche d'argent et de truquages,° pour remplacer cow-boys et Indiens défaillants.°

Le 7 janvier 1934, apparaît une nouvelle bande dessinée dans le supplément du dimanche d'une centaine de journaux américains. Son héros, un grand blond en veste de tweed, bottes et culotte de cheval:° Flash Gordon. Réussira-t-il à empêcher la destruction de la Terre par le terrible empereur Ming, maître despotique d'une série de planètes farfelues?° Les premiers lecteurs de cette épopée spatiale mettront dix-sept ans à le savoir. De toute façon, pour les amateurs du genre, le récit devient très vite secondaire. La vraie nouveauté de « *Flash Gordon* », c'est le dessin. Son auteur: Alex Raymond.

truquages: illusions rendues par des techniques photographiques / **défaillants:** qui ne sont plus à la mode

culotte de cheval: pantalon pour faire du cheval

farfelues: bizarres, étranges

A 25 ans, ce beau brun sportif et gominé° a déjà travaillé avec les maîtres de l'époque comme Chic Young *(Blondie)* et son frère Lyman Young. Son père, ingénieur des Ponts et Chaussées° a encouragé ses dons. Après un bref séjour à Wall Street comme courtier,° il se consacre entièrement à la B.D.° Ses employeurs, King Features Syndicate, rêvent de supplanter *Buck Rogers,* la première bande de science-fiction, parue en 1929. Il répond par *Flash Gordon* et deux autres aventures plus terrestres: *Agent secret X9* (scénario de Dashiell Hammet) et *Jungle Jim...*

gominé: avec les cheveux lissés à la brillantine

ingénieur des Ponts et Chaussées: qui dessine des plans pour la construction des routes, des autoroutes, etc.

courtier: qui vend et achète des actions monétaires pour une compagnie / **B.D.:** bande dessinée

Alex Raymond donne libre cours à sa fantaisie dans les décors et les costumes. Les créatures de Mongo et leur empereur s'apparentent° à l'abominable Dr. Fu Manchu. L'influence

s'apparentent: ont un rapport

[1] **rétro:** style ou mode d'avant-guerre

médiévale se manifeste dans l'architecture des palais et dans la tenue de Robin des Bois du prince Barin. Surtout, les déshabillés° des deux héroïnes, Dale Arden la Terrienne et la princesse Aura, fille de Ming, paraissent, pour la puritaine Amérique, d'un érotisme échevelé.°

Capitaine de réserve dans les Marines, Raymond sera muté° en 1944 comme reporter dessinateur dans le Pacifique, sur le porte-avions° *Gilbert's Island.*

A sa démobilisation, il crée un nouveau héros: Rip Kirby. Un moment illustrateur de magazine, il abandonne ce travail trop restrictif à son goût. « Je n'aime pas m'inspirer de photos et de modèles. Je préfère commencer avec une feuille blanche et dessiner mon rêve. » Mondialement connu et couvert de récompenses, il se tue, le 6 septembre 1956, en essayant la voiture de course de Stan Drake, l'auteur de *Juliette de mon cœur.*

Parallèlement à la bande dessinée d'Alex Raymond, le cinéma contribue à faire connaître *Flash Gordon* sur toute la planète. Dès 1936, Universal produit une série de treize épisodes filmés des aventures du héros avec Buster Crabbe, l'ancien champion olympique de natation, dans le rôle principal. Suivront *Le Voyage sur Mars* et *Flash Gordon à la conquête de l'univers.*

Toutes les semaines, les petits Américains suivent avec passion les exploits invraisemblables° de leur idole, chaque séquence se terminant de façon apparemment inextricable. Du feuilleton° à la superproduction, le pas aurait dû être franchi depuis longtemps. Mais seul un petit metteur en scène inconnu s'intéresse au projet. Il propose à King Features de racheter les droits. Et se fait jeter dehors.° Heureusement, car George Lucas décide alors d'écrire un scénario original inspiré par le style d'Alex Raymond. Ce sera *La Guerre des étoiles.*

Le producteur Dino De Laurentiis entend parler de cette histoire. « Si Lucas rêve de Flash, se dit-il, ce doit être une bonne idée. »...

Au départ, Dino De Laurentiis s'intéresse surtout à l'esthétisme de l'histoire. Pendant un an, il travaille avec le metteur en scène Nicolas Roeg. Puis il le renvoie° parce qu'il est « trop intellectuel ». « Mon but: faire rêver le spectateur au premier degré. »

Pour recréer l'univers d'Alex Raymond, De Laurentiis et son nouveau réalisateur, Mike Hodges, doivent faire face à deux problèmes majeurs: d'abord, le ciel. « Même en peignant les nuages, on avait toujours l'impression de rester dans une atmosphère terrestre. » La solution consiste à immerger une caméra dans un réservoir contenant des liquides de couleurs et de densités différentes, un peu comme les lampes psychédéliques des années 60. Second casse-tête:° les hommes-faucons. « Faire évoluer dans les airs une seule personne comme Superman est déjà très difficile. Animer des centaines de créatures-oiseaux avec réalisme tient du prodige.°

déshabillés: costumes dénudés, osés
échevelé: désordonné, exagéré
muté: engagé
porte-avions: grand bateau de guerre qui porte des avions
invraisemblables: incroyables, illogiques
feuilleton: aventure qui paraît en série d'épisodes
se ... dehors: est mis à la porte
renvoie: met à la porte
casse-tête: problème difficile
tient du prodige: est apparemment impossible à réaliser

Heureusement, il existe une nouvelle génération de techniciens formidables, qui inventent pour chaque production de science-fiction des procédés nouveaux. » Ou, comme ici, réutilisent les vieux trucs: le système des marionnettes à fils pour soutenir les soldats volants.

Œuvre à grand spectacle sans prétention, *Flash Gordon* a su garder son charme désuet° cher aux nostalgiques de la B.D. 1930. Quant à Dino De Laurentiis, il mitonne° déjà *Flash Gordon II,* et prépare avec Ridley Scott *Alien* la version filmée de *Dune,* la bible des amateurs de S.-F.°

désuet: qui n'est plus à la mode
mitonne: prépare
S.-F.: Science Fiction

Vocabulaire

un(e) spectateur(-trice)
un(e) acteur(-trice)
une vedette *un acteur ou une actrice bien connu(e)*
un film drôle = une comédie
un film policier
un film d'espionnage
un film d'amour
un film historique
un film d'épouvante = un film de terreur
un film de science-fiction
un western
un dessin animé
une comédie musicale
un documentaire
les actualités *du reportage filmé quotidien sur les événements mondiaux*
un court-métrage *un film de courte durée*
un long-métrage
l'écran *la surface blanche sur laquelle on projette le film*
un écran panoramique
le cinéma parlant, muet
un dialogue
le décor
le suspense
une émission télévisée *un programme ou un spectacle à la télévision*
le téléviseur = le poste de télévision
la chaîne *par exemple, les chaînes ABC, CBS, etc.*
la publicité
une réclame *une annonce publicitaire*

Questions

1. A quelle date apparaît la bande dessinée, *Flash Gordon?* Qui est son auteur? Dans le récit, qui est l'adversaire principal de Flash Gordon? Quel est le but de cet adversaire? En quoi, selon l'article, consiste la nouveauté de *Flash Gordon?*
2. Parlez des débuts de la carrière d'Alex Raymond. Quelle a été la première bande de science-fiction? Quand est-elle sortie?
3. Décrivez les décors et les costumes de la bande dessinée, *Flash Gordon.* Qu'est-ce qui choque dans *Flash Gordon* la mentalité puritaine des Américains?

4. Comment Raymond est-il mort?
5. Avec la bande dessinée, qu'est-ce qui fait connaître l'histoire de *Flash Gordon* dans le monde entier? Quand apparaît le premier des treize épisodes filmés basés sur la bande dessinée, *Flash Gordon?* Qui joue le rôle de Flash dans ces films? Comment se termine chacun de ces épisodes?
6. Qui est le premier à s'intéresser à une superproduction de *Flash Gordon?* Qu'est-ce qui arrive à cette personne? Qu'est-ce qui a inspiré le film, *La Guerre des étoiles?* Qui a écrit le scénario de ce film?
7. Qui est Dino De Laurentiis? Qui est le premier metteur en scène du film *Flash Gordon* de Dino De Laurentiis? Qui le remplace? Pourquoi?
8. A quels problèmes majeurs le nouveau réalisateur doit-il faire face? Que fait-il pour pouvoir représenter à l'écran un ciel interplanétaire? Que fait Hodges pour faire animer les créatures-oiseaux dans le film?
9. Selon l'article, quels seront les prochains films de Dino De Laurentiis?
10. Quel genre de film préférez-vous? Pourquoi? Quels genres de films n'aimez-vous pas? Pourquoi?
11. Avez-vous vu *Flash Gordon?* Que pensez-vous du scénario, des truquages, des acteurs, des actrices?

Discussions

1. *Flash Gordon* n'est pas le premier film basé sur une bande dessinée. Pourriez-vous en nommer d'autres? Discutez-les. Comparez ces films aux bandes dessinées qui ont servi de modèles. Apportez en classe des bandes dessinées pour faciliter la discussion.
2. Discutez les films d'épouvante. Lesquels aimez-vous? Indiquez ceux que vous n'aimez pas. Donnez vos raisons. Tracez l'évolution des films basés sur *Dracula, Frankenstein,* etc.
3. Parlez de la violence dans les films et à la télévision. Croyez-vous que ces films exercent une influence négative? Discutez.
4. A votre avis, la télévision remplacera-t-elle le cinéma? Dans quelle mesure? Avez-vous remarqué une compétition entre cinéma et télévision? Expliquez.

Discussions et activités facultatives

1. Quelles émissions télévisées préférez-vous? Pourquoi? Lesquelles n'aimez-vous pas? Donnez vos raisons.
2. Discutez la publicité à la télévision. Quelles réclames aimez-vous? Pourquoi? Quelles réclames trouvez-vous stupides ou de mauvais goût? Pourquoi?
3. Comment la télévision influence-t-elle la vie familiale? Croyez-vous que la télévision remplace un jour la lecture? Expliquez.
4. Aimez-vous les dessins animés? Lesquels? Pourquoi? Que vous apportent-ils?

Deuxième partie

L'année 1959 marquera un tournant important dans l'histoire du cinéma français. En effet cette année-là, plusieurs jeunes metteurs en scène (François Truffaut, Jean-Luc Godard, Alain Resnais, Eric Rohmer et d'autres) tourneront des films très différents en technique et en style des films typiques de l'époque. Un nouveau cinéma, qui se préparait déjà depuis quelques années, était né. On l'appellera « la nouvelle vague. » Ces cinéastes, un peu militants, pestent contre le cinéma traditionnel qu'ils trouvent démodé et sans imagination. Ils déclarent que les producteurs devraient laisser plus de liberté aux réalisateurs, que ces derniers accompliraient mieux leur rôle s'ils pouvaient se servir de la caméra comme un écrivain se sert de sa plume pour exprimer ce qu'il pense et ressent. C'est le phénomène qu'ils nomment la « caméra-stylo. » Le metteur en scène remplace ou collabore avec le scénariste, et ainsi il travaille, non seulement comme réalisateur du film, mais aussi comme auteur du scénario. La plupart de ces nouveaux films sont beaucoup moins coûteux que ceux du cinéma traditionnel, et les metteurs en scène engagent des acteurs et des actrices qui sont souvent inconnus. Pour que le ton du film soit vrai, le réalisateur filme sur place (au lieu d'utiliser un décor), et il fait participer les habitants de l'endroit même où il tourne le film. Pour créer des effets frappants, il se sert de la caméra et de la musique avec beaucoup d'originalité.

Parmi ce groupe de metteurs en scène de la nouvelle vague on trouve Claude Chabrol. Très apprécié et aussi très critiqué, il continue jusqu'aujourd'hui à perfectionner son art. Vous lirez ici un article par Jacques Thomas dans Marie France, *juillet 1980, dans lequel l'auteur décrit la réalisation d'un film de Chabrol, qui, à la date de l'article de Thomas, n'était pas encore sorti. Le film est l'adaptation du roman,* Le Cheval d'orgueil, *par l'écrivain breton, Pierre-Jakez Helias.*

Critique du « Cheval d'orgueil »

Le Cheval d'orgueil à l'écran?° On en parlait depuis quatre ans sans trop y croire. Un peu comme l'histoire du serpent de mer au large de Penmarch.° Certes, il y avait eu quelques tentatives. René Vautier, animateur de l'U.P.C.B. (Unité de production du cinéma breton) avait fait un galop d'essai° en 1977. Sans suite. Denys de la Patellière voulut aussi enfourcher ce *Cheval d'orgueil.* Là, encore, le projet n'aboutit pas.°

écran: surface blanche sur laquelle l'on projette un film

au ... Penmarch: en haute mer près de la ville de Penmarch

fait ... essai: essayé

n'aboutit pas: ne réussit pas

Pierre-Jakez Helias, l'auteur du livre, lui, regimbait° à l'idée de voir son best-seller (1 700 000 exemplaires vendus, cinq traductions) porté à l'écran: « J'espère bien que non, disait-il avec fougue.° C'est trop difficile à réaliser. »

Quel film pouvait-on, en effet, tirer de cinq cent cinquante-deux pages de traditions, de sept cents chroniques sur les coutumes locales, sans intrigue, sans autre fil conducteur° que la voix du récitant racontant, à travers les souvenirs de son enfance, la vie quotidienne d'une famille bigouden, au début du siècle?

Claude Chabrol a pourtant relevé le défi. « Avec lui, au moins, je pense avoir les meilleures garanties, dit Jakez Helias. Chabrol, metteur en scène du fantastique, saura, mieux que quiconque, traduire le pays bigouden,° ce haut lieu où soufflent° les mystères et les légendes. »

« Le Cheval d'orgueil » tourné par un Parisien? A cette idée, les habitants du Sud-Finistère—deja éreintés° et ridiculisés par quelques films—en avaient les narines° frémissantes.° Dans « Doucement les basses », les Bretons faisaient figure d'alcooliques marinant° dans l'eau-de-vie° et amarrés au zinc des bistros°... Sans parler de la religion tournée en dérision. Depuis, le clergé local—froissé° dans ses sentiments religieux—semblait fâché jusqu'au jugement dernier avec le septième art.° Un cinéaste parisien au pays bigouden, c'était pire que le diable dans un tabernacle!

« Heureusement, explique Claude Chabrol, Pierre-Jakez Helias a été notre *public relations.* Il a convaincu les Bigoudens de notre bonne volonté. Et brusquement, ces gens sont devenus les plus précieux des collaborateurs. De Plozévet à Plonéour, de Penhors à Penmarch tout le monde s'est senti concerné par le film. Les habitants ont fouillé° leurs greniers° et nous ont apporté spontanément une foule d'accessoires: des bahuts° d'époque, des *quatre et deux* (armoires), des vêtements de cérémonie, porte-plume du début du siècle, etc. »

Pendant les trois mois de tournage, le Sud-Finistère[1] a ainsi vécu une grande aventure collective, un véritable *happening.* On ne savait plus très bien qui était acteur et qui était spectateur dans cette coproduction franco-bigouden. Toute la population s'est ainsi mobilisée pour faire de ce film une réussite: le père Helnoret (85 ans) n'a pas rechigné° pour venir affûter° les houes° des paysans du film. La mère Plouhinec, mercière° à Plonéour, a activé ses travaux de broderie. Et l'épicière de Pont-l'Abbé s'est vue démunie de° son stock de thé: « Pour faire uriner le cheval sur commande », lui a expliqué l'assistant de Chabrol.

regimbait: s'opposait
fougue: impétuosité
fil conducteur: élément qui conduit l'action du roman
pays bigouden: Sud-Finistère, en Bretagne / **soufflent:** ici, existent
éreintés: très fatigués
narines: ouvertures du nez / **frémissantes:** agitées
marinant: baignant
eau-de-vie: liqueur forte / **amarrés au zinc des bistros:** cloués aux comptoirs des cafés
froissé: offensé, vexé
le septième art: le cinéma
fouillé: cherché dans **greniers:** plus hauts étages des maisons
bahuts: buffets longs et bas
rechigné: ici, hésité / **affûter:** aiguiser / **houes:** outils pour remuer le sol d'un jardin
mercière: qui vend boutons, fils, rubans, etc.
démunie de: sans

[1] **Sud-Finistère:** département au sud-ouest de la Bretagne.

A Stang-ar-Bacol, les élèves du CE 2[2] ont passé leurs vacances de Pâques à l'école pour le tournage de quelques plans.° A Plogastel-Saint-Germain, c'est le délégué syndical d'une usine textile qui a revêtu les ornements sacerdotaux pour célébrer la messe. Et à la sortie de l'office, c'étaient les pompiers° de Plonéour et leurs lances à incendie qui attendaient les fidèles pour faire de la fausse pluie. « Comme quoi, la pluie se fait parfois très rare en Bretagne », constate Chabrol. Pierre-Jakez Helias s'est chargé du recrutement des figurants. Et tous on tété retenus pour leur physique le plus proche de celui des Bigoudens. Roman et Armel Hubert, par exemple, deux gamins° de Pont-l'Abbé, choisis pour jouer le rôle de Helias enfant, à deux étapes° de sa vie, ont bien la figure ronde et les yeux légèrement en amande des enfants du pays.

plans: scènes (d'un film)
pompiers: qui combattent les incendies
gamins: garçons
étapes: périodes

« Tous ces gens ont été des acteurs inouïs,° ajoute Chabrol. Par je ne sais quelle mémoire ancestrale, ils ont retrouvé les gestes de leurs aïeux.° Et qui plus est, ils sont tous un peu rêveurs, ou poètes et même un peu fous, comme l'étaient leurs ancêtres, hommes de rêve, habités d'hallucinations... »

inouïs: incroyables
aïeux: ancêtres

Le Cheval d'orgueil ne sera ni une description folklorique du pays bigouden, ni un musée, ni un documentaire. « Et je ne montre pas le pittoresque comme une curiosité, ajoute Chabrol. A la foire de Pont-Croix, par exemple, on vendait des cheveux de femmes: les gens de l'époque ne s'en étonnaient pas, nous non plus. Je veux aussi retrouver l'âme profonde du Bigouden, sa petite folie, ses superstitions, ses angoisses. »

Pour atteindre cette vérité de ton et d'esprit, Chabrol veille minutieusement à l'authenticité dans les plus petits détails. Aidé en cela par Helias et la population locale. A Saint-Jean-Trolimon, par exemple, l'ancien usinier d'une conserverie° a fait remarquer au cinéaste que le moule° des sardines n'était pas le bon. A Plonéour, il a fallu retirer du plateau° quelques vaches « non réglementaires »: elles portaient une plaquette à l'oreille et n'étaient d'autant pas d'époque qu'il s'agissait de frisonnes[3] introduites seulement dans les années cinquante dans la région.

conserverie: fabrique de conserves
moule: boîte
plateau: local où l'on filme

A Plogastel-Saint-Germain, c'est le recteur qui a servi de conseiller technique pour tourner la cérémonie des relevailles.[4] Pour sa première sortie en public après un accouchement,° la femme bigouden devait en effet venir à l'église pour se faire bénir et purifier. Elle mettait sur ses épaules le manteau de deuil,[5] se

accouchement: action d'enfanter

---

[2] **CE 2:** cours élémentaire, deuxième année (les élèves de huit ans).

[3] **frisonnes:** vaches de Frise, province de la Hollande.

[4] **relevailles:** cérémonie religieuse pour une femme après la naissance d'un enfant.

[5] **manteau de deuil:** manteau noir porté par respect d'un mort.

cachait le visage, traversait le cimetière et entrait dans l'église. Non par la grande porte, mais par l'échalier,° par où l'on amenait les suicidés et les criminels.

Pour tourner cette séquence, Hilton Mac Connico, le décorateur du film, a dû entièrement fabriquer un cimetière avec ses fausses croix et ses fausses grilles en plastique et ses pierres tombales de « granit » fissuré° en polystyrène garanti! Car les cimetières trop modernes et bien trop luxueux ne pouvaient convenir...

La sortie du film est prévue pour le 24 septembre prochain.° « En° avant-première dans trente villes bretonnes », souligne Chabrol. Rythmé par les légendes, harcelé° par la « chienne du monde » (la misère), guetté° par l'Ankou qui mène la charette° de la mort, béni par les vierges et les saints des calvaires, allant de superstitions en remèdes de bonnes femmes, le film sera aussi peuplé de buveurs et de voyants,° animé par les mariages et les pardons au rythme des bombardes... Trois mois de tournage qui ont permis de créer une véritable animation culturelle en milieu rural. Trois mois pendant lesquels les Bigoudens ont cru que le temps était revenu sur ses pas.

échalier: petite porte de derrière

fissuré: avec des fissures ou petites crevasses

prochain: 1981

En: Comme

harcelé: persécuté

guetté: vu, épié / **charrette:** véhicule en bois tiré par un cheval

voyants: qui ont des visions surnaturelles

Vocabulaire

la synopsis

le producteur, la production

le scénariste, le scénario

le réalisateur = le metteur en scène *qui dirige, réalise la production du film*

faire un film

tourner un film *filmer*

le tournage d'un film

un critique *la personne qui fait* **une** *critique*

un cinéaste *quelqu'un qui fait partie de l'équipe qui réalise un film*

un plateau = local où le film est tourné

un plan = chaque scène d'un film

jouer un rôle

un spectacle

l'architecte décorateur *qui s'occupe des décors*

découper le film *action de couper le film en plusieurs plans pour éliminer le superflu et relier le reste, selon le désir du metteur en scène*

le découpage d'un film

faire une coupure = censurer

le montage *l'action de mettre tous les plans du film les uns après les autres*

le mixage *l'assemblage définitif du son et des images*

l'ingénieur du son

le distributeur

lancer un film *le distributeur lance un film*

le chef opérateur *le directeur de la photographie*

Questions

1. Pourquoi l'année 1959 est-elle importante dans l'histoire du cinéma français? Comment appelle-t-on le nouveau cinéma?
2. Contre quoi les jeunes cinéastes de l'époque se révoltent-ils? Pourquoi? Selon eux, quel doit-être le rôle du metteur en scène? Décrivez leurs méthodes utilisées pendant le tournage.
3. Qui est Claude Chabrol? Comment s'appelle le film qu'il a fait en Bretagne? Qu'est-ce qui sert de modèle pour ce film? Depuis quand projetait-on un film sur *Le Cheval d'orgueil?* Pourquoi Pierre-Jakez Helias résistait-il à l'idée de créer un film basé sur son roman? Pourquoi accepte-t-il enfin de le faire?
4. Dans des films précédents sur la Bretagne, comment avait-on présenté les Bretons?
5. Pourquoi les Bigoudens ont-ils enfin collaboré au film? Donnez des exemples de leur aide.
6. Pourquoi a-t-on retenu quelques Bigoudens pour jouer un rôle dans le film? Pourquoi, selon Chabrol, les Bigoudens jouent-ils bien leurs rôles dans ce film?
7. Donnez des exemples qui montrent que Chabrol prend grand soin de rendre l'authenticité dans les petits détails.
8. Combien de temps a duré le tournage du film? Qu'est-ce que c'est que « la chienne du monde »? et l'Ankou? Qui seront les premiers à voir le film? Où? Quand?

Discussions

1. Donnez les noms de quelques films qui ont été basés sur des romans ou des pièces de théâtre. Est-ce que ces films sont fidèles aux intentions des écrivains? En quoi les films sont-ils différents des œuvres qui ont servi de modèles?
2. A votre avis quels ont été les trois ou quatre meilleurs films qui aient jamais été réalisés? Pourquoi? Discutez.
3. Quelles actrices, quels acteurs préférez-vous? Pourquoi?
4. Aimez-vous mieux les films comiques ou les films qui font pleurer? Pourquoi? Donnez des exemples.

Discussions et activités facultatives

1. Comparez les films américains à ceux de l'étranger. A votre avis, quel pays aujourd'hui produit les meilleurs films? Pourquoi? Donnez des exemples de bons films et de bons metteurs en scène.
2. Qu'est-ce qui vous pousse à aller voir un film? Parlez de la critique des films.
3. On dit quelquefois que les films d'un pays reflètent les attitudes sociales du peuple. En quoi cette opinion est-elle vraie? En quoi est-elle inexacte?

Croyez-vous que les films américains donnent une image authentique de la vie et de la mentalité américaines?

4. *Devinette:* Divisez la classe en deux équipes. Une équipe choisit le nom d'un acteur (une actrice). L'autre équipe pose au maximum vingt questions pour deviner le nom de cette personne.

Composition

Vous êtes critique de cinéma. Ecrivez votre appréciation d'un film récent.

10

L'Amitié

Première partie

Est-ce la solitude de l'aviateur, la lutte constante avec les éléments et la matière, le surpassement de soi, ou bien tout simplement l'inspiration d'un ciel étoilé qui donnent à Saint-Exupéry un sens et un respect plus profonds de la valeur humaine? Pourtant, qu'ils vivent sur terre ou traversent le ciel, ces aviateurs—êtres faibles ou forts—ces « Robineau » ou ces « Rivière » ont en commun un même désir, un même besoin, une même nécessité: la chaleur des liens fraternels.

Les extraits suivants de Vol de Nuit *d'Antoine de Saint-Exupéry, transportent le lecteur à l'époque des pionniers de l'aviation. Les compagnies de navigation aérienne doivent prouver que leurs avions sont plus rapides et plus efficaces que les autres moyens de transport.*

Nos personnages: Rivière, responsable du réseau,° attend régulièrement l'arrivée à Buenos Aires des trois avions postaux de la Patagonie,[1] du Chili et du Paraguay; Robineau, inspecteur d'aviation; Pellerin, pilote, revient avec succès d'un vol du Chili qui a présenté quelques difficultés; le pilote du courrier d'Europe. (Celui-ci n'est jamais nommé dans le roman.) Dans la scène suivante, Robineau et Pellerin se dirigent vers la ville (Buenos Aires) en voiture.

réseau: ici, centre des lignes aériennes

Vol de nuit

Or, Robineau ce soir était las.° Il venait de découvrir, en face de Pellerin vainqueur, que sa propre vie était grise. Il venait surtout de découvrir que lui, Robineau, malgré son titre d'inspecteur et son autorité, valait moins que cet homme rompu de fatigue, tassé° dans l'angle de la voiture, les yeux clos et les mains noires d'huile. Pour la première fois Robineau admirait. Il avait besoin de le dire. Il avait besoin surtout de gagner une amitié. Il était las de son voyage et de ses échecs° du jour, peut-être se sentait-il même un peu ridicule. Il s'était embrouillé,° ce soir, dans ses calculs en vérifiant les stocks d'essence, et l'agent même qu'il désirait surprendre, pris de pitié, les avait achevés pour lui. Mais surtout il avait critiqué le montage° d'une pompe à huile du type B. 6, la confondant avec une pompe à huile du type B. 4, et les mécaniciens sournois° l'avaient laissé flétrir° pendant vingt minutes « une ignorance que rien n'excuse », sa propre ignorance...

las: fatigué

tassé: pressé

échecs: insuccès

s'était embrouillé: avait perdu le fil de ses idées

montage: assemblage

sournois: qui cachent ce qu'ils pensent / **flétrir:** déshonorer

[1] **Patagonie:** région au sud de l'Argentine et du Chili.

Il hasarda, pour se rapprocher de Pellerin:

« Voulez-vous dîner avec moi? J'ai besoin d'un peu de conversation, mon métier est quelquefois dur... »

Puis corrigea pour ne pas descendre trop vite:

« J'ai tant de responsabilités! »

Ses subalternes° n'aimaient guère mêler Robineau à leur vie privée. Chacun pensait:

subalternes: inférieurs, subordonnés

« S'il n'a encore rien trouvé pour son rapport, comme il a très faim, il me mangera. »

Mais Robineau, ce soir, ne pensait guère qu'à ses misères: le corps affligé d'un gênant eczéma, son seul vrai secret, il eût° aimé le raconter, se faire plaindre, et ne trouvant point de consolations dans l'orgueil, en chercher dans l'humilité.

eût: aurait

(Lors de son dernier vol le pilote du courrier d'Europe a eu des problèmes et a fait demi-tour.° Il est reçu dans le bureau de Rivière.)

a fait demi-tour: est revenu

Rivière le reçoit:

« Vous m'avez fait une blague, à votre dernier courrier. Vous m'avez fait demi-tour quand les météos° étaient bonnes: vous pouviez passer. Vous avez eu peur?»

météos: rapports sur les phénomènes atmosphériques

Le pilote surpris se tait. Il frotte° l'une contre l'autre, lentement, ses mains. Puis il redresse la tête, et regarde Rivière bien en face:

frotte: frictionne

« Oui. »

Rivière a pitié, au fond de lui-même, de ce garçon si courageux qui a eu peur. Le pilote tente de s'excuser.

« Je ne voyais plus rien. Bien sûr, plus loin ... peut-être ... la T.S.F.° disait... Mais ma lampe de bord° a faibli, et je ne voyais plus mes mains. J'ai voulu allumer ma lampe de position° pour au moins voir l'aile:° je n'ai rien vu. Je me sentais au fond d'un grand trou dont il était difficile de remonter. Alors mon moteur s'est mis à vibrer.

T.S.F.: radio / **lampe de bord:** lampe qui illumine les instruments
lampe de position: lampe au bout de l'aile
l'aile: partie de l'avion ou de l'oiseau qui leur sert à voler

—Non.

—Non?

—Non. Nous l'avons examiné depuis. Il est parfait. Mais on croit toujours qu'un moteur vibre quand on a peur.

—Qui n'aurait pas eu peur! Les montagnes me dominaient. Quand j'ai voulu prendre de l'altitude, j'ai rencontré de forts remous.° Vous savez quand on ne voit rien ... les remous... Au lieu de monter j'ai perdu cent mètres. Je ne voyais même plus le gyroscope, même plus les manomètres.° Il me semblait que mon moteur baissait de régime,° qu'il chauffait, que la pression d'huile tombait... Tout ça dans l'ombre, comme une maladie. J'ai été bien content de revoir une ville éclairée.

remous: tourbillons d'air

manomètres: appareil servant à mesurer le bon fonctionnement du moteur
baissait de régime: ralentissait

—Vous avez trop d'imagination. Allez. »

Et le pilote sort.

Rivière s'enfonce dans son fauteuil et passe la main dans ses cheveux gris.

« C'est le plus courageux de mes hommes. Ce qu'il a réussi ce soir-là est très beau, mais je le sauve de la peur... »

Puis, comme une tentation de faiblesse lui revenait:

« Pour se faire aimer, il suffit de plaindre. Je ne plains guère ou je le cache. J'aimerais bien pourtant m'entourer de l'amitié et de la douceur humaines. »

Vocabulaire

les pressions *(f.)*
les frustrations *(f.)*
le devoir
se servir de quelqu'un
être attiré(e) par quelqu'un
avoir confiance en quelqu'un
l'intérêt *(m.)*
le gain
l'amour-propre
être fidèle à
la compréhension, se comprendre
être compréhensif(-ve)
être loyal(e)
un manque de courage
avoir peur
une difficulté de communiquer
cacher ses vrais sentiments
se sentir vulnérable
craindre de ne pas être accepté(e)
perdre courage
créer et entretenir des liens
s'ouvrir à quelqu'un
se confier à
émuler
suivre l'exemple de
un modèle
imiter

Questions

1. A quelle époque se place l'action des extraits de Saint-Exupéry? Qui est Robineau? Qui est avec lui? Où sont-ils?
2. Donnez les préoccupations de Robineau. Comment se juge-t-il en contraste avec Pellerin? De quoi Robineau a-t-il besoin? Pourquoi?
3. Qu'est-ce qui est arrivé à Robineau pendant la journée? Comment Robineau cherche-t-il à être consolé? A votre avis, comment est Robineau comme chef?
4. Qui est Rivière? Pourquoi a-t-il un entretien avec le pilote du courrier d'Europe? Avec quoi Rivière confronte-t-il le pilote? Celui-ci a-t-il eu peur?
5. Décrivez la situation du pilote pendant son vol.
6. Comment Rivière se présente-t-il au pilote pendant la conversation? Quels

sont ses vrais sentiments à l'égard de son pilote? Pourquoi Rivière agit-il donc de la sorte?
7. Que se dit Rivière à propos de l'amitié? Qu'y a-t-il de commun entre Robineau et Rivière? En quoi sont-ils différents?

Discussions

1. Que cherchons-nous chez nos amis? Expliquez.
2. De quoi est-on responsable envers ses amis?
3. Avez-vous jamais éprouvé un penchant ou une sympathie pour quelqu'un sans l'exprimer? Pourquoi une amitié ne se développe-t-elle pas?
4. Que devons-nous faire pour garder nos amis? Avez-vous conservé l'amitié de votre meilleur(e) ami(e) du lycée? Pourquoi ou pourquoi pas?

Discussions et activités facultatives

1. L'amitié est-elle quelquefois une faiblesse? Expliquez.
2. Est-ce que l'admiration d'un ami aide à notre propre épanouissement? Expliquez.
3. Parlez des complexes d'infériorité dans le contexte de l'amitié. Indiquez ses manifestations, ses causes, ses remèdes.
4. Lisez (ou relisez) la conversation entre le petit prince et le renard dans *Le Petit Prince* de Saint-Exupéry. Préparez un résumé des conseils du renard sur l'amitié.

Deuxième partie

Dans La Peste, *roman d'Albert Camus, un fléau° (la peste), symbole du mal, condamne tous les habitants de la ville d'Oran en Algérie à l'exil, entraînant avec lui des sentiments de désespoir, d'amertume,° d'agressivité, d'égoïsme. « Chacun la porte en soi, la peste, » s'exclame Tarrou, un des personnages de ce roman; mais n'est-ce pas justement dans la lutte quotidienne de la vie, dans les efforts de volonté, que se gagnent les trésors les plus raffinés de l'intégrité, de l'amitié? En tout cas, c'est dans ce contexte de la souffrance physique et morale que s'épanouit° une amitié profonde:*

fléau: grande calamité

amertume: affliction

s'épanouit: s'ouvre

celle du Docteur Rieux et son ami Tarrou. Ils se retrouvent un soir sur une terrasse de la ville en face de la mer.

La Peste

Dans le ciel balayé° et lustré° par le vent, des étoiles pures brillaient et la lueur° lointaine du phare° y mêlait, de moment en moment, une cendre passagère.[1] La brise apportait des odeurs d'épices° et de pierre. Le silence était absolu.

balayé: nettoyé avec un balai / **lustré:** rendu brillant
lueur: lumière faible / **phare:** tour élevée portant une lumière pour guider les bateaux

« Il fait bon, dit Rieux, en s'asseyant. C'est comme si la peste n'était jamais montée là. »

Tarrou lui tournait le dos et regardait la mer.

« Oui, dit-il après un moment, il fait bon. »

Il vint s'asseoir auprès du docteur et le regarda attentivement. Trois fois, la lueur reparut dans le ciel. Un bruit de vaisselle° choquée monta jusqu'à eux des profondeurs de la rue. Une porte claqua dans la maison.

vaisselle: tout ce qui sert à l'usage de la table comme plats, etc.

« Rieux, dit Tarrou sur un ton très naturel, vous n'avez jamais cherché à savoir qui j'étais? Avez-vous de l'amitié pour moi?

—Oui, répondit le docteur, j'ai de l'amitié pour vous. Mais jusqu'ici le temps nous a manqué.

—Bon, cela me rassure. Voulez-vous que cette heure soit celle de l'amitié? »

Pour toute réponse, Rieux lui sourit.

« Eh bien, voilà... »

(Dans ce cadre, Tarrou éprouve le besoin de se confier à son ami Rieux. Il parle longuement de lui-même, explique sa conception de la vie. Rieux l'écoute, et lui explique la sienne.)

En terminant, Tarrou balançait sa jambe et frappait doucement du pied contre la terrasse. Après un silence, le docteur se souleva un peu et demanda si Tarrou avait une idée du chemin qu'il fallait prendre pour arriver à la paix.

« Oui, la sympathie... »

Le vent se levait à nouveau et Rieux sentit qu'il était tiède sur sa peau. Tarrou se secoua:

« Savez-vous, dit-il, ce que nous devrions faire pour l'amitié?

—Ce que vous voulez, dit Rieux.

—Prendre un bain de mer... »

(Ils se rendent en auto jusqu'à la plage.)

Ils se déshabillèrent. Rieux plongea le premier. Froides

---

[1] **cendre passagère:** La peste était devenue si grave qu'on était forcé de brûler les corps des victimes.

d'abord, les eaux lui parurent tièdes quand il remonta...

Pendant quelques minutes, ils avancèrent avec la même cadence et la même vigueur, solitaires, loin du monde, libérés enfin de la ville et de la peste. Rieux s'arrêta le premier et ils revinrent lentement, sauf à un moment où ils entrèrent dans un courant glacé. Sans rien dire, ils précipitèrent tous deux leur mouvement, fouettés° par cette surprise de la mer.

fouettés: battus

Habillés de nouveau, ils repartirent sans avoir prononcé un mot. Mais ils avaient le même cœur et le souvenir de cette nuit leur était doux. Quand ils aperçurent de loin la sentinelle de la peste,[2] Rieux savait que Tarrou se disait, comme lui, que la maladie venait de les oublier, que cela était bien, et qu'il fallait maintenant recommencer.°

recommencer: recommencer leur lutte contre la peste

Vocabulaire

passer par la souffrance
se purifier
sympathiser
avoir de la sympathie
prendre part à
participer à
partager
devenir conscient(e) de
le sacrifice
le dévouement, être dévoué(e)
savoir écouter
penser à l'autre
pouvoir pardonner à = oublier
s'ouvrir

prendre le temps
la personnalité
se méfier de = ne pas avoir confiance en
la méfiance, être méfiant(e)
la suspicion
être sur ses gardes
être superficiel(-lle), renfermé(e)
contrarier *s'opposer à, vexer*
fuire la réalité = quitter la réalité
éviter les problèmes = ne pas confronter les problèmes
être sur la défensive
juger sur l'apparence

Questions

1. Où sont Rieux et Tarrou? Comment est la nuit?
2. Pourquoi l'amitié de ces deux hommes n'a-t-elle pas pu s'exprimer? Selon Tarrou comment retrouve-t-on la paix?

---

[2] **sentinelle de la peste:** A cause de la peste, on a dû fermer les portes de la ville. Une sentinelle est postée pour empêcher les citoyens de s'échapper.

3. Qu'est-ce que Rieux et Tarrou décident de faire au nom de l'amitié? Décrivez cette expérience.
4. Pourquoi, à votre avis, ne se parlent-ils pas durant le bain de mer et le retour à la ville? Comment était le souvenir de cette nuit?

Discussions

1. Donnez votre réponse à la question suivante, posée dans l'introduction de cette leçon: « Mais n'est-ce pas justement dans la lutte quotidienne de la vie, dans les efforts de volonté, que se gagnent les trésors les plus raffinés de l'intégrité, de l'amitié? »
2. Est-ce qu'il y a des qualités fondamentales que nous devons posséder pour avoir des amis? Lesquelles?
3. Qu'est-ce que *la complicité?* Avez-vous déjà éprouvé ce sentiment dans vos relations avec les autres sans le vouloir? Expliquez.
4. Les généralisations sont à la fois vraies et fausses. Par exemple, on dit que les Américains se font des amis facilement et qu'ils ont beaucoup d'amis, mais que souvent ces amitiés sont superficielles. En contraste on dit que les Français se font des amitiés plus lentement et qu'ils n'ont d'ordinaire que deux ou trois amis, mais que ce sont de très bons amis. Qu'en pensez-vous? Y a-t-il des différences culturelles entre les deux pays qui pourraient expliquer ces tendances? Lesquelles? Décrivez la personne qui éprouve le besoin d'être toujours entourée d'amis. Décrivez la personne qui se contente de deux ou trois amis.

Discussions et activités facultatives

1. Commentez la citation suivante de Pascal: « J'ai dit souvent que tout le malheur des hommes vient d'une seule chose, qui est de ne savoir pas demeurer en repos, dans une chambre... On ne recherche les conversations et les divertissements des jeux que parce qu'on ne peut demeurer chez soi avec plaisir. » Pourrait-on dire la même chose des amitiés? Expliquez.
2. Il existe des groupes d'amis. Bien souvent nous avons tendance à nous identifier au groupe et à ne pas chercher les amitiés de ceux qui en sont exclus. Discutez.
3. Etes-vous ami(e) avec vos frères et vos sœurs? Que peut-on faire pour créer et garder des liens solides au sein de la famille?
4. Cherchez-vous quelquefois la solitude? Quand? Pourquoi?

Composition

Faites le portrait de l'ami(e) idéal(e).

Grammaire 5

Le subjonctif

Examen

A. Remplacez les tirets par la forme convenable du verbe.

1. Je crois que son prochain film (avoir) ____ une influence positive.
2. Croyez-vous que Jeanne (prendre) ____ part à la discussion demain?
3. Pendant qu'ils (regarder) ____ la télévision, Thérèse lisait.
4. Il vaudrait mieux que tu (avoir) ____ de l'amitié pour Marc.
5. On espère que la télévision (ne pas remplacer) ____ la lecture.
6. Je souhaite qu'ils (être) ____ compréhensifs.
7. Nous avons besoin de quelqu'un qui (savoir) ____ écrire un bon scénario.
8. Il faudrait que vous (devenir) ____ conscients de son problème.
9. C'est le meilleur film que je (voir) ____ l'année dernière.
10. Je regrette que tu (ne pas aller) ____ voir ce film hier.
11. Pour que nous (pouvoir) ____ bien jouer nos rôles, expliquez-nous comment faire.
12. Je suis heureux que vous (pouvoir) ____ voir cette émission hier soir.
13. Je t'aiderai pourvu que tu (faire) ____ un effort toi-même.
14. Je suis sûr que le film (être) ____ fidèle aux intentions de l'auteur.

B. Traduisez.

1. I want him to write a good dialogue.
2. Let him write a good description, too.
3. I know he'll write a good script.

Vérification

A. 1. aura 2. prenne 3. regardaient 4. aies 5. ne remplacera pas 6. soient 7. sache 8. deveniez 9. j'aie vu 10. ne sois pas allé(e) 11. puissions 12. ayez pu 13. fasses 14. sera

B. 1. Je veux qu'il écrive un bon dialogue. 2. Qu'il écrive une bonne description aussi. 3. Je sais qu'il écrira un bon scénario.

Notes grammaticales

1. Review the forms of the subjunctive in the Appendix. (In this lesson only the present and past subjunctive [*passé du subjonctif*] forms will be studied.)
2. The subjunctive mood is used mostly in subordinate clauses introduced by **que.** However, all clauses introduced by **que** do not require the use of the subjunctive. In fact most clauses beginning with **que** have verbs in the indicative mood. Compare:

   Je veux que tu sois dévoué à ton travail. *(subjunctive)*
   Je sais que tu seras loyal. *(indicative)*

3. The subjunctive is used when the main clause expresses necessity, doubt, preference, a request, a wish, desire, joy, sorrow, fear, anger, shame, possibility, regret, or other emotions:

   Il faut que vous ayez pitié de lui.
   Je doute qu'elle puisse jouer ce rôle.
   Nous préférons que tu prennes part à ces activités.
   Il demande que nous gardions des liens solides.
   Il se peut que nous devenions collaborateurs.
   Je regrette qu'ils ne sachent pas que nous avons de l'amitié pour eux.

   Note that **espérer** *(to hope)* governs the indicative in a following **que** clause:

   J'espère que tu viendras avec les autres.

4. When the verb in the main clause expresses certainty, strong probability, or belief, the verb in the subordinate clause is in the indicative. However, **être sûr, être probable, croire, penser,** etc., stated in the negative or interrogative in main clauses may suggest doubt; then the verb of the subordinate clause is in the subjunctive. Compare:

   Je suis sûr qu'il réussira. *(indicative)*
   Je ne suis pas sûr que ce film réussisse. *(subjunctive)*

   Il est probable qu'ils iront à la plage avec nous. *(indicative)*
   Est-il probable qu'ils aillent au Chili? *(subjunctive)*

   Elle croit que nous aimerons cette émission. *(indicative)*
   Elle ne croit pas que nous l'aimions. *(subjunctive)*

   Je pense que vous vous comprendrez. *(indicative)*
   Pensez-vous que vous vous compreniez? *(subjunctive)*

5. Use the subjunctive in a **que (qui)** clause preceded by a superlative, **le (la) seul(e), le (la) premier(-ère),** or **le (la) dernier(-ère):**

   C'est l'homme le plus courageux que j'aie.
   Marc est le seul, je crois, qui sache son rôle.

6. Use the subjunctive in a **que (qui)** clause when the existence of the antecedent is doubted or questioned:

   Je cherche quelqu'un qui puisse faire ce travail.

Je cherche un cinéma qui ne soit pas trop loin de mon hôtel.

7. The subjunctive is used after certain conjunctions: **pour que** *(in order that),* **afin que** *(so that),* **à moins que** *(unless),* **avant que** *(before),* **bien que** *(although),* **quoique** *(although),* **jusqu'à ce que** *(until),* **sans que** *(without),* **de peur que** *(for fear that),* **pourvu que** *(provided that):*

    Le metteur en scène veille à l'authenticité des détails pour que le ton du film soit vrai.

    Bien qu'elle éprouve un besoin de se confier, elle aura peur de s'ouvrir.

    Note that **que** is sometimes used in place of **jusqu'à ce que** with the verb **attendre.** Compare:

    J'attendrai **jusqu'à ce que** tu finisses.
    J'attendrai **que** tu n'aies plus peur.

8. **Ne** is sometimes used alone without negative force in the following instances:

    a. After **à moins que:**

    A moins que le metteur en scène **n**'ait confiance en moi, je ne jouerai pas le rôle. *Unless the director has confidence in me, I won't play the role.*

    b. After **avant que:**

    Avant que tu **ne** sois arrivé, ils étaient déjà partis. *Before you arrived, they had already left.*

    c. After verbs indicating fear:

    J'ai peur que l'acteur **ne** soit en retard. *I'm afraid the actor will be late.*

    d. After comparatives:

    Cette vedette est plus belle que je **ne** le pensais. *This movie star is more beautiful than I thought.*

9. When the subject of both main and surbordinate clauses would be the same, use the infinitive instead of a clause with the subjunctive. Compare:

    Nous regrettons que tu n'aies pas le temps de voir cette émission.
    Nous regrettons de ne pas avoir le temps de la voir.

    Mon père préfère que je reste ici.
    Mon père préfère rester ici.

    In like manner, you may replace a conjunction followed by a clause in the subjunctive with a corresponding preposition and infinitive. Compare:

    Pour qu'il ait le temps de préparer son rôle, il arrive quelques heures en avance.

    Pour avoir le temps de préparer son rôle, il arrive quelques heures en avance.

    Afin que vous soyez son ami, vous devriez essayer de le comprendre.
    Afin d'être son ami, vous devriez essayer de le comprendre.

    Avant que tu ne le voies, tu pourras regarder son dossier.
    Avant de le voir, tu pourras regarder son dossier.

10. In general, it is preferable to avoid using the subjunctive whenever possible. Compare:

    J'attendrai que vous arriviez.
    J'attendrai votre arrivée

    Avant que tu ne sois parti, il avait déjà neigé ici.
    Avant ton départ, il avait déjà neigé ici.

11. English *He wants me to...*, *I want them to...*, etc. require the use of the subjunctive as follows:

    My parents want me to finish my studies. Mes parents veulent que je finisse mes études.

    I want you to be sensitive to her needs. Je veux que tu sois sensible à ses besoins.

12. The present subjunctive expresses present or future time. (There is no future subjunctive.) The past subjunctive (passé du subjonctif) expresses completed action. Compare:

    Je regrette que le décor soit en désaccord avec le reste du film. *I regret that the decor* (setting) *is* (will be) *in disharmony with the rest of the film.*

    Je regrette que le scénario ait été mauvais. *I regret that the script was bad.*

13. A third person imperative may be expressed by using the present subjunctive in the following way:

    Que Solange joue ce rôle. *Let Solange play this role.*
    Qu'elle soit attentive. *Let her be attentive.*
    Qu'elle voie cette représentation. *Let her see this performance.*

11

Visites et impressions

Première partie

On le dit souvent: le monde est petit et on peut facilement se permettre de voyager, même dans les pays lointains. Consciemment ou sans le savoir, on se forge des attitudes à l'égard des endroits et des habitants de la région ou du pays visité. C'est le cas de l'Anglais, Major William Marmaduke Thompson, personnage inventé par l'humoriste Pierre Daninos dans son livre, Les Carnets du Major Thompson. *Le Major, très sympathique observateur, partage avec nous ses réflexions, à la fois pénétrantes et satiriques, à propos de la France et des Français. En définissant le Français typique, il donne aussi le portrait de l'Anglais prototype.*

Qu'est-ce qu'un Français?

Dans le secret de son cabinet de Harley Street, un de mes amis, réputé chirurgien° du cerveau,° ouvrit un jour un Anglais.

Il y aperçut d'abord un cuirassé° de Sa Majesté, puis un imperméable, une couronne royale, une tasse de thé, un dominion, un policeman, le règlement du Royal and Ancient Golf Club de St. Andrews, un Coldstream guard, une bouteille de whisky, la Bible, l'horaire du Calais-Méditerranée, une nurse du Westminster Hospital, une balle de cricket, du brouillard, un morceau de terre sur lequel le soleil ne se couchait jamais et, tout au fond de son subconscient tapissé de séculaire gazon,° un chat à neuf queues et une écolière en bas noirs.

Moins épouvanté° que conscient d'avoir commis une regrettable indiscrétion, il ne fit appel ni à Scotland Yard ni à la Brigade du Vice: il referma. Et il fut obligé de convenir que tout cela faisait un réellement bon Anglais.*

Je me suis souvent demandé ce que mon ami trouverait s'il ouvrait un Français.**

chirurgien: qui fait les opérations médicales / **cerveau:** matière nerveuse dans le crâne
cuirassé: navire, bateau de guerre
gazon: herbe courte
épouvanté: effrayé, terrifié

---

*Le traducteur, au risque de choquer certains puristes par des tournures de phrase peu françaises ou des anglicismes, s'est attaché, dans toute la mesure du possible, à conserver au texte du Major Thompson son parfum, il allait dire son *flavour,* en s'en tenant à la traduction littérale. En l'occurrence: *a really good Englishman.* (Note du traducteur).

**Une Sud-Africaine, ayant appris par son journal la question que se posait le

By Jove!... Comment définir un Français?

La rituelle définition du Français qui mange du pain, ne connaît pas la géographie et porte la Légion d'honneur[1] n'est pas tout à fait inexacte (quoique la Légion d'honneur, lorsqu'on s'approche de très près, ne soit parfois que le Ouissam Alaouite.)°

Mais elle est insuffisante.

Je suis effrayé à la pensée*** que si mon ami ouvrait un Français il tomberait, saisi de vertige devant un abîme° de contradictions.

Vraiment... Comment définir ces gens qui passent leur dimanche à se proclamer républicains et leur semaine à adorer la Reine d'Angleterre, qui se disent modestes, mais parlent toujours de détenir le flambeau° de la civilisation, qui font du bon sens un de leurs principaux articles d'exportation, mais en conservent si peu chez eux qu'ils renversent° leurs gouvernements à peine debout, qui placent la France dans leur cœur, mais leurs fortunes à l'étranger, qui sont ennemis des Juifs en général, mais ami intime d'un Israélite en particulier, qui adorent entendre leurs chansonniers tourner en dérision les culottes de peau,° mais auxquels le moindre coup de clairon donne une jambe martiale,[2] qui détestent que l'on critique leurs travers,° mais ne cessent de les dénigrer eux-mêmes, qui se disent amoureux des lignes, mais nourrisent une affectueuse inclination pour la tour Eiffel, qui admirent chez les Anglais l'ignorance du « système D »,[3] mais se croiraient ridicules s'ils déclaraient au fisc° le montant exact de leurs revenus, qui se gaussent° des histoires écossaises, mais essaient volontiers d'obtenir un prix inférieur au chiffre marqué, qui s'en réfèrent complai-

Ouissam Alaouite: décoration militaire marocaine

abîme: profondeur sans limite

flambeau: torche

renversent: font tomber

culottes de peau: vieux soldats

travers: défauts

fisc: administration chargé de la perception des impôts

se gaussent: se moquent

Major, a écrit au *Natal Daily News* de Durban, qui a publié, le 20 janvier 1954, l'étrange récit-résponse que voici:

« Je connais le chirurgien dont il est question et puis confirmer les révélations du Major: j'étais la nurse et je vis retirer° les différents objets... Ce que le Major ne dit pas, c'est que le chirurgien était Français; et ce qu'il ne sait pas, c'est que je tombai amoureuse de lui. Or un jour il dut être opéré lui-même du cerveau. A l'étonnement général, lorsque son crâne fut ouvert, on trouva dix-neuf ex-présidents du Conseil, trois danseuses des Folies-Bergère, une demi-boîte de camembert avancé, une ligne Maginot entièrement terminée, sans parler de plusieurs camions emplis de francs dévalués. »

***Même remarque que précédemment. Le Major écrit: *« I am alarmed by the thought... »* Tournure de phrase appartenant à la même espèce que le fameux *I'm afraid* ... si prisé° des Anglais: quand, par exemple, un Anglais sait très bien qu'il a oublié quelque chose, il dit qu'il a bien peur de croire qu'il l'a oublié. Et si une dame qui vient de voir son mari la quitter pour aller à son bureau doit répondre au téléphone pour lui, elle dira le plus souvent: *« I'm afraid he's out:* j'ai peur qu'il soit parti. » (Note du traducteur.)

retirer: prendre

prisé: estimé

[1] **Légion d'honneur:** Voir la note à la page 22.

[2] **jambe martiale:** goût des Français pour les parades militaires.

[3] **« système D »:** système de la débrouillardise, c'est-à-dire la capacité célèbre des Français pour se tirer d'affaire.

samment à leur Histoire, mais ne veulent surtout plus d'histoires, qui détestent franchir une frontière sans passer en fraude un petit quelque chose, mais répugnent à *n'être pas en règle,* qui tiennent avant tout à s'affirmer comme des gens « auxquels on ne la fait pas »,° mais s'empressent d'élire un député pourvu qu'il leur promette la lune, qui disent: « En avril, ne te découvre pas d'un fil »,° mais arrêtent tout chauffage° le 31 mars, qui chantent la grâce de leur campagne, mais lui font les pires injures meulières,° qui ont un respect marqué pour les tribunaux, mais ne s'adressent aux avocats que pour mieux savoir comment tourner la loi, enfin, qui sont sous le charme lorsqu'un de leurs grands hommes leur parle de leur *grandeur,* de leur *grande* mission civilisatrice, de leur *grand* pays, de leurs *grandes* traditions, mais dont le rêve est de se retirer, après une bonne *petite* vie, dans un *petit* coin tranquille, sur un *petit* bout de terre à eux, avec une *petite* femme qui, se contentant de *petites* robes pas chères, leur mitonnera° de bons *petits* plats et saura à l'occasion recevoir gentiment les amis pour faire une *petite* belote?°

auxquels ... pas: dont on ne se moque pas
ne ... fil: n'ôte pas tes vêtements chauds
chauffage: mécanisme pour chauffer un appartement ou une maison
injures meulières: ici, insultes grossières contre la dure réalité des travaux de la campagne
mitonnera: préparera
belote: jeu de cartes

Vocabulaire

porter un béret
une cigarette à la bouche
gesticuler = faire des gestes
boire du vin
le parfum, se parfumer
la cuisine raffinée
la tradition
une image
être choqué(e), offensé(e)
hausser les épaules *relever les épaules en signe de désintérêt*
éclater de rire = rire soudainement, avoir honte
se moquer de
accepter facilement, difficilement
apprécier
se désintéresser de ≠ s'intéresser à
se méfier de *ne pas avoir confiance en*
être méfiant(e)
mépriser ≠ estimer
le mépris = le dédain
se sentir dépaysé(e)
avoir le cafard = avoir le mal du pays
ne pas juger, ne pas faire de jugements

Questions

1. De quelle nationalité est le Major Thompson? Quel pays et quel peuple décrit-il dans ses carnets? Selon lui, qu'est-ce qu'on a trouvé dans le cerveau d'un Anglais?

2. Qui vérifie l'opération du cerveau de l'Anglais? Comment cette personne peut-elle confirmer ces choses? Quelle était la nationalité du chirurgien? Qu'est-ce qui lui est arrivé par la suite? Qu'est-ce qu'on a trouvé dans son cerveau?
3. Si on ouvrait le crâne d'un Américain, qu'est-ce qu'on trouverait, à votre avis? Qu'est-ce qu'on trouverait dans le cerveau d'un Russe? d'un Allemand? d'un Italien? etc.
4. Selon le Major, quelle est la rituelle définition du Français? Quel est le trait de caractère dominant que le Major Thompson voit chez les Français?

Discussions

1. Quelle était votre conception d'un Français avant de lire la description de Daninos?
2. Décrivez les images qui vous viennent à l'esprit quand on vous parle de la France.
3. Indiquez quelques contradictions chez les Français. En trouvez-vous chez les Américains? Lesquelles?
4. Un étranger (une étrangère) vous parle des Etats-Unis et des Américains et veut savoir les tendances générales d'un(e) Américain(e) typique. Qu'est-ce que vous allez lui dire?

Discussions et activités facultatives

1. On parle du « choc culturel » que peut ressentir un visiteur dans un pays étranger. Que peut-on faire pour éviter ou diminuer un tel choc et pour assurer un séjour à l'étranger plus agréable et profitable?
2. Avez-vous visité la France? Avez-vous ressenti un choc culturel? Dites ce que vous avez aimé, ce que vous n'avez pas aimé pendant votre séjour.
3. En vous servant de photos, de livres d'images ou de diapositives, décrivez un endroit que vous avez visité et que vous aimez.

Deuxième partie

Tous ceux qui visitent les Etats-Unis n'ont pas été charmés de leur séjour parmi nous. Ce n'est pas le cas de Colette (1873–1954), qui tout de suite a été éblouie du spectacle de New York où son mari, Maurice Goudeket, et elle ont passé trois journées délicieuses.

Visite à New York

Il y eut bien, tout de suite après l'arrivée, l'affaire de la douane et des bagages ... une petite affaire sans importance, en somme, quatre, ou cinq, ou six heures d'une confusion de malles° ouvertes, de valises béantes° sur de fragiles blouses de tulle,° sur des combinaisons° de crêpe-satin, dispersées par le vent de mer... Mais on me dit qu'il n'y avait rien là que d'habituel. Je n'en pris donc trop de souci, et je n'en conserve dans ma mémoire que le souvenir que garde un chat de la première pelote° de laine inextricable où il se trouva enchevêtré.° Mon mari et moi, nous finîmes par faire appel à la Providence d'abord, puis à un de ses envoyés, qui promit de nous apporter les bagages à l'hôtel. Le temps pressait, car nous étions conviés° le soir-même à un dîner de huit cents couverts,° présidé par Mme Lebrun[1] qui était du voyage, et par M. LaGuardia.[2] Le Waldorf-Astoria, trente-cinquième étage, la brise légère par les fenêtres, le panorama grisant° de la ville, la délicieuse eau glacée de New York ... j'allais de plaisir en plaisir, mais... Mais les bagages n'arrivaient pas. La nuit descend tard au mois de juin, mais elle vient tout de même, et New York sous mes yeux alluma sa parure° nocturne, ces feux, ces guirlandes,° ces monuments construits et soulignés par la lumière, ces disques tournoyants, ces lettres qui palpitent, la couleur du rubis flambant, du phosphore bleu et vert, le jaune solaire, un blanc pur au fond de la ville, qu'il fleurissait jusqu'au faîte° de ses chapiteaux,° je vous jure qu'il y eut ce soir-là, au trente-cinquième étage d'hôtel, deux Français qui ne marchandaient° pas leur admiration. Il n'était plus question de bagages, de robes du soir, de dîner de gala! En peignoir° de bain, penchée sur le bord de la fenêtre, je contemplai la féerie nocturne de New York, jusqu'à ce que le sommeil me prît.

Cette première infraction à un programme officiellement fixé me donna de mauvais conseils, que je suivis d'un cœur allègre. Mes trois jours francs° furents mieux que francs; il furent libres, à peu d'heures près. Non, je ne suis pas allée à un grand dîner littéraire. Non, je ne suis pas allée au banquet international des journalistes. Non, je n'ai pas été voir les musées de peinture. Oui, j'ai décliné l'honneur de visiter une splendide collection particulière. Qu'ai-je donc fait pendant ces trois jours? Rien, parfaitement rien. Ç'a été merveilleux. Rien que des choses inutiles, enfantines, dépouillées de toute° intellectualité. J'ai pris un taxi pour aller au diable° acheter des stylos—on trouve les mêmes à Paris, rue de Rivoli. J'ai passé trois heures dans le Woolworth

malles: grandes valises
béantes: grandes ouvertes / **tulle:** tissu léger et transparent
combinaisons: sous-vêtements féminins
pelote: balle
enchevêtré: embrouillé, confus, emmêlé
conviés: invités / **couverts:** tout ce dont on couvre une table pour manger
grisant: exaltant, étourdissant
parure: garniture / **guirlandes:** ornements de verdure et de fleurs
faîte: sommet / **chapiteaux:** parties sculptées qui forment les sommets des colonnes
marchandaient: calculaient
peignoir: vêtement que l'on porte uniquement chez soi
francs: entiers
dépouillées de toute: sans aucune
au diable: ici, très loin

[1] **Mme Lebrun:** femme du Président de la République.
[2] **M. LaGuardia:** maire de New York.

bazar—ma cabine, au retour, était pleine. Je suis allée dans un cinéma qui contient 6.000 places, voir un film anodin° de Mae West et 48 *girls* superbes, si pareilles l'une à l'autre qu'on pouvait croire qu'il n'y en avait qu'une. J'ai gravi° l'Empire State Building pour le plaisir de manger là-haut des *ice-cream soda* couleur de savon rose et de nous faire photographier, mon mari et moi, bras-dessus bras-dessous sur des cartes postales! Quelle école buissonnière!° L'air léger de New York me grisait. Je mangeais du canard frigorifié° sans m'en apercevoir. Vint trop tôt le dernier soir, justement le soir de ce grand dîner, très, très intellectuel... J'y pensais depuis le matin. Je pensais que je dînerais en compagnie de brillants cerveaux° de toutes les nations et que je devrais soutenir ma petite part du prestige littéraire français. Sur le coup de sept heures du soir, je sentis que j'allais faire de grandes choses. En effet j'entraînai° mon mari en bas des trente-cinq étages, nous montâmes dans un taxi et nous fîmes conduire au Central Park, en pleine poussière, en pleine belle fin d'après-midi. Quel bonheur, j'avais enfin découvert quelque chose de petit à New York: un tout petit Bois de Boulogne![3] Après quoi, nous nous replongeâmes dans le canard frigorifié et le cinéma, et nous rentrâmes à l'hôtel, à pied voluptueusement par Broadway multicolore. J'achetai tous les bonbons qu'on vend chez les pharmaciens et nous les mangeâmes assis au bord du trottoir en causant avec un chat. Mon mari crut devoir afficher° quelques remords au sujet de notre équipée,° je consultai son visage, il semblait parfaitement heureux...

Si je retourne à New York, je sais bien que des séductions plus humaines, plus réfléchies, me prendront le cœur. Mais c'est un cœur encore vaste et sensible que le mien, quand il s'agit d'aimer. Et rien n'empêchera que, certains soirs, je redeviendrai, ne fût-ce que par gratitude, la passante enchantée de flâner au gré° de ses pieds nus, poudrés de poussière, sous le joyeux incendie de Broadway, en mangeant des maïs éclatés, des bonbons à la menthe, et je mettrai encore à ma boutonnière un clip éclatant° acheté pour *ten cents* au bazar.

anodin: insignifiant

j'ai gravi: je suis montée

école buissonnière: aventure (On fait l'école bussionnière au lieu d'aller à l'école.)

frigorifié: conservé au froid

cerveaux: esprits

j'entraînai: j'emmenai

afficher: indiquer / **équipée:** escapade

flâner au gré: se promener sans but précis

éclatant: qui brille

Vocabulaire

la mentalité	décrire
exagérer	la vérité
fausser = tromper	vrai(e)
faire un portrait, une description	authentique

[3] **Bois de Boulogne:** grand bois à l'ouest de Paris.

faux(-sse)
la société
les mœurs = les traditions, les habitudes
une coutume
une habitude
une manière de...
une façon de...
être exigeant(e), naïf(-ve)
être attaché(e) à = tenir à
faire la connaissance de

Questions

1. Que doivent faire Colette et son mari tout de suite après leur arrivée à New York? Combien de temps dure cette affaire? Comment Colette réagit-elle devant cet inconvénient? A quoi compare-t-elle ce souvenir?
2. Quel inconvénient arrive-t-il ensuite à Colette et à son mari? Pourquoi étaient-ils pressés? Dans quel hôtel prennent-ils logement? A quel étage? Quelle est la réaction de Colette devant le panorama de New York? Quelle heure de la journée était-il? Comment Colette et Goudeket passent-ils cette première soirée à New York?
3. Quelle est la première infraction à leur programme fixé? Dites ce que Colette n'a pas fait à New York. Indiquez comment elle a passé son temps.
4. Comment Colette et Goudeket passent-ils de dernier soir à New York? Qu'est-ce qu'ils devaient faire ce soir-là? A qui (A quoi) parlent-ils en mangeant des bonbons?
5. Comment est le cœur de Colette?
6. Comment Colette passera-t-elle son temps la prochaine fois qu'elle reviendra à New York?
7. D'après cette lecture, comment trouvez-vous Colette?

Discussions

1. Aimez-vous voyager? Qu'est-ce qui pousse à faire des voyages? Quels pays voudriez-vous visiter? Pourquoi?
2. Racontez et discutez vos premières impressions d'une grande ville que vous connaissez.
3. Préférez-vous voyager avec ou sans itinéraire? Pourquoi? Par quel moyen de transport aimez-vous voyager et dans quelles circonstances? Expliquez.
4. Résumez quelques différences et similarités entre les Français et les Américains que vous avez remarquées dans vos lectures, vos visites, etc. Discutez votre liste avec les autres étudiants de la classe.

Discussions et activités facultatives

1. A travers le monde, le mode de vie américain est surtout représenté par les films diffusés à l'étranger. Pensez-vous qu'en général ils reflètent la vie et la mentalité américaines? Discutez.

2. En France, on dit parfois des Américains qu'ils sont « de grands enfants ». Pourquoi, à votre avis, dit-on cela? Que vous inspire cette réflexion?
3. Croyez-vous que l'on donne plus d'importance aux enfants dans la société américaine qu'en France?
4. Vous allez passer une semaine à Paris. Organisez votre visite. Comparez et discutez votre programme avec les autres étudiants de la classe.

Composition

Description d'un voyage ou d'une visite que vous avez fait.

12

Le Rire

Première partie

L'univers: ensemble infini qui s'équilibre d'oppositions, tableau grandiose, incompréhensible qui appelle la méditation. Placée dans cet univers il y a notre planète, rouge du sang des hommes, lasse de leurs folies, lourde de leurs fausses philosophies. Et puis il y a l'homme: héros ou martyre, acteur ou spectateur, il participe ou assiste à la scène de la vie. Car l'être humain seul possède cette capacité pour peindre le tableau de l'univers en couleurs plus nettes. Cette capacité peut prendre la forme d'une détente° ... le rire. Mais le rire est-il seulement une détente?

détente: relâchement, relaxation

Nous allons donc commencer par être théoriciens en réfléchissant avec Henri Bergson sur la signification du comique; puis nous nous détendrons et, en spectateurs, assisterons à une scène de Molière, un des souverains du rire.

« Très haute, très pure, très supérieure figure de l'homme pensant ... toute la ressource du génie de M. Bergson. Il sait emprunter° à la poésie ses armes enchantées. » (Paul Valéry) Henri Bergson est un philosophe du XXe siècle, mais aussi un poète. Son essai sur le rire paraît en 1900. Il s'y propose d'analyser la signification et les causes du comique en distinguant le comique des mouvements, de situation, de mots et enfin le plus important, de caractère.

emprunter: prendre

Nous rions chaque fois qu'un spectacle nous donne une idée de raideur,° de mécanique; pour Henri Bergson, le comique est d'ailleurs « du mécanique plaqué sur du vivant. » Le rire est en premier lieu une réaction de détente; mais il devient bien vite l'attitude plus orgueilleuse de celui qui rit pour « intimider en humiliant ».

raideur: rigidité

L'extrait suivant groupe les premières pages du livre de Bergson.

Le Rire

Que signifie le rire? Qu'y a-t-il au fond du risible?° Que trouverait-on de commun entre une grimace de pitre,° un jeu de mots, un quiproquo° de vaudeville, une scène de fine comédie? Quelle distillation nous donnera l'essence, toujours la même, à laquelle tant de produits divers empruntent ou leur indiscrète odeur ou leur parfum délicat? Les plus grands penseurs, depuis Aristote, se sont attaqués à ce petit problème, qui toujours se dérobe° sous l'effort, glisse,° s'échappe, se redresse,° impertinent défi jeté à la spéculation philosphique.

risible: ce qui fait rire
pitre: clown
quiproquo: expression qui fait prendre une chose pour une autre
se dérobe: se cache
glisse: passe / **se redresse:** revient

Notre excuse, pour aborder le problème à notre tour, est que nous ne viserons pas à enfermer la fantaisie comique dans une définition. Nous voyons en elle, avant tout, quelque chose de vivant. Nous la traiterons, si légère soit-elle, avec le respect qu'on doit à la vie...

Voici le premier point sur lequel j'appellerai l'attention. Il n'y a pas de comique en dehors de ce qui est proprement *humain.* Un paysage pourra être beau, gracieux, sublime, insignifiant ou laid; il ne sera jamais risible. On rira d'un animal, mais parce qu'on aura surpris chez lui une attitude d'homme ou une expression humaine. On rira d'un chapeau; mais ce qu'on raille° alors, ce n'est pas le morceau de feutre° ou de paille,° c'est la forme que des hommes lui ont donnée, c'est le caprice humain dont il a pris le moule.° Je me demande comment un fait aussi important, dans sa simplicité, n'a pas fixé davantage l'attention des philosophes. Plusieurs ont défini l'homme « un animal qui sait rire ». Ils auraient aussi bien pu le définir un animal qui fait rire, car si quelque autre animal y parvient,° ou quelque objet inanimé, c'est toujours par une ressemblance avec l'homme, par la marque que l'homme y imprime ou par l'usage que l'homme en fait.

ce qu'on raille: ce dont on se moque
feutre: étoffe dont on fait des chapeaux / **paille:** tige des graines
moule: forme
y parvient: provoque le rire

Je voudrais signaler maintenant, comme un symptôme non moins digne de remarque, l'*insensibilité* qui accompagne d'ordinaire le rire. Il semble que le comique ne puisse produire son ébranlement° qu'à la condition de tomber sur une surface d'âme bien calme, bien unie. L'indifférence est son milieu naturel. Le rire n'a pas de plus grand ennemi que l'émotion. Je ne veux pas dire que nous ne puissions rire d'une personne qui nous inspire de la pitié, par exemple, ou même de l'affection: seulement alors, pour quelques instants, il faudra oublier cette affection, faire taire cette pitié. Dans une société de pures intelligences on ne pleurerait probablement plus, mais on rirait peut-être encore; tandis que des âmes invariablement sensibles, accordées à l'unisson° de la vie, où tout événement se prolongerait en résonance sentimentale, ne connaîtraient ni ne comprendraient le rire. Essayez, un moment, de vous intéresser à tout ce qui se dit et à tout ce qui se fait, agissez, en imagination, avec ceux qui agissent, sentez avec ceux qui sentent, donnez enfin à votre sympathie son plus large épanouissement:° comme sous un coup de baguette magique vous verrez les objets les plus légers prendre du poids, et une coloration sévère passer sur toutes choses. Détachez-vous maintenant, assistez à la vie en spectateur indifférent: bien des drames tourneront à la comédie. Il suffit que nous bouchions° nos oreilles au son de la musique, dans un salon où l'on danse, pour que les danseurs nous paraissent aussitôt ridicules. Combien d'actions humaines résisteraient à une épreuve de ce genre? et ne verrions-nous pas beaucoup d'entre elles passer tout à coup du grave au plaisant, si nous les isolions de la musique de sentiment qui les accompagne? Le comique exige donc enfin, pour produire tout son effet, quelque chose comme

ébranlement: choc
unisson: harmonie
épanouissement: action de s'ouvrir
bouchions: fermions

une anesthésie momentanée du cœur. Il s'adresse à l'intelligence pure.

Seulement, cette intelligence doit toujours rester en contact avec d'autres intelligences. Voilà le troisième fait sur lequel je désirais attirer l'attention. On ne goûterait pas le comique si l'on se sentait isolé. Il semble que le rire ait besoin d'un écho. Ecoutez-le bien: ce n'est pas un son articulé, net, terminé; c'est quelque chose qui voudrait se prolonger en se répercutant de proche en proche, quelque chose qui commence par un éclat° pour se continuer par des roulements, ainsi que le tonnerre dans la montagne. Et pourtant cette répercussion ne doit aller à l'infini. Elle peut cheminer à l'intérieur d'un cercle aussi large qu'on voudra; le cercle n'en reste pas moins fermé. Notre rire est toujours le rire d'un groupe...

éclat: explosion

Pour comprendre le rire, il faut le replacer dans son milieu naturel, qui est la société, il faut surtout en déterminer la fonction utile, qui est une fonction sociale. Telle sera, disons-le dès maintenant, l'idée directrice de toutes nos recherches. Le rire doit répondre à certaines exigences de la vie en commun. Le rire doit avoir une signification sociale.

Vocabulaire

la maladresse *l'état d'être maladroit(e)*

être maladroit(e) = être gauche, malhabile

le quiproquo *l'acte de faire prendre une chose pour une autre*

le jeu de mots

une plaisanterie = une blague

le spectateur(-trice)

le spectacle

la circonstance

rire de bon cœur = rire sans se forcer

la satire, satirique

Voir aussi le vocabulaire de la cinquième leçon.

Questions

1. Qui est Henri Bergson? Selon Henri Bergson, quelles formes le comique prend-il? De ces formes, laquelle est la plus importante?
2. Depuis quand les penseurs essaient-ils de définir le rire? Selon l'auteur, est-ce facile de trouver les définitions du comique? Est-ce que Bergson va essayer de trouver une définition du rire?
3. Quel est le premier point de l'auteur sur le comique? Pourquoi rit-on d'un animal ou d'un chapeau? Comment plusieurs philosophes ont-ils défini l'homme? Qu'est-ce que Bergson ajouterait à cette définition de l'homme?
4. Selon l'auteur, de quoi le rire est-il accompagné d'ordinaire? Quel est le plus grand ennemi du rire? Pourquoi? Dans quelles conditions arrive-t-on à rire de quelqu'un pour qui on a de la pitié ou même de l'affection?

5. Dans quelle sorte de société ne pleurerait-on probablement pas? Quelle société ne connaîtrait ni comprendrait le rire? Selon l'auteur, que faut-il faire pour que les objets ou les situations les plus légers, les plus comiques prennent du poids, du sérieux? Que faut-il faire pour que les drames tournent à la comédie?
6. Quel est le troisième point de l'auteur sur le comique? A quel phénomène de la nature l'auteur compare-t-il ce point? Croyez-vous que le rire ait toujours une fonction sociale? Expliquez.

Discussions

1. Pensez aux films et aux pièces que vous connaissez et donnez des exemples du comique de mouvements, de situation, de mots et de caractère.
2. Etes-vous d'accord avec Henri Bergson sur les trois points indiqués dans le passage? Pourquoi? Pourquoi pas?
3. Quelles émissions comiques, quels comédiens, quelles comédiennes, à la télévision aimez-vous? Expliquez pourquoi ils vous font rire.
4. Quelles bandes dessinées préférez-vous? Pourquoi? Analysez-les selon la théorie d'Henri Bergson.

Discussions et activités facultatives

1. Racontez une situation où les autres ont ri de vous. Vous êtes-vous senti(e) humilié(e)? Avez-vous ri avec eux?
2. Vous arrive-t-il de rire de vous-même? Dans quelles situations?
3. *Supposons:* Vos amis rient de vos idées, de votre attitude, de vos habits, de votre mode de vie. Pourquoi rient-ils? Est-ce que leurs moqueries vous feraient changer?
4. Cherchez dans des journaux, des magazines et des revues des bandes dessinées que vous apporterez en classe pour partager avec les autres. Vous expliquerez pourquoi elles vous font rire.
5. Créez vous-même une bande dessinée que vous apporterez en classe pour qu'elle puisse être appréciée par les autres étudiants.

Deuxième partie

Au XVIIe siècle en France, les acteurs étaient habituellement excommuniés de l'Eglise, abandonnés par leurs familles. Mais Molière, bien que provenant d'un milieu de bourgeoisie aisée, a la passion du théâtre depuis sa jeunesse. Pendant douze ans il parcourt la province avec sa troupe. Ses *nombreux voyages lui donnent l'occasion de connaître et d'observer la nature humaine sous ses aspects les plus variés. Il puise dans° cette richesse pour composer les comédies célèbres que nous connaissons, comédies qui à l'époque furent réprésentées à la cour du roi Louis XIV. Molière utilise toutes les ressources du comique: quiproquos, jeux de mots, jeux de gestes et de mouvement, mais surtout caricature des personnages. Il se moque beaucoup des médecins de son temps, comme nous pourrons voir dans le passage suivant.*

Dans Le Malade imaginaire, *Argan se croit malade et s'entoure de médecins. Il s'oppose au mariage de sa fille avec son amant; il veut la marier à un médecin! L'extrait suivant est tiré du troisième acte de la pièce. M. Fleurant, apothicaire d'Argan, arrive pour faire prendre un lavement° à Argan. Les autres personnages: Béralde, frère d'Argan; Toinette, servante d'Argan; M. Purgon, son médecin.*

puise dans: se sert de

lavement: injection d'un liquide dans le gros intestin

Le Malade imaginaire

Scène IV *MONSIEUR FLEURANT, une seringue à la main; ARGAN, BERALDE.*

ARGAN —Ah! mon frère, avec votre permission.

BERALDE —Comment! que voulez-vous faire?

ARGAN —Prendre ce petit lavement-là, ce sera bientôt fait.

BERALDE —Vous vous moquez. Est-ce que vous ne sauriez être un moment sans lavement ou sans médecine? Remettez cela à une autre fois, et demeurez un peu en repos.

ARGAN —Monsieur Fleurant, à ce soir ou à demain au matin.

MONSIEUR FLEURANT (à Béralde) —De quoi vous mêlez-vous de vous opposer aux ordonnances de la médecine et d'empêcher Monsieur de prendre mon clystère?° Vous êtes bien plaisant d'avoir cette hardiesse-là!

clystère: lavement

BERALDE —Allez, Monsieur; on voit bien que vous n'avez pas accoutumé de parler à des visages.

MONSIEUR FLEURANT —On ne doit point ainsi se jouer des remèdes et me faire perdre mon temps. Je ne suis venu ici que sur une bonne ordonnance, et je vais dire à Monsieur Purgon comme on m'a empêché d'exécuter ses ordres et de faire ma fonction. Vous verrez, vous verrez...

ARGAN —Mon frère, vous serez cause ici de quelque malheur.

BERALDE —Le grand malheur de ne pas prendre un lavement que Monsieur Purgon a ordonné! Encore un coup, mon frère, est-il possible qu'il n'y ait pas moyen de vous guérir de la maladie des médecins, et que vous vouliez être toute votre vie enseveli° dans leurs remèdes?

enseveli: enterré

ARGAN —Mon Dieu, mon frère, vous en parlez comme un homme

qui se porte bien; mais, si vous étiez à ma place, vous changeriez bien de langage. Il est aisé de parler contre la médecine quand on est en pleine santé.

BERALDE —Mais quel mal avez-vous?

ARGAN —Vous me feriez enrager. Je voudrais que vous l'eussiez, mon mal, pour voir si vous jaseriez° tant. Ah! voici monsieur Purgon.

jaseriez: critiqueriez

Scène V MONSIEUR PURGON, ARGAN, BERALDE, TOINETTE

MONSIEUR PURGON —Je viens d'apprendre là-bas, à la porte, de jolies nouvelles: qu'on se moque ici de mes ordonnances, et qu'on a fait refus de prendre le remède que j'avais prescrit.

ARGAN —Monsieur, ce n'est pas...

MONSIEUR PURGON —Voilà une hardiesse° bien grande, une étrange rébellion d'un malade contre son médecin.

hardiesse: affront

TOINETTE —Cela est épouvantable.

MONSIEUR PURGON —Un clystère que j'avais pris plaisir à composer moi-même.

ARGAN —Ce n'est pas moi.

MONSIEUR PURGON —Inventé et formé dans toutes les règles de l'art.

TOINETTE —Il a tort.

MONSIEUR PURGON —Et qui devait faire dans les entrailles un effet merveilleux.

ARGAN —Mon frère...

MONSIEUR PURGON —Le renvoyer avec mépris!°

mépris: dédain

ARGAN —C'est lui...

MONSIEUR PURGON —C'est une action exorbitante.

TOINETTE —Cela est vrai.

MONSIEUR PURGON —Un attentat° énorme contre la médecine.

attentat: acte rebelle

ARGAN —Il est cause...

MONSIEUR PURGON —Un crime de lèse-Faculté° qui ne se peut assez punir.

lèse-Faculté: attentat à l'autorité de la Faculté de Médicine (jeu de mots sur **lèse-Majesté**)

TOINETTE —Vous avez raison.

MONSIEUR PURGON —Je vous déclare que je romps commerce avec vous.

ARGAN —C'est mon frère...

MONSIEUR PURGON —Que je ne veux plus d'alliance avec vous.

TOINETTE —Vous ferez bien.

MONSIEUR PURGON —Et que, pour finir toute liaison avec vous, voilà la donation que je faisais à mon neveu en faveur du mariage.° *(Il déchire violemment la donation.)*

mariage: mariage de la fille d'Argan

ARGAN —C'est mon frère qui a fait tout le mal.

MONSIEUR PURGON —Mépriser mon clystère!

ARGAN —Faites-le venir, je m'en vais le prendre.

MONSIEUR PURGON —Je vous aurais tiré d'affaire° avant qu'il fût peu.

tiré d'affaire: guéri, rétabli

TOINETTE —Il ne le mérite pas.

MONSIEUR PURGON —J'allais nettoyer votre corps et en évacuer entièrement les mauvaises humeurs.[1]

ARGAN —Ah! mon frère!

MONSIEUR PURGON —Et je ne voulais qu'une douzaine de médecines pour vider le fond du sac.

TOINETTE —Il est indigne de vos soins.

MONSIEUR PURGON —Mais, puisque vous n'avez pas voulu guérir par mes mains...

ARGAN —Ce n'est pas ma faute.

MONSIEUR PURGON —Puisque vous vous êtes soustrait de l'obéissance que l'on doit à son médecin...

TOINETTE —Cela crie vengeance.

MONSIEUR PURGON —Puisque vous vous êtes déclaré rebelle aux remèdes que je vous ordonnais...

ARGAN —Hé! point du tout.

MONSIEUR PURGON —J'ai à vous dire que je vous abandonne à votre mauvaise constitution, à l'intempérie de vos entrailles, à la corruption de votre sang, à l'âcreté de votre bile et à la féculence° de vos humeurs.

féculence: état d'un liquide qui dépose des sédiments

TOINETTE —C'est fort bien fait.

ARGAN —Mon Dieu!

MONSIEUR PURGON —Et je veux qu'avant qu'il soit quatre jours vous deveniez dans un état incurable.

ARGAN —Ah! miséricorde!°

miséricorde: ayez de la compassion pour moi

MONSIEUR PURGON —Que vous tombiez dans la bradypepsie.°

bradypepsie: digestion difficile

ARGAN —Monsieur Purgon!

MONSIEUR PURGON —De la bradypepsie dans la dyspepsie.°

dyspepsie: digestion douleureuse

ARGAN —Monsieur Purgon!

MONSIEUR PURGON —De la dyspepsie dans l'apepsie.°

apepsie: absence de digestion

ARGAN —Monsieur Purgon!

MONSIEUR PURGON —De l'apepsie dans la lienterie.°

lienterie: diarrhée

ARGAN —Monsieur Purgon!

MONSIEUR PURGON —De la lienterie dans la dysenterie.

ARGAN —Monsieur Purgon!

MONSIEUR PURGON —De la dysenterie dans l'hydropisie.°

hydropisie: amas d'eau dans les tissus du corps

ARGAN —Monsieur Purgon!

MONSIEUR PURGON —Et de l'hydropisie dans la privation de la vie, où vous aura conduit votre folie.

---

[1] **humeurs:** Dans la médecine de l'époque, les substances liquides (sang, bile, etc.) du corps humain.

Vocabulaire

un charlatan = un faux médecin
le gain *le salaire*
une parasite
un remède
l'ignorance *(f.)*, ignorant(e)
intéressé(e)
profiter de
une opération
les progrès *(m.)*
purger *ici, nettoyer l'estomac, les intestins*
saigner *prendre le sang*
les lacunes *(f.)* = manques

Voir aussi le vocabulaire de la cinquième leçon.

Questions

1. Qui est Argan? Quel est son problème? A qui veut-il marier sa fille? Pourquoi? Qui est M. Fleurant? Pourquoi rend-il visite à Argan? Qui est Béralde? Indiquez les conseils de Béralde à Argan.
2. Qui est M. Purgan? Qui empêche M. Fleurant d'exécuter les ordres de M. Purgon? Pourquoi? Que craint Argan du fait qu'on a refusé le lavement ordonné par M. Purgon?
3. Quelle nouvelle M. Purgon apprend-il en entrant chez Argan? Comment reçoit-il cette nouvelle? Comment M. Purgon a-t-il préparé le clystère pour Argan? Quel effet ce clystère devait-il produire sur Argan?
4. Pourquoi M. Purgon rompt-il commerce avec Argan? Selon Argan, qui a causé le malheur? A quoi M. Purgon abandonne-t-il Argan? A quoi M. Purgon condamne-t-il Argan? Pourquoi? En quoi consiste le comique de cette situation?

Discussions

1. Après avoir lu cette scène, pourriez-vous expliquer la position de Molière par rapport à la médecine? Expliquez.
2. La maladie et la hantise de la mort ne sont pas des sujets comiques. Pourtant, cette scène de Molière fait rire. Pourquoi? Indiquez des exemples du comique de mouvements, de situation, de mots et de caractère. Analysez cette scène selon les trois points énoncés dans l'extrait d'Henri Bergson.
3. Quel est le personnage comique que vous préférez?
4. En quoi une déformation professionnelle (médecins, avocats, professeurs, hommes d'affaires, etc.) est-elle comique?

Discussions et activités facultatives

1. Si vous étiez comédien (comédienne), quelles folies, quelles tendances, quels personnages de notre societé seraient les objets de vos railleries? Dites comment vous vous y prendriez.
2. Quelles différences voyez-vous entre la comédie et le drame? Que faudrait-il ajouter ou retrancher à cette scène de Molière pour qu'elle devienne dramatique? Souvenez-vous du deuxième point donné par Henri Bergson.
3. Que savez-vous de l'art de la médecine en France et en Europe à l'époque de Molière? Préparez un compte rendu pour la classe.
4. Voici des bandes dessinées sans paroles. Décrivez chaque situation. Pourquoi sont-elles comiques, risibles?

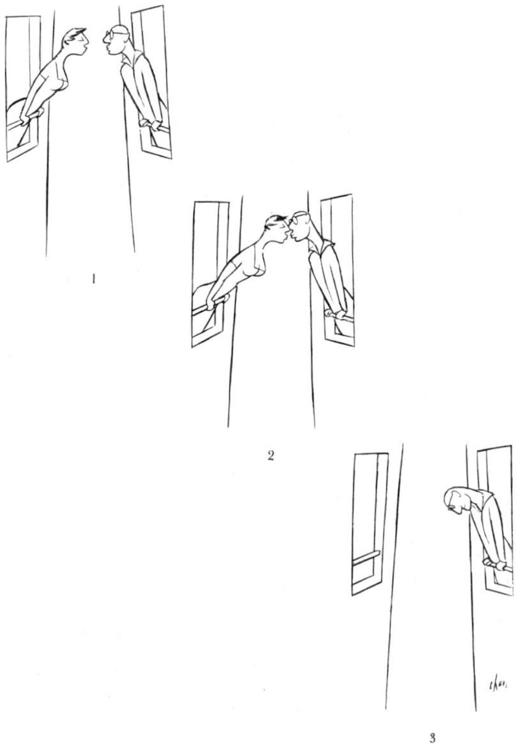

Composition

Ecrivez une scène comique utilisant le comique de mots, de situation, de caractère. Basez-vous sur les lectures de cette leçon et la discussion de votre classe sur le comique.

Grammaire 6

Les verbes pronominaux

Examen

A. En employant les mots donnés, écrivez des phrases complètes.

1. nous / aller / se sentir / dépaysé / là-bas.
2. Marie / ne / se mêler / l'affaire *(passé composé)*
3. je / se permettre / voyager / Europe *(futur)*
4. Argan / se croire / malade *(présent)*
5. ne / s'intéresser / vous / ces gens-là / ? *(passé composé—inversion)*
6. ils / se moquer / leurs bêtises *(plus-que-parfait)*
7. nous / s'écrire / plusieurs / lettres *(passé composé)*
8. est-ce que / tu / se demander / si / Robert / se tromper? *(imparfait)*
9. le comique / s'adresser / intelligence pure. *(présent)*

B. Mettez à l'affirmatif.

1. Ne vous asseyez pas.
2. Ne nous arrêtons pas ici.
3. Ne te méfie pas de leurs mœurs.

C. Mettez au négatif.

1. Réveille-toi de bonne heure.
2. Dépêchez-vous.

Vérification

A. 1. Nous allons nous sentir dépaysés là-bas. 2. Marie ne s'est pas mêlée de l'affaire. 3. Je me permettrai de voyager en Europe. 4. Argan se croit malade. 5. Ne vous êtes-vous pas intéressé(e) à ces gens-là? 6. Ils s'étaient moqués de leurs bêtises. 7. Nous nous sommes écrit plusieurs lettres. 8. Est-ce que tu te demandais si Robert se trompait? 9. Le comique s'adresse à l'intelligence pure.

B. 1. Asseyez-vous. 2. Arrêtons-nous ici. 3. Méfie-toi de leurs mœurs.

C. 1. Ne te réveille pas de bonne heure. 2. Ne vous dépêchez pas.

Notes grammaticales

1. A verb is said to be reflexive when the action of the verb is directed back on the subject:

    Vous vous blâmez trop. *You blame yourself too much.*

2. It is the appropriate reflexive pronoun **(me, te, se, nous, vous, se)** used with its corresponding subject that shows reflexive action: (Note that the reflexive pronoun precedes the verb.)

    Je **me** lève de bonne heure.
    Nous **nous** couchons tard.
    Elles ne **se** dépêchent pas.
    Tu **t'**amuseras ce soir.

3. Reflexive verbs are conjugated with **être** in compound tenses:

    Tu ne t'**es** pas bien débrouillé.
    Elle s'**est** moquée de toi.
    Ils se **sont** brossé les dents.

4. Note the position of **ne** and **pas** in compound tenses in the negative:

    Tu **ne** t'es **pas** moqué d'elles.

5. In compound tenses, the past participle of a reflexive verb agrees with the *preceding* direct object. In most instances, the reflexive pronoun functions as the direct object:

    Ils **se** sont réveillé**s** de bonne heure. (**Se** *is a direct object.*)
    Elle **s'**est lavé**e**. (**Se** *is a direct object.)*
    Elle **s'**est lav**é** les mains. *(In this sentence* **mains** *is the direct object and* **se** *is considered the indirect object.)*
    Elles **se** sont écrit beaucoup de lettres. (**Se** *is the indirect object.)*

6. In compound tenses, the reflexive pronoun precedes the auxiliary verb. When used with a conjugated verb and an infinitive, the reflexive pronoun precedes the infinitive. Compare:

    Ils ne **se** sont pas levés de bonne heure.
    Ils vont **se** lever à six heures et demie.

7. Note the word order in questions.

    a. Questions by intonation:

    Tu **t'**es bien lavé?

    b. Questions with **est-ce que** and **n'est-ce pas:**

    Est-ce que le malade **s'**est déjà couché?
    Votre mère **se** porte bien, n'est-ce pas?

    c. Questions by inversion:

    Les autres **se** moquent-ils de nous?
    Ne **vous** êtes-vous pas bien amusés?

8. The reflexive construction sometimes expresses reciprocal action:

    Ils s'aiment. *They love each other.*
    Nous nous écrivions souvent en ce temps-là. *We used to write to each other often then.*

9. In affirmative commands, the reflexive pronoun follows the verb: (Note that **te** becomes **toi**)

    Dépêche-toi.
    Asseyez-vous
    Arrêtons-nous ici.

    In negative commands, the reflexive pronoun precedes the verb, as usual:

    Ne te repose pas ici.
    Ne vous fâchez pas.
    Ne nous flattons pas.

10. See p. 39 for use of the definite article with reflexive verbs.

11. The reflexive construction may be used to signify the passive notion:

    Le français **se parle** en Suisse et en Belgique. *French **is spoken** in Switzerland and Belgium.*
    Le livre **se compose** de quinze chapîtres. *The book **is composed** of fifteen chapters.*

13

La Mort

Première partie

La mort: le mot appelle à nos esprits tant d'images réelles et irréelles. C'est à la fois une certitude et une inconnue; on peut l'espérer, la craindre, l'accepter paisiblement ou la rejetter avec violence. Elle est tour à tour symbole de fin ou de commencement, d'horreur ou de délivrance, de punition ou de repos, de néant° ou de porte sur un avenir éternel; cependant elle se tient toujours là, en face de nous, donnant une mesure au temps, une valeur à la vie. Les hommes ne savent pas toujours si le décret en vient du ciel, de l'enfer° ou de l'imagination. Elle inspire le poète, le prophète...

néant: rien, ce qui n'existe pas

enfer: lieu destiné aux damnés

Dans les deux fables suivantes de Jean de la Fontaine, (XVIIe siècle), on verra que les êtres humains mis en face de la mort tiennent à la vie, même dans les circonstances misérables.

La Mort et le Malheureux

Un malheureux appelait tous les jours
La Mort à son secours.°
« O Mort, lui disait-il, que tu me sembles belle!
Viens vite, viens finir ma fortune° cruelle. »
La Mort crut, en venant, l'obliger en effet.
Elle frappe à sa porte, elle entre, elle se montre
« Que vois-je? cria-t-il, ôtez-moi° cet objet;
Qu'il est hideux! que sa rencontre
Me cause d'horreur et d'effroi!°
N'approche pas, ô Mort; ô Mort, retire-toi. »°

Mécénas[1] fut un galant homme;
Il a dit quelque part: « Qu'on me rende impotent,
Cul-de-jatte,° goutteux,° manchot,° pourvu qu'en somme
Je vive, c'est assez, je suis plus que content. »
Ne viens jamais, ô Mort, on t'en dit tout autant.°

secours: aide

fortune: destinée

ôtez: enlevez

effroi: terreur

retire-toi: va-t-en

Cul-de-jatte: Quelqu'un privé de ses jambes / **goutteux:** qui a la goutte / **manchot:** quelqu'un privé d'une main ou d'un bras

tout autant: assez

La Mort et le Bûcheron

Un pauvre bûcheron° tout couvert de ramée,°
Sous le faix° du fagot° aussi bien que des ans

bûcheron: qui coupe du bois dans une forêt / **ramée:** branches coupées

faix: charge, fardeau / **fagot:** paquet de petites branches

---

[1] **Mécénas:** Mécène, ministre de l'Empereur Auguste, épicurien délicat et protecteur des lettres.

Gémissant° et courbé,° marchait à pas pesants,°
Et tâchait de gagner sa chaumine° enfumée.
Enfin, n'en pouvant plus d'effort et de douleur,
Il met bas son fagot, il songe à son malheur.
« Quel plaisir a-t-il eu depuis qu'il est au monde?
En est-il un plus pauvre en la machine ronde?°
Point de pain quelquefois, et jamais de repos. »
Sa femme, ses enfants, les soldats,[2] les impôts,
Le créancier° et la corvée°
Lui font d'un malheureux la peinture achevée.
Il appelle la Mort; elle vient sans tarder,
Lui demande ce qu'il faut faire.
« C'est, dit-il, afin de m'aider
A recharger ce bois; tu ne tarderas guère. »
Le trépas° vient tout guérir;°
Mais ne bougeons d'où nous sommes:
Plutôt souffrir que mourir,
C'est la devise° des hommes.

Gémissant: Souffrant / **courbé:** baissé / **pesants:** lourds
chaumine: petite maison couverte de chaume

la machine ronde: la terre

créancier: quelqu'un à qui on doit quelque chose / **corvée:** travail imposé par le seigneur

trépas: mort / **guérir:** délivrer (de nos afflictions)

devise: « Liberté, égalité, fraternité » est la devise de la République française.

Vocabulaire

un état de misère
le repos
le mal, les maux *(pl.)*
un fardeau = une charge lourde
un souci = une inquiétude
un problème
horrifié(e)
dégoûté(e)
résigné(e)
la souffrance, souffrir
soulager = calmer
mettre fin à
l'existence *(f.)*, exister
la douleur = la souffrance
regretter
le doute, douter
s'analyser
la motivation

l'espoir *(m.)* ≠ le désespoir
la certitude ≠ l'incertitude *(f.)*
réconforter = consoler
le réconfort
le salut *l'état d'être sauvé(e)*
l'au-delà *(m.)* = une vie future
Dieu = le Seigneur
rassurer
faire face à
la peur
avoir peur de = craindre
l'inconnu *(m.)*
le néant *rien, ce qui n'existe pas*
vivre pour soi, vivre dans le présent
l'euthanasie *(f.)* *la mort sans souffrance: acte d'abréger la vie d'un malade incurable*
la peine de mort *la condamnation à la mort*

---

[2] **les soldats:** Les soldats pouvaient loger chez les citoyens au XVIIe siècle.

Questions

1. A qui le malheureux parle-t-il? Que désire-t-il? Pourquoi la Mort vient-elle au malheureux? Comment réagit le malheureux?
2. Qui était Mécénas? Quel était son désir?
3. Décrivez le bûcheron. Pourquoi met-il bas son fagot? A quoi songe-t-il?
4. Relevez les mots et les expressions qui insistent sur les épreuves de sa vie terrestre.
5. Qui le bûcheron appelle-t-il? Pourquoi? Que demande la Mort au bûcheron? Donnez la réponse du bûcheron.
6. Quelle est la moralité de cette fable? Quelle est la devise des hommes?
7. Pourquoi, à votre avis, tient-on tant à cette vie?

Discussions

1. Le malheureux réclame la mort puis la rejette violemment. Quelles pourraient être les idées qui lui traversent l'esprit au moment où elle approche?
2. Quelles pourraient être les raisons de vivre de quelqu'un qui ne croit pas en l'au-delà? Que représenterait la mort à ses yeux?
3. Discutez le suicide. Y a-t-il des circonstances où le suicide vaut mieux que la vie? Est-ce que certaines personnes sont justifiées à se suicider?
4. Pourquoi y a-t-il tant d'étudiants qui se suicident? A votre avis y a-t-il plus d'hommes ou de femmes qui se suicident? Expliquez. Comment peut-on aider quelqu'un qui veut se tuer?

Discussions et activités facultatives

1. Vous êtes-vous déjà trouvé(e) près de la mort? A quoi avez-vous pensé alors?
2. Vous est-il arrivé de souhaiter mourir pour une raison ou une autre? Quels étaient vos sentiments? Comment avez-vous dépassé ce stade?
3. Vous est-il arrivé de souhaiter la mort d'un être cher soumis à une grande souffrance physique? Discutez de l'euthanasie.
4. *Débat:* Pour ou contre: la peine de mort.

Deuxième partie

Vous allez lire la première scène de L'Etranger *(1942), roman d'Albert Camus.*

Qui est l'Etranger? C'est Meursault, un modeste employé de bureau qui mène sa vie comme si elle n'avait pas de sens. Pour lui, les événements ne semblent pas avoir une réelle importance, les sentiments non plus d'ailleurs... Adulte, il se conduit en spectateur, assistant au théâtre de sa vie, mais ne se prenant pas à son jeu. Enfermé dans une étrange indifférence, il se contente de satisfaire ses désirs d'une façon très élémentaire ... presque instinctive. Meursault, comme Camus, n'a pas connu son père; quand le roman s'ouvre, il vient de perdre sa mère. C'est Meursault lui-même qui raconte ces événements.

L'Etranger

Aujourd'hui, maman est morte. Ou peut-être hier, je ne sais pas. J'ai reçu un télégramme de l'asile:° « Mère décédée. Enterrement° demain. Sentiments distingués. » Cela ne veut rien dire. C'était peut-être hier.

L'asile de vieillards est à Marengo, à quatre-vingts kilomètres d'Alger. Je prendrai l'autobus à deux heures et j'arriverai dans l'après-midi. Ansi, je pourrai veiller° et je rentrerai demain soir. J'ai demandé deux jours de congé° à mon patron et il ne pouvait pas me les refuser avec une excuse pareille. Mais il n'avait pas l'air content. Je lui ai même dit: « Ce n'est pas de ma faute. » Il n'a pas répondu. J'ai pensé alors que je n'aurais pas dû lui dire cela. En somme, je n'avais pas à m'excuser. C'était plutôt à lui de me présenter ses condoléances. Mais il le fera sans doute après-demain, quand il me verra en deuil.° Pour le moment, c'est un peu comme si maman n'était pas morte. Après l'enterrement, au contraire ce sera une affaire classé et tout aura revêtu° une allure plus officielle.

J'ai pris l'autobus à deux heures. Il faisait très chaud. J'ai mangé au restaurant chez Céleste, comme d'habitude. Ils avaient tous beaucoup de peine pour moi et Céleste m'a dit: « On n'a qu'une mère. » Quand je suis parti, ils m'ont accompagné à la porte. J'étais un peu étourdi° parce qu'il a fallu que je monte chez Emmanuel pour lui emprunter° une cravate noire et un brassard.° Il a perdu son oncle, il y a quelques mois.

J'ai couru pour ne pas manquer le départ. Cette hâte,° cette course, c'est à cause de tout cela sans doute, ajouté aux cahots,° à l'odeur d'essence, à la réverbération de la route et du ciel, que je me suis assoupi.° J'ai dormi pendant presque tout le trajet.° Et quand je me suis réveillé, j'étais tassé° contre un militaire qui m'a souri et qui m'a demandé si je venais de loin. J'ai dit « oui » pour n'avoir plus à parler.

L'asile est à deux kilomètres du village. J'ai fait le chemin à pied. J'ai voulu voir maman tout de suite. Mais le concierge m'a dit qu'il fallait que je rencontre le directeur. Comme il était occupé, j'ai attendu un peu. Pendant tout ce temps, le concierge a

asile: établissement charitable pour vieillards / **Enterrement:** Action de mettre un mort en terre

veiller: passer la nuit près d'une personne morte
congé: période de vacances

en deuil: portant des vêtements noirs

revêtu: pris

étourdi: qui agit sans réflexion
emprunter: prendre quelque chose à quelqu'un en sachant qu'on le lui rendra / **brassard:** ici, bande d'étoffe noire que l'on porte au bras
hâte: action de se dépêcher
cahots: sauts d'une voiture
assoupi: fatigué / **trajet:** voyage
tassé: serré

parlé et ensuite, j'ai vu le directeur: il m'a reçu dans son bureau. C'est un petit vieux, avec la Légion d'honneur.[1] Il m'a regardé de ses yeux clairs. Puis il m'a serré la main qu'il a gardée si longtemps que je ne savais trop comment la retirer. Il a consulté un dossier° et m'a dit: « Mme Meursault est entrée ici il y a trois ans. Vous étiez son seul soutien. »° J'ai cru qu'il me reprochait quelque chose et j'ai commencé à lui expliquer. Mais il m'a interrompu: « Vous n'avez pas à vous justifier, mon cher enfant. J'ai lu le dossier de votre mère. Vous ne pouviez subvenir° à ses besoins. Il lui fallait une garde. Vos salaires sont modestes. Et tout compte fait,° elle était plus heureuse ici. » J'ai dit: « Oui, monsieur le Directeur. » Il a ajouté: « Vous savez, elle avait des amis, des gens de son âge. Elle pouvait partager° avec eux des intérêts qui sont d'un autre temps. Vous êtes jeune et elle devait s'ennuyer° avec vous. »

dossier: documents officiels concernant une personne
soutien: aide, support

subvenir: pourvoir, suffire

tout compte fait: en somme

partager: participer à

s'ennuyer: le contraire de *s'amuser*

C'était vrai. Quand elle était à la maison, maman passait son temps à me suivre des yeux en silence. Dans les premiers jours où elle était à l'asile, elle pleurait souvent. Mais c'était à cause de l'habitude. Au bout de quelques mois, elle aurait pleuré si on l'avait retirée de l'asile. Toujours à cause de l'habitude. C'est un peu pour cela que dans la dernière année je n'y suis presque plus allé. Et aussi parce que cela me prenait mon dimanche—sans compter l'effort pour aller à l'autobus, prendre des tickets et faire deux heures de route.

Le directeur m'a encore parlé. Mais je ne l'écoutais presque plus. Puis il m'a dit: « Je suppose que vous voulez voir votre mère. » Je me suis levé sans rien dire et il m'a précédé vers la porte. Dans l'escalier, il m'a expliqué: « Nous l'avons transportée dans notre petite morgue. Pour ne pas impressionner les autres. Chaque fois qu'un pensionnaire° meurt, les autres sont nerveux pendant deux ou trois jours. Et ça rend le service difficile. » Nous avons traversé une cour où il y avait beaucoup de vieillards, bavardant° par petits groupes. Ils se taisaient quand nous passions. Et derrière nous, les conversations reprenaient. On aurait dit d'un jacassement° assourdi° de perruches.° A la porte d'un petit bâtiment, le directeur m'a quitté: « Je vous laisse, monsieur Mersault. Je suis à votre disposition dans mon bureau. En principe, l'enterrement est fixé à dix heures du matin. Nous avons pensé que vous pourrez ainsi veiller la disparue. Un dernier mot: votre mère a, paraît-il, exprimé souvent à ses compagnons le désir d'être enterrée religieusement. J'ai pris sur moi de faire le

pensionnaire: qui a son logement et sa nourriture

bavardant: parlant beaucoup

jacassement: bavardage / **assourdi:** rendu moins fort / **perruches:** petits perroquets

[1] **Légion d'honneur:** un ruban rouge porté au manteau pour indiquer que l'on a l'ordre de la Légion d'honneur. Cet ordre fut institué par Napoléon pour récompenser les services militaires et civils.

nécessaire. Mais je voulais vous en informer. » Je l'ai remercié. Maman, sans être athée,° n'avait jamais pensé de son vivant à la religion.

Je suis entré. C'était une salle très claire, blanchie à la chaux° et recouverte d'une verrière.° Elle était meublée de chaises et de chevalets° en forme de X. Deux d'entre eux, au centre, supportaient une bière° recouverte de son couvercle.° On voyait seulement des vis° brillantes, à peine enfoncées,° se détacher sur les planches passées au brou de noix.° Près de la bière, il y avait une infirmière arabe en sarrau° blanc, un foulard° de couleur vive sur la tête.

A ce moment, le concierge est entré derrière mon dos. Il avait dû courir. Il a bégayé° un peu: « On l'a couverte, mais je dois dévisser° la bière pour que vous puissiez la voir. » Il s'approchait de la bière quand je l'ai arrêté. Il m'a dit: « Vous ne voulez pas? » J'ai répondu: « Non. » Il s'est interrompu et j'étais gêné° parce que je sentais que je n'aurais pas dû dire cela. Au bout d'un moment, il m'a regardé et il m'a demandé: « Pourquoi? » mais sans reproche, comme s'il s'informait. J'ai dit: « Je ne sais pas. » Alors, tortillant° sa moustache blanche, il a déclaré sans me regarder: « Je comprends. »...

athée: incroyante
chaux: oxyde de calcium
verrière: toit en verre
chevalets: supports en bois
bière: cercueil / **couvercle:** qui sert à couvrir
vis: petit objet de métal formé en spiral
enfoncées: rentrées
brou de noix: teinture, vernis de couleur brune
sarrau: vêtement qu'on porte par-dessus les autres vêtements / **foulard:** écharpe
bégayé: parlé avec hésitation
dévisser: enlever les vis
gêné: embarrassé, intimidé
tortillant: faisant tourner

Vocabulaire

être indifférent(e), blasé(e)
être insensible, incapable d'être touché(e)
(ne pas) être peiné(e)
vivre à part
se lamenter = se plaindre
pleurnicher *s'efforcer de pleurer*
les funérailles *(f.) les cérémonies en l'honneur de quelqu'un qui est mort*
funèbre *ce qui a rapport aux funérailles*
avoir besoin de
s'agenouiller *se mettre à genoux*
offrir des prières, prier
déposer des fleurs
la tombe
porter le deuil, être en deuil,
porter du noir
la mélancolie
la tristesse, triste, attrister
le respect, respecter
sombre = lugubre
faire l'éloge de
excuser les faiblesses
être délaissé(e), abandonné(e), oublié(e)
attendre la mort
se laisser mourir
ne manquer à personne
l'encouragement *(m.)*, encourager
accepter la mort
la paix intérieure

Questions

1. Qui est Meursault? Décrivez-le.
2. Quand sa mère est-elle morte? Où est-elle morte? Où se trouve l'asile? Comment Meursault va-t-il à Marengo? Pourquoi y va-t-il? Qu'est-ce qu'il demande à son patron?
3. Que fait Meursault pendant le voyage? Qui est assis à côté de lui dans l'autobus? Que demande cette personne à Meursault? Pourquoi?
4. Comment Meursault fait-il le chemin du village à l'asile? A quelle distance se trouve l'asile du village? Pourquoi Meursault ne peut-il pas tout de suite voir sa mère? Décrivez le directeur de l'asile.
5. Quand elle était à la maison, comment la mère de Meursault passait-elle son temps? Est-ce qu'elle aimait la vie à l'asile? Expliquez. Pourquoi Meursault ne rendait-il pas souvent visite à sa mère?
6. Où a-t-on transporté le corps de la mère de Meursault? Pourquoi? Décrivez les vieillards à l'asile. Quel était un des derniers désirs de la mère de Meursault?
7. Décrivez la petite morgue et la bière de la mère de Meursault. Qui est près de la bière? Que porte-t-elle? Est-ce que Meursault voit sa mère dans la bière? Expliquez.

Discussions

1. Dans le passage que vous avez lu de *l'Etranger,* un fils vient de perdre sa mère. Avant de venir en classe, faites une liste de ses réactions en abordant cet événement. Indiquez ce qui se passe d'ordinaire à un enterrement.
2. Parlez de la mort dans le cadre d'un asile.
3. Donnez votre jugement sur les cérémonies funéraires.
4. Pourquoi les personnes prennent-elles parfois plus de valeur aux yeux des hommes quand elles sont mortes?

Discussions et activités facultatives

1. Quelle proportion prend la mort dans le contexte de la guerre? Pourquoi?
2. Avez-vous déjà pensé sérieusement à votre propre mort? Quels sont vos sentiments à ce sujet?
3. Qu'apporte l'espérance en un monde meilleur à la conception de la vie et de la mort?
4. Certains pensent que croire en un monde meilleur est la faiblesse des personnes manquant le courage d'accepter qu'ils ne vont plus exister après la mort. Discutez.

Composition

Description d'un service de funérailles.

14

La Noël — Les Fêtes

Première partie

Comment célébrez-vous la fête de Noël? Quelles sont vos traditions et celles des autres peuples? Elles sont nombreuses—aussi nombreuses que les histoires que l'on contait autrefois et que l'on conte encore aux enfants bien sages. Ces contes de Noël ont le parfum et la couleur des pays où ils sont nés.

Alphonse Daudet (1840–1897) décrit la Provence avec douceur et humour dans son recueil° de contes, Lettres de mon moulin, *d'où est extrait le conte de Noël,* Les Trois Messes[1] basses.

recueil: collection

Les Trois Messes basses

—Deux dindes truffées,° Garrigou?...

—Oui, mon révérend, deux dindes magnifiques bourrées° de truffes.° J'en sais quelque chose, puisque c'est moi qui ai aidé à les remplir. On aurait dit que leur peau° allait craquer en rôtissant, tellement elle était tendue°...

—Jésus-Maria! moi qui aime tant les truffes!... Donne-moi vite mon surplis,° Garrigou... Et avec les dindes, qu'est-ce que tu as encore aperçu à la cuisine?...

—Oh! toutes sortes de bonnes choses... Depuis midi nous n'avons fait que plumer° des faisans,[2] des huppes, des gelinottes, des coqs de bruyère. La plume en volait partout... Puis de l'étang° on a apporté des anguilles,[3] des carpes dorées, des truites, des...

—Grosses comment, les truites, Garrigou?

—Grosses comme ça, mon révérend... Enormes!...

—Oh! Dieu! il me semble que je les vois... As-tu mis le vin dans les burettes?°

—Oui, mon révérend, j'ai mis le vin dans les burettes... Mais dame! il ne vaut pas celui que vous boirez tout à l'heure en sortant de la messe de minuit. Si vous voyiez cela dans la salle à manger du château, toutes les carafes° qui flambent° pleines de vins de

truffées: remplies de truffes
bourrées: garnies
truffes: champignons souterrains très savoureux
peau: tissu qui recouvre le corps
tendue: raide
surplis: vêtement d'église fait de toile blanche et fine
plumer: arracher les plumes
étang: très petit lac, naturel ou artificiel
burettes: vases où l'on met le vin pour la messe
carafes: sortes de bouteilles / **flambent:** ici, brillent

---

[1] **messe:** cérémonie, célébrée par un prêtre, symbolisant le sacrifice du corps et du sang du Christ.

[2] **faisans, huppes, gelinottes, coqs de bruyère:** genres d'oiseau à chair délicate.

[3] **anguilles:** poissons d'eau douce qui ont la forme d'un serpent.

toutes les couleurs... Et la vaisselle° d'argent, les surtouts° ciselés,° les fleurs, les candélabres!... Jamais il ne se sera vu un réveillon[4] pareil. M. le marquis a invité tous les seigneurs du voisinage. Vous serez au moins quarante à table, sans compter le bailli[5] ni le tabellion[6]... Ah! vous êtes bien heureux d'en être, mon révérend!... Rien que d'avoir flairé° ces belles dindes, l'odeur des truffes me suit partout... Meuh!...

—Allons, allons, mon enfant. Gardons-nous du péché° de gourmandise,° surtout la nuit de la Nativité... Va bien vite allumer les cierges° et sonner le premier coup de la messe; car voilà que minuit est proche, et il ne faut pas nous mettre en retard...

Cette conversation se tenait une nuit de Noël de l'an de grâce mil six cent et tant, entre le révérend dom Balaguère, ancien prieur des Barnabites,[7] présentement chapelain gagé° des sires° de Trinquelage, et son petit clerc° Garrigou, ou du moins ce qu'il croyait être le petit clerc Garrigou, car vous saurez que le diable,° ce soir-là, avait pris la face ronde et les traits indécis du jeune sacristain[8] pour mieux induire le révérend père en tentation et lui faire commettre un épouvantable° péché de gourmandise. Donc, pendant que le soi-disant° Garrigou (hum! hum!) faisait à tour de bras° carillonner les cloches de la chapelle seigneuriale, le révérend achevait de revêtir sa chasuble[9] dans la petite sacristie du château; et, l'esprit déjà troublé par toutes ces descriptions gastronomiques, il se répétait à lui-même en s'habillant:

—Des dindes rôties ... des carpes dorées ... des truites grosses comme ça!...

Dehors, le vent de la nuit soufflait en éparpillant° la musique des cloches et, à mesure, des lumières apparaissaient dans l'ombre aux flancs du Mont-Ventoux, en haut duquel s'élevaient les vieilles tours de Trinquelage. C'étaient des familles de métayers[10] qui venaient entendre la messe de minuit au château. Ils grimpaient° la côte° en chantant par groupes de cinq ou six, le père en avant, la lanterne en main, les femmes enveloppées dans leurs grandes mantes° brunes où les enfants se serraient° et s'abritaient.° Malgré l'heure et le froid, tout ce brave peuple marchait allégrement, soutenu°

vaisselle: tout ce qui sert à l'usage de la table, comme plats, assiettes, etc. / **surtouts:** ornements que l'on place sur la table / **ciselés:** sculptés

flairé: senti

péché: transgression

gourmandise: gloutonnerie

cierges: grandes chandelles

gagé: engagé, salarié / **sires:** seigneurs

clerc: aspirant ecclésiastique

diable: Satan

épouvantable: terrible

soi-disant: prétendu / **à tour de bras:** avec force

éparpillant: dispersant

grimpaient: montaient / **côte:** montée de la colline

mantes: vêtement de femme sans manches

se serraient: se pressaient / **s'abritaient:** se protégeaient

soutenu: supporté

---

[4] **réveillon:** repas fait dans la nuit de Noël.

[5] **bailli:** officier qui rendait justice au nom du roi ou d'un seigneur.

[6] **tabellion:** aide d'un notaire.

[7] **Barnabites:** ordre religieux fondé à Milan vers 1530.

[8] **sacristain:** celui qui a soin des ornements et des vêtements d'église.

[9] **chasuble:** manteau du prêtre pour célébrer la messe.

[10] **métayers:** paysans, fermiers qui travaillent la terre d'un autre.

par l'idée qu'au sortir de la messe il y aurait, comme tous les ans, table mise pour eux en bas dans les cuisines...

(Enfin, tous arrivent au château et le révérend dom Balaguère commence la cérémonie des trois messes basses. Il a hâte de se mettre à table et répète rapidement ses phrases. Parlant de plus en plus vite, il oublie même certains passages de la Bible et des prières. Les fidèles° sont surpris mais contents car eux aussi attendent le repas du réveillon avec impatience.)

fidèles: ceux qui pratiquent leur religion

Cinq minutes après, la foule des seigneurs s'asseyait dans la grande salle, le chapelain au milieu d'eux. Le château, illuminé de haut en bas, retentissait de chants, de cris, de rires, de rumeurs; et le vénérable dom Balaguère plantait sa fourchette dans une aile° de gelinotte, noyant° le remords de son péché sous des flots de vin du pape[11] et de bon jus de viandes. Tant il but et mangea, le pauvre saint homme, qu'il mourut dans la nuit d'une terrible attaque, sans avoir eu seulement le temps de se repentir; puis, au matin, il arriva dans le ciel encore tout en rumeur des fêtes de la nuit, et je vous laisse à penser comme il y fut reçu.

aile: membre des oiseaux qui leur sert à voler
noyant: effaçant, faisant disparaître

—Retire-toi de mes yeux, mauvais chrétien! lui dit le Souverain Juge, notre maître à tous. Ta faute est assez grande pour effacer toute une vie de vertu... Ah! tu m'as volé une messe de nuit... Eh bien! tu m'en paieras trois cents en place, et tu n'entreras en paradis que quand tu auras célébré dans ta propre chapelle ces trois cents messes de Noël en présence de tous ceux qui ont péché par ta faute et avec toi...

...Et voilà la vraie légende de dom Balaguère, comme on la raconte au pays des olives. Aujourd'hui, le château de Trinquelage n'existe plus, mais la chapelle se tient encore droite tout en haut du Mont-Ventoux, dans un bouquet de chênes° verts. Le vent fait battre sa porte disjointe, l'herbe encombre le seuil;° il y a des nids° aux angles de l'autel[12] et dans l'embrasure° des hautes croisées° dont les vitraux° coloriés ont disparu depuis longtemps. Cependant, il paraît que tous les ans, à Noël, une lumière surnaturelle erre parmi ces ruines, et qu'en allant aux messes et aux réveillons, les paysans aperçoivent ce spectre de chapelle, éclairé de cierges invisibles qui brûlent au grand air, même sous la neige et le vent...

chênes: grands arbres
seuil: pierre devant la porte / **nids:** constructions que font les oiseaux
embrasure: ouverture d'une porte ou d'une fenêtre / **croisées:** fenêtres
vitraux: carreaux de verre de fenêtre coloriés

Vocabulaire

la Noël *la fête de Noël, la soirée de Noël, la saison de Noël*

le Noël *la fête de la nativité du Christ, le jour de Noël*

---

[11] **pape:** chef élu de l'Eglise catholique.

[12] **autel:** table où le prêtre célèbre la messe.

Dieu = le Seigneur
le diable Satan
célébrer la messe de Noël
le réveillon = fête au soir du 24 décembre
la faute
le péché, commettre un péché
se repentir
la veillée de Noël *la journée du 24 décembre*
la richesse ≠ la pauvreté
le luxe
la simplicité
s'amuser
une fête, fêter
un festin, festoyer
un cantique de Noël
joyeux(-se), la joie
être mélancolique, triste
le monde chrétien
un sapin de Noël = un arbre de Noël
les décorations, décorer
les ampoules électriques
un profit
un gain
l'intérêt *(m.)*
faire les achats
commercial(e)
matérialiste

Questions

1. Qui est Garrigou? Avec qui parle-t-il? De quoi parle Garrigou? Pourquoi dom Balaguère s'intéresse-t-il à la description de Garrigou?
2. Quand la conversation entre Garrigou et dom Balaguère a-t-elle lieu? Où dom Balaguère a-t-il célébré les trois messes basses? Qui y a assisté?
3. Indiquez comment dom Balaguère a dit la messe. Pourquoi agit-il de la sorte?
4. Qu'est-ce qui arrive au révérend après le réveillon? Pourquoi?
5. Comment dom Balaguère est-il reçu devant Dieu? Quel est son péché? Quel est son châtiment?
6. Depuis ce temps-là, qu'est-ce qui a lieu à Noël dans les ruines de la chapelle du château de Trinquelage?

Discussions

1. Quelles idées, quelles images, quels sentiments sont dans votre esprit juste avant Noël, à Noël, juste après Noël? Pourquoi?
2. Racontez une veillée de Noël chez vous, ou dans votre pays. Quelles sont les différentes traditions? Si vous ne célébrez pas la fête de Noël, racontez quelques-unes des traditions observées à l'occasion d'une importante fête religieuse chez vous.
3. Quelle est la tradition que vous préférez au moment de Noël? Pourquoi?
4. On parle beaucoup de « l'esprit de Noël ». En fait, on utilise cet argument même à des fins publicitaires. Que pensez-vous de cela? Pour vous personnellement, qu'est-ce que l'esprit de Noël?

Discussions et activités facultatives

1. Bien souvent le récit des traditions de Noël nous montre que les différents peuples en font une fête à l'image de leur civilisation. Commentez.
2. Bien que ce conte de Noël se situe trois siècles avant notre époque, quelles sont les similarités avec un Noël de nos jours?
3. Connaissez-vous un conte de Noël de votre pays? Racontez-le dans vos propres paroles.
4. Quels cantiques de Noël préférez-vous? Pourquoi? Connaissez-vous des cantiques de Noël français? Lesquels?

Deuxième partie

Il ne faut pas confondre le Père Noël, qui, la veillée de Noël, c'est-à-dire la nuit du 24 décembre, porte ses jouets avec sa hotte° et son chariot tiré par des rennes,° et saint Nicolas, accompagné de son âne, qui porte les joujoux aux enfants dans la nuit du 5 au 6 décembre. C'est un souvenir de ce dernier que nous laisse Pierre Gaxotte dans son livre, Mon village et moi.

Le « village », Revigny, se trouve en Lorraine; le souvenir remonte à l'enfance de l'auteur avant la Première Guerre mondiale.

hotte: panier porté au dos
rennes: animaux qui tirent le chariot du Père Noël

Bourrique: Petite âne

La Bourrique° de saint Nicolas

Chez nous n'avait pas pénétré le ridicule Père Noël qu'ont inventé les grands magasins, sur le modèle russe du Bonhomme Hiver. Saint Nicolas visitait mon village dans la nuit du 5 au 6 décembre. Il possédait la liste des enfants à récompenser et des polissons° à punir. Il ne se trompait jamais, à croire qu'il était renseigné° de première main. Je n'étais point étonné° qu'il descendît par la cheminée pour déposer dans mes souliers un sac de bonbons ou une tour Eiffel en carton doré. Puisqu'il avait ressuscité[1] les trois petits qui s'en allaient glaner° aux champs et que le méchant char-

polissons: enfants méchants
renseigné: informé
étonné: surpris
glaner: ramasser les grains de blé

[1] **ressuscité:** ramené de la mort; saint Nicolas fut évêque de Myre au IVe siéle; le récit du méchant charcutier et les trois enfants fait partie de la légende.

cutier° avait mis au saloir° comme pourceaux,° c'est qu'il avait beaucoup d'amitié pour les enfants et qu'il était capable de faire des miracles bien plus difficiles que plonger dans une cheminée sans perdre sa mitre et sans tacher de suie° ses beaux vêtements tissés d'or.

Néanmoins je n'étais pas sans inquiétude. Un doute assaillait mon esprit. On m'avait dit que le bon évêque, attentif, plein de zèle et d'indulgence, tenait par la bride sa bourrique chargée de cadeaux et que, sans s'attarder, il allait ainsi de maison en maison, de cheminée en cheminée. Je n'avais jamais vu de saint. Il était hors de mon univers. Je croyais tout de lui. Mais la bourrique? J'étais monté sur un âne. Je savais que l'âne n'est point doué° pour les voyages aériens, ni même, quoiqu'il soit grimpeur,° pour les équilibres difficiles sur la pente° d'un toit lisse° et enneigé. Avide de certitude, j'interrogeai les grandes personnes avec la mine° de quelqu'un qui en sait long.° Hélas! les grandes personnes ne s'accordent jamais sur rien. Ma grand-mère qui aimait se divertir de moi m'assura avec le plus grand sérieux qu'en effet il arrivait souvent que la bourrique perdît le pied sur un toit trop raide.° Elle même en avait vu une qui gisait° dans le ruisseau° à demi gelé, l'échine° cassée, les jouets épars dans la boue° autour d'elle.

—Mais alors, les enfants n'ont eu rien?

—Oh, si! Saint Nicolas avait heureusement les verges° sous son bras. Elles ont toutes été distribuées.

Cela n'était pas rassurant. Chaque année, j'avais soin de déposer dans une chaussure une lettre au saint évêque, très respectueuse, très bien tournée, dont la confection° me donnait beaucoup de mal. Sans avoir l'air de vouloir le contraindre, je lui indiquai mes préférences en matière de jouets, avec renvois° discrets aux catalogues du Louvre et du Bon Marché,[2] qui étaient alors les plus largement distribués en province. Je poussai la déférence jusqu'à lui indiquer la page et, comme saint Nicolas, patron de la Lorraine, devait être aussi économe qu'un Lorrain, j'avais soin de ne jamais lui proposer les articles les plus coûteux, ceux qui étaient ornés de la mention: « le même, extra », ou « le même, modèle luxe ». Ma sœur relisait ma lettre et corrigeait les fautes d'orthographe, car il est constant que les saints n'aiment pas les fautes d'orthographe.

C'est alors que je fus tenté par le démon de l'expérience scientifique. Je demandai la permission d'offrir une botte° de carottes à la bourrique céleste. J'ajoutai un post-scriptum à ma lettre: « Dans l'autre soulier, j'ai mis des carottes pour votre âne. » Fatale idée! J'avais assemblé les carottes d'une certaine façon et dissimulé° au centre de la botte un morceau de papier propre à la faire reconnaître. Le matin, à mon reveil, les carottes avaient disparu.

charcutier: qui prépare ou vend du porc / **saloir:** vaisseau de bois où l'on conserve la viande en employant du sel / **pourceaux:** cochons
suie: matière noire dans les cheminées
doué: qui a des dons naturels
grimpeur: qui sait monter
pente: inclinaison / **lisse:** le contraire de *rude*
mine: apparence
en sait long: en sait beaucoup
raide: abrupte, peu inclinée
gisait: était couchée / **ruisseau:** petit cours d'eau
échine: colonne vertébrale / **boue:** poussière, terre détrempée d'eau
verges: instruments de correction (pour les enfants)
confection: préparation
renvois: ici, références
botte: assemblage de choses de même nature
dissimulé: caché

---

[2] **Louvre, Bon Marché:** de grands magasins.

La bourrique les avait-elle mangées? Une rapide inspection me les fit retrouver à la cuisine, avec leur pièce d'identité. Je triomphai de ma malice. J'en développai l'économie. J'en fis valoir le succès. J'établis que saint Nicolas n'avait pas d'âne. J'insinuai que son histoire était entachée° de légende.
On m'écouta avec grand intérêt.

L'année suivante, je mis, comme à l'ordinaire, mes chaussures devant la cheminée: saint Nicolas ne s'arrêta pas.

Si du moins la leçon m'avait profité! Que° n'ai-je fait semblant° de croire aux gens en place et aux choses qui rapportent:° je serais opulent, fier, orgueilleux, doré sur tranche°... Tant pis! Tant mieux!

entachée: souillée, tarnie

Que: Pourquoi / **fait semblant:** feint
rapportent: rapportent des cadeaux, etc.
doré sur tranche: riche

Vocabulaire

le Père Noël
Saint Nicolas
croire les histories
croire en, à*
douter de
être déçu(e) = être désappointé(e)
la déception = le désappointement
les illusions *(f.)*
un cadeau, recevoir des cadeaux
être trompé(e)
être naïf(-ve)
se moquer de
la joie d'offrir
gâter, être gâté(e)
se faire plaisir à
être privé(e) de
se contenter de
la tristesse, triste
le suicide
la solitude, seul(e)
avoir le cœur lourd
un souci
un problème
la foi
la croyance, un(e) croyant(e)
nier l'existence de Dieu = être athée, être croyant(e), être incroyant(e)
remercier de = dire merci pour

Questions

1. Comment le Père Noël et saint Nicolas sont-ils différents l'un de l'autre?
2. Pourquoi l'auteur croit-il en saint Nicolas quand il n'arrive pas à croire à sa bourrique? Que dit la grand-mère à propos de la bourrique de saint Nicolas?
3. Qu'est-ce que l'auteur plaçait dans une chaussure à Noël? Quelles sortes de

* Employez **en** quand il n'y a pas d'article ou d'adjectif qui précède le nom: on croit **en** Dieu, *mais* on croit **à l'**existence de Dieu.

jouets demandait-il? Pourquoi? Qui corrigeait les lettres du jeune Pierre Gaxotte? Pourquoi?
4. En quoi consiste « l'expérience scientifique » de l'auteur? Quel en est le résultat?
5. Qu'est-ce qui est arrivé l'année suivante? Quelle réflexion « l'expérience » inspire-t-elle alors à l'auteur?

Discussions

1. Que pensez-vous des personnages tels que saint Nicolas, le Père Noël et Santa Claus? Y avez-vous jamais cru? Quelle était votre réaction en apprenant qu'ils n'existaient pas? Raconterez-vous ce genre d'histoires à vos enfants? Si oui, pourquoi? Si non, pourquoi?
2. Noël n'est pas une fête de joie pour tous. Certains y connaissent la solitude, la misère, la guerre, et ce jour devient ainsi encore plus difficile que les autres. Quels sentiments, quelles réflexions, quelles actions vous inspire cette pensée?
3. Certains pensent que Noël, comme toutes les fêtes, est une illusion que les humains décident de créer pour avoir de la joie. Méditez sur cette idée. Qu'en pensez-vous?
4. Noël reste toutefois pour beaucoup de personnes la fête la plus touchante. Pourquoi?

Discussions et activités facultatives

1. Un cantique de Noël français commençe ainsi: Ils étaient trois petits enfants qui s'en allaient glaner aux champs... Retracez les origines de la légende de saint Nicolas. Vous direz à la classe vos recherches sous forme de rapport oral.
2. Vous souvenez-vous d'une anecdote qui vous est arrivée, ou à une personne que vous connaissiez, lorsque vous étiez enfant au moment de Noël? Racontez.
3. Que pensez-vous des cadeaux de Noël? des jouets que les parents achètent « pour les enfants »? Voyez-vous une différence entre les Noëls d'aujourd'hui et ceux de vos parents quand ils étaient petits?
4. Décrivez votre ville et votre maison une veillée et un jour de Noël.
5. Comme Pierre Gaxotte, gardez-vous depuis votre enfance le souvenir d'une déception? Racontez-le aux autres.

Composition

Description: un Noël en ville; un Noël à la campagne.

Grammaire 7

Les pronoms interrogatifs et relatifs

Examen

A. Ecrivez les questions qui correspondent aux réponses données. Remplacez les mots en italique par le pronom interrogatif convenable.

1. *Une maladie grave* a causé sa mort.
2. Il a regretté *son passé.*
3. J'ai besoin de *repos.*
4. Nous lisons *un roman d'Albert Camus.*
5. *Son ami* lui a envoyé un cadeau de Noël.
6. Elle est allée à la messe de minuit avec *sa famille.*
7. Je pense à *la douleur de mon ami.*
8. Ils ont soulagé *les autres.*
9. La gourmandise est *un péché mortel.*

B. Combinez les deux phrases de chaque paire en employant des pronoms relatifs pour les mots en italique.

1. Connais-tu les gens? Ils ont fêté la Noël avec *ces gens.*
2. Connais-tu les gens? *Ces gens* ont fêté la Noël avec *nous.*
3. As-tu vu les décorations? Pierre *les* a achetées.
4. As-tu trouvé les ampoules électriques? J'ai besoin de *ces ampoules électriques.*
5. C'est mon oncle. Nous *l'*avons rassuré.
6. Voilà le garçon. *Son père* a parlé au service de funérailles.
7. C'était le service funèbre. *Ce service funèbre* était si lugubre.
8. Nous avons visité l'asile. Ma tante habite dans *cet asile.*

C. En employant « Je ne sais pas... », répondez aux questions suivantes.

1. Qu'est-ce qui s'est passé?
2. Qu'est-ce qu'ils ont mangé au réveillon?
3. Qu'est-ce qui lui est arrivé?
4. Qu'est-ce que c'est que la fête de saint Nicolas?
5. Sais-tu ce que j'ai acheté?

Vérification

A. 1. Qu'est-ce qui a causé sa mort? 2. Qu'a-t-il regretté? (Qu'est-ce qu'il a regretté?) 3. De quoi as-tu besoin? (De quoi est-ce que tu as besoin?)

4. Que lisez-vous? (Qu'est-ce que vous lisez?) 5. Qui lui a envoyé un cadeau de Noël? (Qui est-ce qui lui a envoyé un cadeau de Noël?) 6. Avec qui est-elle allée à la messe de minuit? (Avec qui est-ce qu'elle est allée à la messe de minuit?) 7. A quoi penses-tu? (A quoi est-ce que tu penses?) 8. Qui ont-ils soulagé? (Qui est-ce qu'ils ont soulagé?) 9. Qu'est-ce que c'est que la gourmandise?

B. 1. Connais-tu les gens avec qui ils ont fêté la Noël? 2. Connais-tu les gens qui ont fêté la Noël avec nous? 3. As-tu vu les décorations que Pierre a achetées? 4. As-tu trouvé les ampoules électriques dont j'ai besoin? 5. C'est mon oncle que nous avons rassuré. 6. Voilà le garçon dont le père a parlé au service de funérailles. 7. C'était le service funèbre qui était si lugubre. 8. Nous avons visité l'asile dans lequel (où) habite ma tante.

C. 1. Je ne sais pas ce qui s'est passé. 2. Je ne sais pas ce qu'ils ont mangé au réveillon. 3. Je ne sais pas ce qui lui est arrivé. 4. Je ne sais pas ce que c'est que la fête de saint Nicolas. 5. Non, je ne sais pas ce que tu as acheté.

Notes grammaticales

1. **Qui** *(who)* and **qui est-ce qui** *(who)* as interrogative pronouns are used as subject of the sentence:

   Qui est l'Etranger?
   Qui est-ce qui est assis à côté de Meursault?

   Both forms refer to persons.

2. **Qu'est-ce qui** *(what)* is used as the subject of the sentence and refers to things:

   Qu'est-ce qui se passe à l'asile?

3. The interrogative pronouns to be used as direct objects are **qui** *(whom*—referring to persons) and **que** *(what*—referring to things):

   Qui as-tu vu? ***Whom** did you see?*
   Qu'as-tu vu? ***What** did you see?*

   Note that **est-ce que** may be used with **qui** and **que:**

   Qui est-ce que tu as vu? ***Whom** did you see?*
   Qu'est-ce que tu as vu? ***What** did you see?*

4. **Qui** *(whom)* and **quoi** *(what)* are the interrogative pronouns to be used as objects of prepositions:

   A qui a-t-elle donné un cadeau? ***To whom** did she give a present?*
   A quoi pensez-vous? ***What** are you thinking about?*

   These expressions may be used with **est-ce que** as well as in inversion:

   A qui est-ce qu'elle a donné un cadeau? ***To whom** did she give a present?*
   A quoi est-ce que vous pensez? ***What** are you thinking about?*

5. **Qu'est-ce que c'est** asks for a definition:

   Qu'est-ce que c'est? ***What*** *is that?*
   Qu'est-ce que c'est qu'une devise? ***What*** *is a motto?*

6. **Lequel** and its other forms are used interrogatively to mean *which one?, which ones?:*

   Voici deux sapins de Noël. **Lequel** préférez-vous?

   The forms of **lequel** must agree with the nouns to which they refer. Remember the following contractions:

   à + lequel = auquel
   à + lesquels = auxquels
   à + lesquelles = auxquelles
   de + lequel = duquel
   de + lesquels = desquels
   de + lesquelles = desquelles

   Voilà deux ornements. **Duquel** as-tu besoin?

   A and **de** do not contract with **la**quelle **(à laquelle, de laquelle).**

7. Make a differentiation between relative pronouns, which join clauses, and interrogative pronouns, which, as you have seen, ask questions.

8. **Qui** *(who, which)* as a relative pronoun is the subject form and refers to persons *or* things:

   Voilà un homme **qui** souffre beaucoup.
   Voilà une charge **qui** est lourde à porter.

9. **Que** *(whom, which)* as a relative pronoun is used as a direct object and refers to persons *or* things:

   C'est le Père Noël **que** les enfants aiment bien.
   C'est la mort **que** les êtres humains craignent.

10. The relative pronouns used with prepositions are the following:

    a. **Qui** referring to persons.

    b. **Lequel** (and its forms) referring to things or persons (obligatory for things). It is recommended, for the sake of simplicity, that **qui** be used as the form for persons and the **lequel** forms for things.

    Tu connais la fille **à qui** j'ai parlé, n'est-ce pas?
    Voilà le bâtiment dans **lequel** on garde les prisonniers.

    Remember the contracted forms of **à** and **de** + **lequel, lesquels, lesquelles:**

    C'est un poste **auquel** il a toujours aspiré.

    c. **Dont** is used to replace **de** + *relative pronoun.* It may refer to persons or things:

    As-tu vu les décorations **dont** tout le monde parle?
    Voilà le professeur **dont** tu m'as parlé, n'est-ce pas?

De is sometimes used with **qui** (referring to persons) and with the **lequel** forms (referring to things or persons), as are other prepositions:

Voilà la fille **de qui** j'ai parlé.

However, these forms are used less and less and for the sake of simplicity it is recommended that you use **dont** in all cases to replace **de** plus the relative pronoun.

Dont is used in phrases such as the following meaning *whose:*

C'est le garçon **dont** la mère est morte récemment. *He's the boy* ***whose*** *mother died recently.*

Dont is a relative pronoun form and is never used as an interrogative pronoun. Compare:

De qui as-tu parlé? *(interrogative)*
Tu ne connais pas la fille **dont** j'ai parlé. *(relative)*

Dont is not used in compound prepositions of which **de** forms a part:

Vois-tu la fille **près de qui** Jean est assis?

11. **Où** *(where)* may be used in relative clauses:

Voilà la morgue **où** Meursault passe la nuit auprès de sa mère.

12. Note the following indirect interrogative phrases:

ce qui = **ce** with a subject *(that which, what)*
ce que = **ce** with a direct object *(that which, what)*
ce dont = **ce** with **dont** *(that of which)*

In such phrases, **ce,** not a noun or pronoun, serves as the antecedent. Compare:

Qu'est-ce qui lui est arrivé?
Il ne comprend pas **ce qui** lui est arrivé.

Qu'est-ce que tu fais?
C'est mon affaire **ce que** je fais. (**Ce que** je fais c'est mon affaire.)

De quoi se plaignent-ils?
Ils ne savent pas **ce dont** ils se plaignent.

Ce que c'est que is the indirect interrogative equivalent of the direct interrogative **qu'est-ce que c'est que?:**

Qu'est-ce que c'est que l'euthanasie?
Moi, je sais **ce que c'est que** l'euthanasie.

Appendices

Vocabulaire

Appendice A

Exercices supplémentaires

Grammaire 1

A. Répondez selon le modèle.

—Marc étudie? (une demi-heure)
—Oui, il étudie depuis une demi-heure.
—Oui, il y a une demi-heure qu'il étudie.
—Oui, ça fait une demi-heure qu'il étudie.

1. Raoul Chanon est maire? (une semaine)
2. Il considère le problème? (quelques minutes)
3. Tu cherches un poste? (des mois)
4. Les autres travaillent à la mairie? (un mois)
5. Vous êtes politiciens? (nous ... des années)
6. On répète l'histoire de Raoul? (des années)
7. La situation t'énerve? (longtemps)
8. Vous habitez dans le village? (nous ... un an)

B. Répondez selon le modèle.

—Anne était malade? (longtemps)
—Oui, elle était malade depuis longtemps.
—Voilà longtemps qu'elle était malade.

1. Les résistants luttaient? (des mois)
2. Le gouvernement était faible? (des années)
3. La situation s'améliorait? (des semaines)
4. La révolte se préparait? (longtemps)
5. On acceptait ces conditions? (quelques heures)
6. Ils admettaient la défaite? (quelques minutes)
7. Le général remontait leur moral? (de longs mois)
8. Il gagnait la confiance de ses compatriotes? (des années)

C. Répondez selon le modèle.

—Tu as déjà gagné?
—Oui, je viens de gagner.

1. Vous avez déjà voté? (nous)

2. Ils ont déjà déposé les armes?
3. Les chefs ont déjà formé un gouvernement?
4. Les soldats ont déjà cessé le combat?

D. Répondez selon le modèle.

—Nicolas avait déjà envoyé le télégramme?
—Oui, il venait de l'envoyer.

1. Tu avais déjà reçu le télégramme?
2. Vous aviez déjà réglé l'affaire?
3. Elles étaient déjà parties?
4. Nicole était déjà rentrée?

E. Répondez selon le modèle.

—Que font-ils? (manger)
—Ils sont en train de manger.

1. Que fais-tu? (étudier)
2. Que faisais-tu? (étudier)
3. Que faites-vous? (nous ... voter)
4. Que faisiez-vous? (nous ... voter)
5. Que font-ils? (se mettre en rapport avec leurs délégués)
6. Que faisaient-ils? (gagner le soutien de leurs délégués)

F. Mettez au passé le passage suivant.

—Il fait froid. Le ciel est couvert. Hier il a neigé. Un homme entre dans son bureau. Il est inquiet parce qu'il vient de recevoir un télégramme qui le choque. On lui demande d'arrêter ceux qui ont collaboré avec l'ennemi. Que faire? Il s'assied et relit le télégramme. Il n'hésite plus; il déchire le télégramme en disant: « Ici nous réglons nos affaires en famille. »

G. Dites ce que vous faites tous les jours.

H. Dites ce que vous avez fait hier.

I. Dites ce que vous faisiez tous les jours à l'école secondaire.

Grammaire 2

A. Répondez selon le modèle.

—Il est maire?
—Oui, c'est un bon maire.

1. Elle est présidente?
2. Il est ingénieur?
3. Il est général?
4. Elle est actrice?
5. Ils sont catholiques?
6. Elles sont pianistes?

B. Substituez les mots et les expressions entre parenthèses dans les phrases suivantes. Faites les changements nécessaires.

1. Souvent elle venait le mardi. (De temps en temps, le vendredi, Une fois, nous, mercredi, Toujours, ils, La dernière fois, lundi, je, Tout le temps, vous, Marc)
2. Apportez-nous du camembert, s'il vous plaît. (lait, soupe, potage, eau minérale, rosbif, salade, café, carottes, haricots verts, eau, pain, nourriture)

C. Formez des phrases en employant les mots donnés. Suivez le modèle.

Louis XIV ... 17e ...
Louis XIV était roi de France au 17e siècle.

1. François 1er ... 16e ...
2. Louis IX ... 13e ...
3. Henri IV ... 16e et 17e ...
4. Louis XV ... 18e ...
5. Charles VII ... 15e ...

D. Répondez aux questions suivantes selon le modèle.

—Tu manges dans ce restaurant? (3 ... semaine)
—Oui. J'y mange trois fois par semaine.

1. Tu rends visite à ta famille? (2 ... mois)
2. Marc voit sa sœur? (2 ou 3 ... semaine)
3. Ton frère prend le déjeuner chez toi? (3 ou 4 ... semaine)
4. Ton oncle et ta tante vont au cinéma? (4 ou 5 ... mois)
5. Vous passez voir votre grand-mère? (1 ... jour)

E. Formez des phrases au passé composé en employant les mots donnés.

1. je / se laver / mains
2. Les enfants / se brosser / dents
3. elle / se peigner / cheveux
4. tu / se casser / genou
5. nous / se laver / visage

F. Répondez aux questions suivantes selon le modèle.

—Le camembert est cher? (10 ... ½ kilo)
—Oui. Il coûte dix francs le demi-kilo.

1. Le jambon est cher? (22 ... kilo)
2. Les fraises sont chères? (8 ... livre)
3. Les haricots verts sont chers? (12 ... kilo)
4. Le cidre est cher? (7,85 ... bouteille)
5. Les œufs sont chers? (6,50 ... douzaine)
6. Le lait est cher? (3 ... litre)

G. Complétez les phrases suivantes en employant un pronom possessif convenable. Suivez le modèle.

J'aime ma famille et tu...
J'aime ma famille et tu aimes la tienne.

1. Je pense à mes problèmes et ils...
2. Ils ont leurs préjugés et nous...
3. Tu regrettais ton pays et Solange...
4. Il se rend compte de ses faiblesses et je...
5. J'ai fait mon service militaire et mon ami Henri...
6. Nous avons notre opinion et vous...
7. Georges a son dessert et tu...

H. Complétez les phrases suivantes en employant un pronom démonstratif convenable. Suivez le modèle.

J'ai pris ce repas et vous...
J'ai pris ce repas et vous avez pris celui-là.

1. Je déteste ce fromage-ci et tu...
2. Ma mère a préparé cette recette et ta mère...
3. Anne emploie ces ingrédients et Marie...
4. Nous préférons ces spécialités et vous...
5. J'ai essayé cette tarte-ci et Marc...

I. Mettez au négatif, selon l'indication donnée entre parenthèses.

1. Nous aimons la daube. (ne ... pas)
2. Ils ont de la viande. (ne ... pas)
3. Voulez-vous du dessert? (ne ... que)
4. Elle a mangé du riz. (ne ... jamais)
5. On va faire des économies ce mois-ci. (ne ... pas)

J. Formez des phrases au présent en employant les mots donnés.

1. la plupart / restaurants / ici / être / cher
2. cette fille / avoir / bons parents
3. tu / avoir / parents formidables / aussi
4. ils / préférer / poulet
5. au souper / mon père / prendre / soupe / salade / un peu / pain / un verre / lait

Grammaire 3

A. Remplacez les tirets par la préposition convenable, quand il y a lieu.

1. ______ quoi pensez-vous?
2. Que penses-tu ______ ce cours et ______ professeur?
3. Souvent on attend ______ l'accomplissement de rêves impossibles.
4. Est-ce que la pièce plaît ______ tes amis?
5. Nous cherchons ______ nos places depuis un quart d'heure.
6. Tu ne réponds jamais ______ questions.
7. Ils ont regardé ______ la comédie hier à la télévision.
8. As-tu demandé ______ autres ______ payer ______ leurs billets?
9. Demande ______ le prix des places.

10. J'écoutais ______ ses discours à la radio.
11. Tu ne devrais pas désobéir ______ tes instructeurs, mon enfant.
12. Il ne permettra jamais ______ son fils ______ voir ______ ce film.

B. Répondez aux questions suivantes en employant **y, en,** les compléments d'objet direct et indirect, et les pronoms toniques.

1. Les garçons dormaient dans le grenier, n'est-ce pas? (Oui...)
2. Les Martin demeuraient à Manchester, n'est-ce pas? (Oui...)
3. Est-ce qu'ils se trouvaient dans le même compartiment? (Oui...)
4. Le garçon a peur de Pozzo et de Lucky, n'est-ce pas? (Oui...)
5. Il a aussi peur du fouet? (Oui...)
6. Les Martin se souviennent-ils de leur vie ensemble? (Non...)
7. Mais ils se souviennent de leur petite fille, n'est-ce pas? (Oui...)
8. As-tu de bons cours ce semestre? (Oui ... quelques-uns)
9. As-tu lu tes leçons? (Oui ... toutes ...)
10. Roger a-t-il fini ses devoirs? (Oui ... tous ...)
11. Combien de chapitres avez-vous étudiés? (Nous ... déjà ... trois)
12. Combien de personnages y a-t-il dans le roman? (... plusieurs)
13. Tu as vu la pièce, n'est-ce pas? (Non ... encore ...)
14. Tu vas la voir ce soir? (Oui ... avec Anne)
15. Tu diras à M. Godot qu'on l'attendra demain? (Oui...)
16. Tu diras aux autres de ne pas venir? (Oui...)
17. Est-ce qu'Anne t'a dit qu'il y aura un examen demain? (Non...)
18. Qui nous a donné les billets? (C'est Jean-Claude...)
19. Le garçon vous a apporté le dessert? (Oui...)
20. Vous a-t-il apporté du café aussi? (Oui...)
21. Qui attendra avec Vladimir? (Elle et moi,...)
22. Solange fera la commission? (Non, je ... -même.)

C. Répondez selon le modèle.

—Je ne vais pas prendre de haricots verts.
—Mais si, prenez-en.

1. Je ne vais pas prendre le rosbif.
2. Je ne vais pas dire la nouvelle aux autres.
3. Je ne vais pas vous la dire non plus.
4. Je ne vais pas vous apporter de tarte.

D. Répondez selon le modèle.

—Dois-je prendre de la soupe?
—Non, n'en prenez pas.

1. Dois-je prendre le dessert?
2. Dois-je raconter cette histoire aux autres?
3. Dois-je vous dire ce qu'elle m'a dit?
4. Dois-je vous donner leur adresse?

Grammaire 4

A. Dites ce que vous allez faire demain pendant toute la journée. Employez le futur proche (**aller** + *infinitif*).

B. Dites ce que vous ferez pendant les vacances. Employez le futur.

C. Substituez les mots entre parenthèses dans les phrases suivantes.
   1. Si nous faisons attention, nous pourrons faire des épargnes. (je, vous, votre mère, tu, tes amis)
   2. Si tu passais ton temps à travailler, tu ne serais pas déprimé(e). (Josette, nous, les autres, je, vous)
   3. Si Jean-Pierre avait été bien reçu, il n'aurait pas eu le mal du pays en ce temps-là. (vous, je, nous, les enfants, tu)
   4. Si tu avais créé des liens affectueux avec tes parents, tu serais plus heureux(-se) maintenant. (vous, ce garçon, cette fille, je, mes cousins, nous)
   5. Quand j'aurai 65 ans, je prendrai ma retraite. (ma tante, nous, vous, tu, leurs parents)

D. Complétez les phrases suivantes.
   1. Si vous achetez tout à crédit...
   2. Si je fais des économies...
   3. Si l'inflation continue à augmenter...
   4. Si mon père prenait sa retraite...
   5. Si nous avions un ordinateur...
   6. Si les ouvriers étaient en chomage...
   7. Si l'industrie s'était développée ici...
   8. Si tes amis avaient eu des loisirs...
   9. Si j'avais mieux compris Anne...
   10. M. Leblanc vendra ses marchandises dès que...
   11. Nous investirons dans votre compagnie quand...
   12. Les ouvriers auront plus de loisirs quand...
   13. La situation économique s'améliorera lorsque...
   14. Vous aurez un meilleur salaire aussitôt que...

E. Transformez les phrases suivantes selon le modèle.

   Elle m'a dit qu'elle me donnerait une carte de crédit.
   Elle m'a dit qu'elle allait me donner une carte de crédit.
   1. Tu lui as dit que tu lui prêterais l'argent nécessaire.
   2. Ils nous ont dit que nous aurions un congé demain.
   3. Vous leur avez dit qu'ils feraient partie du groupe.
   4. Jean m'a dit que j'aurais le cafard.

F. Dites en français les phrases suivantes. Employez les expressions données.
   1. **devoir s'améliorer**
   The situation is supposed to improve. You **(vous)** must improve. These

conditions were supposed to improve. We had to improve. You **(tu)** must have improved. The technology should improve. I should have improved.

2. **pouvoir augmenter leurs salaires**
I can't raise their salaries. Yesterday, he couldn't raise their salaries. During all that time, you **(vous)** couldn't raise their salaries. We won't be able to raise their salaries. In that case, they couldn't raise their salaries. You **(tu)** couldn't have raised their salaries.

Grammaire 5

A. Substituez les mots et les expressions entre parenthèses dans les phrases suivantes.

1. Dans l'avenir, il faut que tu aies confiance en lui. (vous, je, nous, il vaudrait mieux, ils, il, c'est sûr, je, nous, ils)
2. Je sais qu'ils sont allés au cinéma avec Anne. (Croyez-vous, Il espère, Marc pense, Je doute, Elle regrette, Nous souhaitons, Il se peut, Je vous dis, Nous ne croyons pas, Paul est certain, Vous êtes heureux, Il est probable)

B. Choisissez le mot ou l'expression convenable pour compléter les phrases suivantes.

1. (Avant, Avant de, Avant que) ______ voir le film, lis la critique dans le journal.
2. Ils étaient déjà partis (avant, avant de, avant que) ______ vous ne soyez arrivés.
3. Ils regarderont la télévision (pendant, pendant que) ______ nous étudierons.
4. Travaille avec lui (jusqu'à, jusqu'à ce que) ______ il comprenne.
5. (Pour, Pour que) ______ avoir des amis, il faut créer et maintenir des liens solides.
6. Je viendrai de bonne heure (afin de, afin que) ______ nous puissions causer avec l'oncle Antoine.
7. (Après, Après que) ______ avoir vu la pièce, nous avons dîné au restaurant.
8. Ils se sont vus (sans, sans que) ______ je le sache.

C. Redites les phrases suivantes en employant les expressions entre parenthèses.

1. Jacques est sur la défensive. (Il se peut que...)
2. Tu pourras lui pardonner. (Elle espère que...)
3. Ces acteurs sont toujours à l'heure. (Le réalisateur demande que...)
4. Vous avez écrit un bon scénario. (Ils disent que...)
5. Vous m'avez compris. (Je ne crois pas que...)
6. Elles sont allées voir cette pièce. (Il est heureux que...)
7. Robineau a tant de responsabilités. (Nous savons que...)
8. Ils ont besoin de gagner votre amitié. (Je crois que...)
9. Nous avons essayé de nous rapprocher d'elle. (Attendez jusqu'à ce que...)
10. Tu as fait demi-tour (Il regrette que...)
11. Vous avez eu peur. (Je suis certain que...)

12. Nous prendrons part à ces activités. (Elle souhaite que...)
13. Je sais écouter. (Il vaudrait mieux que...)
14. Le film paraîtra cette année. (Je doute que...)
15. Le réalisateur se sert de la caméra avec beaucoup d'originalité. (Il faudrait que...)
16. Nous pourrons aller au cinéma ce soir. (Travaille vite pour que...)
17. Je me fâcherai. (Va-t-en avant que...)
18. Anne a lu ce roman. (Anne est la seule étudiante qui...)

D. Répondez selon le modèle.

—Guy n'est pas arrivé à l'heure aujourd'hui.
—Qu'il arrive à l'heure demain!

1. Anne n'a pas vu la représentation aujourd'hui.
2. Georges n'a pas fini le scénario aujourd'hui.
3. Les spectateurs n'ont pas aimé la représentation aujourd'hui.
4. Ils n'ont pas été à l'heure aujourd'hui.
5. Solange n'a pas pris part aux activités aujourd'hui.

Grammaire 6

A. Répondez selon le modèle.

—Je me lève de bonne heure?
—Oui, lève-toi de bonne heure. *(—Oui, levez-vous de bonne heure.)*
—Non, ne te lève pas de bonne heure. *(—Non, ne vous levez pas de bonne heure.)*

1. Je me couche tout de suite!
2. Je me déclare contre ses recommandations?
3. Je m'adresse à la mairie?

B. Répondez selon le modèle.

—Nous nous arrêtons ici?
—Oui, arrêtons-nous ici.
—Non, ne nous arrêtons pas ici.

1. Nous nous servons de ses arguments?
2. Nous nous opposons aux ordonnances du médecin?
3. Nous nous asseyons ici?

C. Substituez les pronoms entre parenthèses dans les phrases suivantes.

1. De quoi vous mêlez-vous? (tu, il, ils, nous, elles, elle)
2. Elle ne s'est pas moquée de lui. (Je, Nous, Tu, Vous, Il, Ils)

D. Formez des phrases en employant les mots donnés.

1. Tes parents / s'adapter bien / la vie / Norvège /? *(passé composé—inversion)*
2. N'y va pas. Tu / se croire / ridicule *(conditionnel)*
3. Maintenant / ils / se permettre / voyages / Europe *(futur)*
4. Se souvenir / tu / séjour / New York /? *(présent—inversion)*

5. Le médecin d'Argan / se mettre / colère / quand / ce dernier / se laisser opposer / ordonnances du médecin *(passé composé)*
6. Vous / ne / aller / s'habituer / facilement / cette situation *(présent)*
7. En ce qui concerne ce pays / je / se forger / attitudes inexactes *(plus-que-parfait)*
8. Ce comédien / se servir / méthodes ridicules *(présent)*
9. Quelquefois / nous / s'attacher / conserver / préjugés / à l'égard d'autres peuples *(présent)*
10. Dans d'autres circonstances / je / s'intéresser / la visite / musée *(passé du conditionnel)*

Grammaire 7

A. Formez toutes les questions possibles que suggèrent les phrases suivantes.

1. M. le Marquis a invité tous les seigneurs du voisinage.
2. Le vent fait battre la porte disjointe.
3. L'herbe encombre le seuil de la chapelle.
4. Le pièce était meublée de chaises et d'une table.
5. Les invités attendaient avec impatience le repas du réveillon.
6. L'euthanasie est l'acte d'abréger la vie d'un malade incurable.
7. J'ai reçu un télégramme de l'asile.
8. Le directeur a consulté un dossier.
9. J'ai demandé deux jours de congé à mon patron.
10. Garrigou parle du repas du réveillon avec le révérend dom Balaguère.
11. Ces jouets sont à ma sœur Anne.
12. Je m'intéresse au folklore de cette région.
13. Un soldat est assis à côté de Meursault dans l'autocar.
14. Ils avaient tous beaucoup de peine pour moi.
15. J'ai voulu voir maman tout de suite.
16. Il me reprochait quelque chose.
17. Elle pouvait partager avec eux les intérets d'un autre temps.
18. Maman passait son temps à me suivre des yeux en silence.
19. Daudet décrit la Provence avec douceur et humour.
20. Des familles de métayers venaient entendre la messe de minuit.
21. Ma sœur corrigeait les fautes d'orthographe.
22. L'au-delà est le mot qui signifie une vie future.

B. Remplacez les tirets par **qui, que, dont, lequel** (à la forme convenable), **où, ce qui, ce que, ce dont, ce que c'est que,** selon le cas.

1. Vois-tu l'homme ______ le dos est couvert de branches?
2. C'est un pauvre bûcheron ______ songe à son malheur.
3. Il a tant de soucis ______ il pense.
4. Selon la fable, c'est la mort ______ il appelle.
5. Elle vient lui demander ______ il faut faire.
6. Savez-vous ______ une devise?

7. Je ne comprends pas ______ elle a besoin.
8. As-tu remarqué les paquets contre ______ les jouets sont tassés?
9. C'est un cantique de Noël ______ elle aime beaucoup.
10. Elle ne sait pas ______ l'a rendue triste et mélancolique.
11. Voilà la boutique ______ j'ai acheté notre sapin de Noël.
12. Ils croiront tout ______ vous leur direz.
13. On croit que c'est la fille à côte de ______ il était assis à la messe de minuit.
14. C'est une coutume ______ tu ne devrais pas te moquer.
15. Aujourd'hui, il y a beaucoup de gens ______ ne croient pas en Dieu.

Appendice B

Conjugaison des verbes

Conjugaison des verbes **avoir** et **être**

avoir, *to have*		**être,** *to be*	
INDICATIF PRÉSENT			
I have, am having, do have		*I am, am being*	
j'ai	nous avons	je suis	nous sommes
tu as	vous avez	tu es	vous êtes
il a	ils ont	il est	ils sont
IMPARFAIT			
I was having, used to have, had		*I was being, used to be, was*	
j'avais	nous avions	j'étais	nous étions
tu avais	vous aviez	tu étais	vous étiez
il avait	ils avaient	il était	ils étaient
PASSÉ SIMPLE			
I had		*I was*	
j'eus	nous eûmes	je fus	nous fûmes
tu eus	vous eûtes	tu fus	vous fûtes
il eut	ils eurent	il fut	ils furent
PASSÉ COMPOSÉ			
I have had, had, did have		*I have been, was*	
j'ai eu	nous avons eu	j'ai été	nous avons été
tu as eu	vous avez eu	tu as été	vous avez été
il a eu	ils ont eu	il a été	ils ont été

PLUS-QUE-PARFAIT

I had had		*I had been*	
j'avais eu	nous avions eu	j'avais été	nous avions été
tu avais eu	vous aviez eu	tu avais été	vous aviez été
il avait eu	ils avaient eu	il avait été	ils avaient été

PASSÉ ANTÉRIEUR

I had had		*I had been*	
j'eus eu	nous eûmes eu	j'eus été	nous eûmes été
tu eus eu	vous eûtes eu	tu eus été	vous eûtes été
il eut eu	ils eurent eu	il eut été	ils eurent été

FUTUR

I shall have		*I shall be*	
j'aurai	nous aurons	je serai	nous serons
tu auras	vous aurez	tu seras	vous serez
il aura	ils auront	il sera	ils seront

CONDITIONNEL

I would have		*I would be*	
j'aurais	nous aurions	je serais	nous serions
tu aurais	vous auriez	tu serais	vous seriez
il aurait	ils auraient	il serait	ils seraient

FUTUR ANTÉRIEUR

I shall have had		*I shall have been*	
j'aurai eu	nous aurons eu	j'aurai été	nous aurons été
tu auras eu	vous aurez eu	tu auras été	vous aurez été
il aura eu	ils auront eu	il aura été	ils auront été

CONDITIONNEL PASSÉ

I would have had		*I would have been*	
j'aurais eu	nous aurions eu	j'aurais été	nous aurions été
tu aurais eu	vous auriez eu	tu aurais été	vous auriez été
il aurait eu	ils auraient eu	il aurait été	ils auraient été

PRÉSENT DU SUBJONCTIF

I (may) have		*I (may) be*	
j'aie[1]	nous ayons	je sois[1]	nous soyons
tu aies	vous ayez	tu sois	vous soyez
il ait	ils aient	il soit	ils soient

[1] **Que** has been omitted for lack of space, but it should be used in conjugating any verb in the subjunctive.

IMPARFAIT DU SUBJONCTIF

I might have		*I might be*	
j'eusse	nous eussions	je fusse	nous fussions
tu eusses	vous eussiez	tu fusses	vous fussiez
il eût	ils eussent	il fût	ils fussent

PASSÉ DU SUBJONCTIF

I (may) have had		*I (may) have been*	
j'aie eu	nous ayons eu	j'aie été	nous ayons été
tu aies eu	vous ayez eu	tu aies été	vous ayez été
il ait eu	ils aient eu	il ait été	ils aient été

PLUS-QUE-PARFAIT DU SUBJONCTIF

I might have had		*I might have been*	
j'eusse eu	nous eussions eu	j'eusse été	nous eussions été
tu eusses eu	vous eussiez eu	tu eusses été	vous eussiez été
il eût eu	ils eussent eu	il eût été	ils eussent été

IMPÉRATIF

______	ayons, *let us have*	______	soyons, *let us be*
aie *have*	ayez, *have*	sois, *be*	soyez, *be*

Conjugaison des verbes réguliers

I	II	III
	INFINITIF	
parler, *to speak*	**finir,** *to finish*	**entendre,** *to hear*
	PARTICIPE PRÉSENT	
parlant, *speaking*	finissant, *finishing*	entendant, *hearing*
	PARTICIPE PASSÉ	
parlé, *spoken*	fini, *finished*	entendu, *heard*
	INDICATIF PRÉSENT	
I speak, am speaking, etc.	*I finish, am finishing, etc.*	*I hear, am hearing etc.*
je parle	je finis	j'entends
tu parles	tu finis	tu entends
il parle	il finit	il entend
nous parlons	nous finissons	nous entendons
vous parlez	vous finissez	vous entendez
ils parlent	ils finissent	ils entendent

IMPARFAIT

I was speaking, used to speak, etc.	*I was finishing, used to finish, etc.*	*I was hearing, used to hear, etc.*
je parlais	je finissais	j'entendais
tu parlais	tu finissais	tu entendais
il parlait	il finissait	il entendait
nous parlions	nous finissions	nous entendions
vous parliez	vous finissiez	vous entendiez
ils parlaient	ils finissaient	ils entendaient

PASSÉ SIMPLE

I spoke, etc.	*I finished, etc.*	*I heard, etc.*
je parlai	je finis	j'entendis
tu parlas	tu finis	tu entendis
il parla	il finit	il entendit
nous parlâmes	nous finîmes	nous entendîmes
vous parlâtes	vous finîtes	vous entendîtes
ils parlèrent	ils finirent	ils entendirent

PASSÉ COMPOSÉ

I spoke, have spoken, etc.	*I finished, have finished, etc.*	*I heard, have heard, etc.*
j'ai parlé	j'ai fini	j'ai entendu
tu as parlé	tu as fini	tu as entendu
il a parlé	il a fini	il a entendu
nous avons parlé	nous avons fini	nous avons entendu
vous avez parlé	vous avez fini	vous avez entendu
ils ont parlé	ils ont fini	ils ont entendu

PLUS-QUE-PARFAIT

I had spoken, etc.	*I had finished, etc.*	*I had heard, etc.*
j'avais parlé	j'avais fini	j'avais entendu
tu avais parlé	tu avais fini	tu avais entendu
il avait parlé	il avait fini	il avait entendu
nous avions parlé	nous avions fini	nous avions entendu
vous aviez parlé	vous aviez fini	vous aviez entendu
ils avaient parlé	ils avaient fini	ils avaient entendu

PASSÉ ANTÉRIEUR

I had spoken, etc.	*I had finished, etc.*	*I had heard, etc.*
j'eus parlé	j'eus fini	j'eus entendu
tu eus parlé	tu eus fini	tu eus entendu
il eut parlé	il eut fini	il eut entendu
nous eûmes parlé	nous eûmes fini	nous eûmes entendu
vous eûtes parlé	vous eûtes fini	vous eûtes entendu
ils eurent parlé	ils eurent fini	ils eurent entendu

FUTUR

I shall speak, etc.	*I shall finish, etc.*	*I shall hear, etc.*
je parlerai	je finirai	j'entendrai
tu parleras	tu finiras	tu entendras
il parlera	il finira	il entendra
nous parlerons	nous finirons	nous entendrons
vous parlerez	vous finirez	vous entendrez
ils parleront	ils finiront	ils entendront

CONDITIONNEL

I would speak, etc.	*I would finish, etc.*	*I would hear, etc.*
je parlerais	je finirais	j'entendrais
tu parlerais	tu finirais	tu entendrais
il parlerait	il finirait	il entendrait
nous parlerions	nous finirions	nous entendrions
vous parleriez	vous finiriez	vous entendriez
ils parleraient	ils finiraient	ils entendraient

FUTUR ANTÉRIEUR

I shall have spoken, etc.	*I shall have finished, etc.*	*I shall have heard, etc.*
j'aurai parlé	j'aurai fini	j'aurai entendu
tu auras parlé	tu auras fini	tu auras entendu
il aura parlé	il aura fini	il aura entendu
nous aurons parlé	nous aurons fini	nous aurons entendu
vous aurez parlé	vous aurez fini	vous aurez entendu
ils auront parlé	ils auront fini	ils auront entendu

CONDITIONNEL PASSÉ

I would have spoken, etc.	*I would have finished, etc.*	*I would have heard, etc.*
j'aurais parlé	j'aurais fini	j'aurais entendu
tu aurais parlé	tu aurais fini	tu aurais entendu
il aurait parlé	il aurait fini	il aurait entendu
nous aurions parlé	nous aurions fini	nous aurions entendu
vous auriez parlé	vous auriez fini	vous auriez entendu
ils auraient parlé	ils auraient fini	ils auraient entendu

PRÉSENT DU SUBJONCTIF

that I (may) speak, etc.	*that I (may) finish, etc.*	*that I (may) hear, etc.*
que je parle	que je finisse	que j'entende
que tu parles	que tu finisses	que tu entendes
qu'il parle	qu'il finisse	qu'il entende
que nous parlions	que nous finissions	que nous entendions
que vous parliez	que vous finissiez	que vous entendiez
qu'ils parlent	qu'ils finissent	qu'ils entendent

IMPARFAIT DU SUBJONCTIF

that I (might) speak, etc.	*that I (might) finish, etc.*	*that I (might) hear, etc.*
que je parlasse	que je finisse	que j'entendisse
que tu parlasses	que tu finisses	que tu entendisses
qu'il parlât	qu'il finît	qu'il entendît
que nous parlassions	que nous finissions	que nous entendissions
que vous parlassiez	que vous finissiez	que vous entendissiez
qu'ils parlassent	qu'ils finissent	qu'ils entendissent

PASSÉ DU SUBJONCTIF

that I (may) have spoken, etc.	*that I (may) have finished, etc.*	*that I (may) have heard, etc.*
que j'aie parlé	que j'aie fini	que j'aie entendu
que tu aies parlé	que tu aies fini	que tu aies entendu
qu'il ait parlé	qu'il ait fini	qu'il ait entendu
que nous ayons parlé	que nous ayons fini	que nous ayons entendu
que vous ayez parlé	que vous ayez fini	que vous ayez entendu
qu'ils aient parlé	qu'ils aient fini	qu'ils aient entendu

PLUS-QUE-PARFAIT DU SUBJONCTIF

that I (might) have spoken, etc.	*that I (might) have finished, etc.*	*that I (might) have heard, etc.*
que j'eusse parlé	que j'eusse fini	que j'eusse entendu
que tu eusses parlé	que tu eusses fini	que tu eusses entendu
qu'il eût parlé	qu'il eût fini	qu'il eût entendu
que nous eussions parlé	que nous eussions fini	que nous eussions entendu
que vous eussiez parlé	que vous eussiez fini	que vous eussiez entendu
qu'ils eussent parlé	qu'ils eussent fini	qu'ils eussent entendu

IMPÉRATIF

parle, *speak*	finis, *finish*	entends, *hear*
parlons, *let us speak*	finissons, *let us finish*	entendons, *let us hear*
parlez, *speak*	finissez, *finish*	entendez, *hear*

La Voix passive

INFINITIF

PRÉSENT	PASSÉ
être aimé(e)(s), *to be loved*	avoir été aimé(e)(s), *to have been loved*

PARTICIPE

PRÉSENT	PASSÉ
étant aimé(e)(s), *being loved*	ayant été aimé(e)(s), *having been loved*

INDICATIF

PRÉSENT

I am (being) loved, etc.

je suis aimé(e)
tu es aimé(e)
il (elle) est aimé(e)
nous sommes aimé(e)
vous êtes aimé(e)s
ils (elles) sont aimé(e)s

PASSÉ COMPOSÉ

I have been (was) loved, etc.

j'ai été aimé(e)
tu as éte aimé(e)
il (elle) a été aimé(e)
nous avons été aimé(e)s
vous avez été aimé(e)s
ils (elles) ont été aimé(e)s

IMPARFAIT

I was (being) loved, etc.

j'étais aimé(e), etc.

PLUS-QUE PARFAIT

I had been loved, etc.

j'avais été aimé(e), etc.

PASSÉ SIMPLE

I was loved, etc.

je fus aimé(e), etc.

PASSÉ ANTÉRIEUR

I had been loved, etc.

j'eus été aimé(e), etc.

FUTUR

I shall be loved, etc.

je serai aimé(e), etc.

FUTUR ANTÉRIEUR

I shall have been loved, etc.

j'aurai été aimé(e), etc.

CONDITIONNEL

I would be loved, etc.

je serais aimé(e), etc.

CONDITIONNEL PASSÉ

I would have been loved, etc.

j'aurais été aimé(e), etc.

SUBJONCTIF

PRÉSENT

that I (may) be loved, etc.

que je sois aimé(e), etc.

PASSÉ

that I (may) have been loved, etc.

que j'aie été aimé(e), etc.

IMPARFAIT

that I (might) be loved, etc.

que je fusse aimé(e), etc.

PLUS-QUE-PARFAIT

that I (might) have been loved, etc.

que j'eusse été aimé(e), etc.

IMPÉRATIF

sois aimé(e), *be loved*
soyons aimé(e)s, *let us be loved*
soyez aimé(e)s, *be loved*

Le Verbe réfléchi

INFINITIF

PRÉSENT	PASSÉ
se laver, *to wash (oneself)*	s'être lavé(e)(s), *to have washed (oneself)*

PARTICIPE

PRÉSENT	PASSÉ
se lavant, *washing (oneself)*	s'étant lavé(e)(s), *having washed (oneself)*

INDICATIF

PRÉSENT	PASSÉ COMPOSÉ
I wash, am washing (myself), etc.	*I washed, have washed (myself), etc.*
je me lave	je me suis lavé(e)
tu te laves	tu t'es lavé(e)
il se lave	il (elle) s'est lavé(e)
nous nous lavons	nous nous sommes lavé(e)s
vous vous lavez	vous vous êtes lavé(e)s
ils se lavent	ils (elles) se sont lavé(e)s
IMPARFAIT	**PLUS-QUE-PARFAIT**
I was washing, washed (myself), etc.	*I had washed (myself), etc.*
je me lavais, etc.	je m'étais lavé(e), etc.
PASSÉ SIMPLE	**PASSÉ ANTÉRIEUR**
I washed (myself), etc.	*I had washed (myself), etc.*
je me lavai, etc.	je me fus lavé(e), etc.
FUTUR	**FUTUR ANTÉRIEUR**
I shall wash (myself), etc.	*I shall have washed (myself), etc.*
je me laverai, etc.	je me serai lavé(e), etc.
CONDITIONNEL	**CONDITIONNEL PASSÉ**
I would wash (myself), etc.	*I would have washed (myself), etc.*
je me laverais, etc.	je me serais lavé(e), etc.

SUBJONCTIF

PRÉSENT	PASSÉ
that I (may) wash (myself), etc.	*that I (may) have washed (myself), etc.*
que je me lave, etc.	que je me sois lavé(e), etc.
IMPARFAIT	PLUS-QUE-PARFAIT
that I (might) wash (myself), etc.	*that I (might) have washed (myself), etc.*
que je me lavasse, etc.	que je me fusse lavé(e), etc.

IMPÉRATIF

lave-toi, *wash (yourself)*
lavons-nous, *let us wash (ourselves)*
lavez-vous, *wash (yourselves, yourself)*

Verbes en **-ier, -ouer** et **-uer**

The vowels **i, ou, u** lose their full vowel value before a pronounced vowel and become semi-vowels, but they retain the full vowel value before a mute **e.**

	copier, *to copy*		**jouer,** *to play*		**continuer,** *to continue*	
			PRÉSENT			
je	cop**ie**	[kɔpi]	j**oue**	[ʒu]	contin**ue**	[kɔ̃tiny]
tu	cop**ies**	[kɔpi]	j**oues**	[ʒu]	contin**ues**	[kɔ̃tiny]
il	cop**ie**	[kɔpi]	j**oue**	[ʒu]	contin**ue**	[kɔ̃tiny]
nous	cop**i**ons	[kɔpjɔ̃]	j**ou**ons	[ʒwɔ̃]	contin**u**ons	[kɔ̃tinɥɔ̃]
vous	cop**i**ez	[kɔpje]	j**ou**ez	[ʒwe]	contin**u**ez	[kɔ̃tinɥe]
ils	cop**ie**nt	[kɔpi]	j**oue**nt	[ʒu]	contin**ue**nt	[kɔ̃tiny]
			IMPARFAIT			
je	cop**i**ais	[kɔpjɛ]	j**ou**ais	[ʒwɛ]	contin**u**ais	[kɔ̃tinɥɛ]
	etc.		*etc.*		*etc.*	
			FUTUR			
je	cop**ie**rai	[kɔpjre]	j**oue**rai	[ʒure]	contin**ue**rai	[kɔ̃tinyre]
	etc.		*etc.*		*etc.*	
			CONDITIONNEL			
je	cop**ie**rais	[kɔpjrɛ]	j**oue**rais	[ʒurɛ]	contin**ue**rais	[kɔ̃tinyrɛ]
	etc.		*etc.*		*etc.*	

	PARTICIPE PASSÉ	
copi**é** [kɔpje]	jou**é** [ʒwe]	continu**é** [kɔ̃tinɥe]

Verbes à changements orthographiques

1. Verbs ending in **-cer,** *e.g.* **avancer** [avɑ̃se], *advance,* must preserve the [s] sound of **c** throughout their conjugation, and hence **c** becomes **ç** when it precedes **a** or **o** of an ending, but not elsewhere.

PART. PRÉS.	INDIC. PRÉS.	IMPF. INDIC.	PASSÉ SIMPLE	IMPF. SUBJ.
avan**ç**ant	avance	avan**ç**ais	avan**ç**ai	avan**ç**asse
	avances	avan**ç**ais	avan**ç**as	avan**ç**asses
	avance	avan**ç**ait	avan**ç**a	avan**ç**ât
	avan**ç**ons	avancions	avan**ç**âmes	avan**ç**assions
	avancez	avanciez	avan**ç**âtes	avan**ç**assiez
	avancent	avan**ç**aient	avancèrent	avan**ç**assent

NOTE: Pronoun subjects are omitted to save space.

2. Verbs ending in **-ger,** *e.g.* **manger** [mɑ̃ʒe], *eat* , must preserve the [ʒ] sound of **g** throughout their conjugation, and hence **g** becomes **ge** when it precedes **a** or **o** of an ending, but not elsewhere.

PART. PRÉS.	PRÉS. INDIC.	IMPF. INDIC.	PASSÉ SIMPLE	IMPF. SUBJ.
man**ge**ant	mange	man**ge**ais	man**ge**ai	man**ge**asse
	manges	man**ge**ais	man**ge**as	man**ge**asses
	mange	man**ge**ait	man**ge**a	man**ge**ât
	man**ge**ons	mangions	man**ge**âmes	man**ge**assions
	mangez	mangiez	man**ge**âtes	man**ge**assiez
	mangent	man**ge**aient	mangèrent	man**ge**assent

3. Verbs ending in **-oyer** and **-uyer,** *e.g.* **nettoyer,** *clean,* **essuyer,** *wipe,* change **y** to **i** whenever it comes before mute **e** in conjugation, but not elsewhere; verbs in **-ayer,** *e.g.* **payer,** *pay,* may retain **y** throughout, or change **y** to **i** before mute **e.**

PRÉS. INDIC.	PRÉS. SUBJ.	FUTUR	CONDITIONNEL
netto**i**e	netto**i**e	netto**i**erai	netto**i**erais
netto**i**es	netto**i**es	netto**i**eras	netto**i**erais
netto**i**e	netto**i**e	netto**i**era	netto**i**erait
nettoyons	nettoyions	netto**i**erons	netto**i**erions
nettoyez	nettoyiez	netto**i**erez	netto**i**eriez
netto**i**ent	netto**i**ent	netto**i**eront	netto**i**eraient
essu**i**e etc.	essu**i**e etc.	essu**i**erai etc.	essu**i**erais etc.
pa**i**e / paye } etc.	pa**i**e / paye } etc.	pa**i**erai / payerai } etc.	pa**i**erais / payerais } etc.

4. Verbs having the stem vowel **e,** *e.g.* **mener,** *lead,* change this **e** to **è** wherever it is followed by a mute **e** ending in conjugation (but for verbs in **-eler, -eter,** see below).

PRÉS. INDIC.	PRÉS. SUBJ.	FUTUR	CONDITIONNEL
m**è**ne	m**è**ne	m**è**nerai	m**è**nerais
m**è**nes	m**è**nes	m**è**neras	m**è**nerais
m**è**ne	m**è**ne	m**è**nera	m**è**nerait
menons	menions	m**è**nerons	m**è**nerions
menez	meniez	m**è**nerez	m**è**neriez
m**è**nent	m**è**nent	m**è**neront	m**è**neraient

5. Verbs having the stem vowel **é** followed by a consonant, *e.g.* **céder,** *yield,* change **é** to **è** in the present indicative and subjunctive, but retain **é** in the future and conditional when followed by a mute **e** ending.

PRÉS. INDIC.	PRÉS. SUBJ.	FUTUR	CONDITIONNEL
c**è**de, etc.	c**è**de, etc.	c**é**derai, etc.	c**é**derais, etc.

NOTE: Verbs with stem vowel **é** + vowel are regular, *e.g.* **créer.**

6. Verbs in **-eler, -eter,** *e.g.* **appeler,** *call,* **jeter,** *throw,* usually double **l** or **t** before a mute **e** ending in conjugation (but for some important exceptions, see paragraph 7).

PRÉS. INDIC.	PRÉS. SUBJ.	FUTUR	CONDITIONNEL
appe**ll**e	appe**ll**e	appe**ll**erai	appe**ll**erais
appe**ll**es	appe**ll**es	appe**ll**eras	appe**ll**erais
appe**ll**e	appe**ll**e	appe**ll**era	appe**ll**erait
appelons	appelions	appe**ll**erons	appe**ll**erions
appelez	appeliez	appe**ll**erez	appe**ll**eriez
appe**ll**ent	appe**ll**ent	appe**ll**eront	appe**ll**eraient
Also **jeter:**			
je**tt**e, etc.	je**tt**e, etc.	je**tt**erai, etc.	je**tt**erais, etc.

7. A few verbs in **-eler, -eter** (the commonest being **acheter,** *buy,* **geler,** *freeze)* take the grave accent like **mener** (see paragraph 4).

PRÉS. INDIC.	PRÉS. SUBJ.	FUTUR	CONDITIONNEL
ach**è**te, etc.	ach**è**te, etc.	ach**è**terai, etc.	ach**è**terais, etc.
g**è**le, etc.	g**è**le, etc.	g**è**lerai, etc.	g**è**lerais, etc.

Appendice C *Liste des principaux*

INFINITIF	PARTICIPES	INDICATIF PRÉSENT	
acquérir, *to acquire*	**acquérant** **acquis, -e**	**j'acquiers** tu acquiers il acquiert	nous acquérons vous acquérez ils acquièrent
aller, *to go*	**allant** **allé, -e**	**je vais** tu vas il va	nous allons vous allez ils vont
s'asseoir, *to sit down*	**s'asseyant**[1] **assis, -e**	**je m'assieds**[2] tu t'assieds il s'assied	nous nous asseyons[2] vous vous asseyez ils s'asseyent
avoir, *to have*	**ayant** **eu, -e**	**j'ai** tu as il a	nous avons vous avez ils ont
battre, *to beat*	**battant** **battu, -e**	**je bats** tu bats il bat	nous battons vous battez ils battent
boire, *to drink*	**buvant** **bu, -e**	**je bois** tu bois il boit	nous buvons vous buvez ils boivent
bouillir, *to boil*	**bouillant** **bouilli, -e**	**je bous** tu bous il bout	nous bouillons vous bouillez ils bouillent

[1] Or **s'assoyant.**

[2] Or **je m'assois, tu t'assois, il s'assoit, nous nous assoyons, vous vous assoyez, ils s'assoient.**

verbes irréguliers

PASSÉ SIMPLE	FUTUR	SUBJONCTIF PRÉS.	IMPÉRATIF
j'acquis	j'acquerrai	que j'acquière que nous acquérions qu'ils acquièrent	acquiers acquérons acquérez
j'allai	j'irai	que j'aille que nous allions qu'ils aillent	va allons allez
je m'assis	je m'assiérai (asseyerai) (assoirai)	que je m'asseye[3] que nous nous asseyions qu'ils s'asseyent	assieds-toi[4] asseyons-nous asseyez-vous
j'eus	j'aurai	que j'aie que nous ayons qu'ils aient	aie ayons ayez
je battis	je battrai	que je batte que nous battions qu'ils battent	bats battons battez
je bus	je boirai	que je boive que nous buvions qu'ils boivent	bois buvons buvez
je bouillis	je bouillirai	que je bouille que nous bouillions qu'ils bouillent	bous bouillons bouillez

[3] Or **que je m'assoie, que nous nous assoyions, qu'ils s'assoient.**

[4] Or **assois-toi, assoyons-nous, assoyez-vous.**

INFINITIF	PARTICIPES	INDICATIF PRÉSENT	
conclure, *to conclude*	**concluant** **conclu, -e**	**je conclus** tu conclus il conclut	nous concluons vous concluez ils concluent
conduire, *to conduct*	**conduisant** **conduit, -e**	**je conduis** tu conduis il conduit	nous conduisons vous conduisez ils conduisent
connaître, *to know*	**connaissant** **connu, -e**	**je connais** tu connais il connaît	nous connaissons vous connaissez ils connaissent

conquérir *(to conquer) is conjugated like* **acquérir**

construire *(to construct) is conjugated like* **conduire**

coudre, *to sew*	**cousant** **cousu, -e**	**je couds** tu couds il coud	nous cousons vous cousez ils cousent
courir, *to run*	**courant** **couru**	**je cours** tu cours il court	nous courons vous courez ils courent
couvrir, *to cover*	**couvrant** **couvert, -e**	**je couvre** tu couvres il couvre	nous couvrons vous couvrez ils couvrent
craindre, *to fear*	**craignant** **craint, -e**	**je crains** tu crains il craint	nous craignons vous craignez ils craignent
croire, *to believe*	**croyant** **cru, -e**	**je crois** tu crois il croit	nous croyons vous croyez ils croient
croître, *to grow*	**croissant** **crû**	**je croîs** tu croîs il croît	nous croissons vous croissez ils croissent
cueillir, *to gather*	**cueillant** **cueilli, -e**	**je cueille** tu cueilles il cueille	nous cueillons vous cueillez ils cueillent

PASSÉ SIMPLE	FUTUR	SUBJONCTIF PRÉS.	IMPÉRATIF
je conclus	je conclurai	que je conclue que nous concluions qu'ils concluent	conclus concluons concluez
je conduisis	je conduirai	que je conduise que nous conduisions qu'ils conduisent	conduis conduisons conduisez
je connus	je connaîtrai	que je connaisse que nous connaissions qu'ils connaissent	connais connaissons connaissez
je cousis	je coudrai	que je couse que nous cousions qu'ils cousent	couds cousons cousez
je courus	je courrai	que je coure que nous courions qu'ils courent	cours courons courez
je couvris	je couvrirai	que je couvre que nous couvrions qu'ils couvrent	couvre couvrons couvrez
je craignis	je craindrai	que je craigne que nous craignions qu'ils craignent	crains craignons craignez
je crus	je croirai	que je croie que nous croyions qu'ils croient	crois croyons croyez
je crûs	je croîtrai	que je croisse que nous croissions qu'ils croissent	croîs croissons croissez
je cueillis	je cueillerai	que je cueille que nous cueillions qu'ils cueillent	cueille cueillons cueillez

INFINITIF	PARTICIPES	INDICATIF PRÉSENT	
cuire, *to cook*	**cuisant** **cuit, -e**	*conjugated like* **conduire**	
devoir, *to owe, must*	**devant** **dû, due**	**je dois** tu dois il doit	nous devons vous devez ils doivent
dire, *to say*	**disant** **dit, -e**	**je dis** tu dis il dit	nous disons vous dites ils disent
dormir, *to sleep*	**dormant** **dormi**	**je dors** tu dors il dort	nous dormons vous dormez ils dorment
écrire, *to write*	**écrivant** **écrit, -e**	**j'écris** tu écris il écrit	nous écrivons vous écrivez ils écrivent
envoyer, *to send*	**envoyant** **envoyé, -e**	**j'envoie** tu envoies il envoie	nous envoyons vous envoyez ils envoient
être, *to be*	**étant** **été**	**je suis** tu es il est	nous somes vous êtes ils sont
faire, *to do*	**faisant** **fait, -e**	**je fais** tu fais il fait	nous faisons vous faites ils font
falloir, *to be necessary*	**—** **fallu**	**il faut**	
fuir, *to flee*	**fuyant** **fui**	**i** *becomes* **y** *before a vowel except before* **-e, -es, -ent**	
haïr, *to hate*	**haïssant** **haï, -e**	**je hais** tu hais il hait	nous haïssons vous haïssez ils haïssent

introduire *(to introduce) is conjugated like* **conduire**

joindre *(to join) is conjugated like* **craindre,** *substituting* **oi** *for* **ai**

PASSÉ SIMPLE	FUTUR	SUBJONCTIF PRÉS.	IMPÉRATIF
je dus	je devrai	que je doive que nous devions qu'ils doivent	dois devons devez
je dis	je dirai	que je dise que nous disions qu'ils disent	dis disons dites
je dormis	je dormirai	que je dorme que nous dormions qu'ils dorment	dors dormons dormez
j'écrivis	j'écrirai	que j'écrive que nous écrivions qu'ils écrivent	écris écrivons écrivez
j'envoyai	j'enverrai	que j'envoie que nous envoyions qu'ils envoient	envoie envoyons envoyez
je fus	je serai (*Impf.*) j'étais	que je sois que nous soyons qu'ils soient	sois soyons soyez
je fis	je ferai	que je fasse que nous fassions qu'ils fassent	fais faisons faites
il fallut	il faudra	qu'il faille	—

je haïs
All regular except singular pres. ind. and singular imperative.

INFINITIF	PARTICIPES	INDICATIF PRÉSENT	
lire, *to read*	**lisant** **lu, -e**	**je lis** tu lis il lit	nous lisons vous lisez ils lisent
maudire, *to curse*	**maudissant** **maudit, -e**	**je maudis** tu maudis il maudit	nous maudissons vous maudissez ils maudissent
mentir *(to lie) is conjugated like* **dormir**			
mettre, *to put*	**mettant** **mis, -e**	**je mets** tu mets il met	nous mettons vous mettez ils mettent
mourir, *to die*	**mourant** **mort, -e**	**je meurs** tu meurs il meurt	nous mourons vous mourez ils meurent
naître, *to be born*	**naissant** **né, -e**	*conjugated like* **connaître,** *except simple past*	
offrir *(to offer) conjugated like* **couvrir**			
ouvrir *(to open) conjugated like* **couvrir**			
paraître *(to appear) conjugated like* **connaître**			
partir, *to set out*	**partant** **parti, -e**	*conjugated like* **dormir**	
peindre, *to paint*	**peignant** **peint, -e**	*conjugated like* **craindre,** *substituting* **ei** *for* **ai**	
plaire, *to please*	**plaisant** **plu**	**je plais** tu plais il plaît	nous plaisons vous plaisez ils plaisent
pleuvoir, *to rain*	**pleuvant** **plu**	**il pleut**	
pouvoir, *to be able*	**pouvant** **pu**	**je peux** (puis) tu peux il peut	nous pouvons vous pouvez ils peuvent

PASSÉ SIMPLE	FUTUR	SUBJONCTIF PRÉS.	IMPÉRATIF
je lus	je lirai	que je lise que nous lisions qu'ils lisent	lis lisons lisez
je maudis	je maudirai	que je maudisse que nous maudissions qu'ils maudissent	maudis maudissons maudissez
je mis	je mettrai	que je mette que nous mettions qu'ils mettent	mets mettons mettez
je mourus	je mourrai	que je meure que nous mourions qu'ils meurent	meurs mourons mourez
je naquis			
je plus	je plairai	que je plaise que nous plaisions qu'ils plaisent	plais plaisons plaisez
il plut	il pleuvra	qu'il pleuve	
je pus	je pourrai	que je puisse que nous puissions qu'ils puissent	—

INFINITIF	PARTICIPES	INDICATIF PRÉSENT	
prendre, *to take*	**prenant** **pris, -e**	**je prends** tu prends il prend	nous prenons vous prenez ils prennent
recevoir, *to receive*	**recevant** **reçu, -e**	**je reçois** tu reçois il reçoit	nous recevons vous recevez ils reçoivent
rire, *to laugh*	**riant** **ri**	**je ris** tu ris il rit	nous rions vous riez ils rient
savoir, *to know*	**sachant** **su, -e**	**je sais** tu sais il sait	nous savons vous savez ils savent
sentir, *to feel*	**sentant** **senti, -e**	**je sens** *conjugated like* **dormir**	
servir, *to serve*	**servant** **servi, -e**	**je sers** *conjugated like* **dormir**	
sortir, *to go out*	**sortant** **sorti, -e**	**je sors** *conjugated like* **dormir**	
souffrir, *to suffer*	**souffrant** **souffert, -e**	**je souffre** *conjugated like* **couvrir**	
suivre, *to follow*	**suivant** **suivi, -e**	**je suis** tu suis il suit	nous suivons vous suivez ils suivent
se taire, *to be silent*	**se taisant** **tu, -e**	**je me tais** tu te tais il se tait	(*rest like* **plaire**)
tenir, *to hold*	**tenant** **tenu, -e**	**je tiens** tu tiens il tient	nous tenons vous tenez ils tiennent
vaincre, *to conquer*	**vainquant** **vaincu, -e**	**je vaincs** tu vaincs il vainc	nous vainquons vous vainquez ils vainquent

PASSÉ SIMPLE	FUTUR	SUBJONCTIF PRÉS.	IMPÉRATIF
je pris	je prendrai	que je prenne que nous prenions qu'ils prennent	prends prenons prenez
je reçus	je recevrai	que je reçoive que nous recevions qu'ils reçoivent	reçois recevons recevez
je ris	je rirai	que je rie que nous riions qu'ils rient	ris rions riez
je sus	je saurai	que je sache que nous sachions qu'ils sachent	sache sachons sachez
je sentis			
je servis			
je sortis			
je souffris			
je suivis	je suivrai	que je suive que nous suivions qu'ils suivent	suis suivons suivez
je me tus			
je tins nous tînmes ils tinrent	je tiendrai	que je tienne que nous tenions qu'ils tiennent	tiens tenons tenez
je vainquis (**c** *becomes* **qu** *before every vowel but* **u**)	je vaincrai	que je vainque que nous vainquions qu'ils vainquent	vaincs vainquons vainquez

INFINITIF	PARTICIPES	INDICATIF PRÉSENT	
valoir, *to be worth*	**valant** **valu, -e**	**je vaux** tu vaux il vaut	nous valons vous valez ils valent
venir, *to come*	**venant** **venu, -e**	**je viens** *conjugated like* **tenir**	
vêtir, *to clothe*	**vêtant** **vêtu, -e**	**je vêts** tu vêts il vêt	nous vêtons vous vêtez ils vêtent
vivre, *to live*	**vivant** **vécu**	**je vis** tu vis il vit	nous vivons vous vivez ils vivent
voir, *to see*	**voyant** **vu, -e**	**je vois** tu vois il voit	nous voyons vous voyez ils voient
vouloir, *to be willing*	**voulant** **voulu, -e**	**je veux** tu veux il veut	nous voulons vous voulez ils veulent

PASSÉ SIMPLE	FUTUR	SUBJONCTIF PRÉS.	IMPÉRATIF
je valus	je vaudrai	que je vaille que nous valions qu'ils vaillent	vaux valons valez
je vêtis	je vêtirai	que je vête que nous vêtions qu'ils vêtent	vêts vêtons vêtez
je vécus	je vivrai	que je vive que nous vivions qu'ils vivent	vis vivons vivez
je vis	je verrai	que je voie que nous voyions qu'ils voient	vois voyons voyez
je voulus	je voudrai	que je veuille que nous voulions qu'ils veuillent	veuille veuillons veuillez

Vocabulaire

Les abbréviations suivantes ont été utilisées dans ce vocabulaire:

adj.	adjectif	*m.*	masculin
adv.	adverbe	*n.*	nom
f.	féminin	*pl.*	pluriel
fam.	familier	*p.p.*	participe passé
impers.	impersonnel		

abbaye *f.* abbey
abeille *f.* bee, honeybee
abîme *f.* abyss
abord: d'abord first of all
aborder to approach; to reach
aboutir to end at
abriter (s') to take shelter
abstrait abstract; abstracted
accéder: accéder à to have access to
accès *m.* outburst; access
accompagner to accompany, to escort
accord *m.* agreement; harmony; **être d'accord** to agree
accorder to tune; to grant
accouchement *m.* bringing forth (of child); labor
accouder (s') to rest on one's elbows; to lean on
accroître (s') to grow, to increase
accru (*p.p.* of **accroître**) augmented
accueil *m.* reception, welcome
accueillir to welcome, to greet, to receive
acharné keen; relentless; fierce; resolute
achat *m.* purchase
acheter to buy
acheter à crédit to buy on credit
achever to end, to conclude, to complete
acier *m.* steel
acquéreur *m.* buyer, purchaser
acquérir to acquire, to purchase
âcre acrid, pungent
âcreté *f.* acridity
actualité *f.* actuality; reality; matter of present interest
actuel, -lle current, present
adoucir to soften; to refine; to sweeten
adresser to direct; to address; **s'adresser** to speak
adversaire *m.* adversary, opponent
aérien, -nne aerial, air *(adj.)*
affaiblir to weaken
affaire *f.* business; affair; **affaires** belongings
affectif, -ve emotional, affective
affectueux, -se affectionate
afficher to indicate; to post
affiner to make thinner; to refine
affligé burdened; afflicted
affûter to sharpen
agave *f.* agave; desert plant
agenouiller (s') to kneel down
agir to act; **s'agir de** to be a question of
agrandir to expand, to enlarge
agricole agricultural
aider to help
aïeux *(m. pl.)* ancestors, forefathers
aiguiser to sharpen
aîle *f.* wing
ailleurs elsewhere; **d'ailleurs** moreover; **par ailleurs** in other respects
aîné *m.* elder; eldest
ainsi thus
air *m.* air; appearance, aspect
aisé easy; well-to-do

aisément easily
ajouter to add; **ajouter petit à petit** to fold in carefully
albe white
aléa *m.* risk, hazard; chance
alentour roundabout; **les alentours** the surroundings
aliment *m.* food
allaiter to suckle, to feed
allègre lively, brisk; cheerful
alléguer to allege, to state
allemand German
aller to go
allumer to turn on; to light (a fire)
allure *f.* walk, gait; bearing
alors then, at that time
alourdir to make heavy, to weigh down; **s'alourdir** to become heavy
amande *f.* almond
amarrer to moor, to secure, to make fast
ambiance *f.* environment, atmosphere, general mood
âme *f.* soul
améliorer to improve; **s'améliorer** to improve oneself, to grow better
amener to lead; to bring
amertume *f.* bitterness
amical friendly; amicable
amitié *f.* friendship
amour *m.* love
amour-propre *m.* self-esteem
ampoule *f.* lightbulb
amuser (s') to have fun
ancien, -nne former; old
âne *f.* donkey
Angleterre *f.* England
angoisse *f.* anguish
anguille *f.* eel
annonce *f.* advertisement; announcement
anodin harmless
antan: d'antan of yesteryear
apaiser (s') to calm down
apercevoir to see, to perceive; **s'apercevoir** to perceive, to notice
aperçu *m.* glimpse; insight
apothicaire *m.* pharmacist
apparaître to appear, to come into sight
apparenter to ally by marriage; **s'apparenter** to marry
appartenir to belong
appel *m.* call; appeal
apporter to bring
apprendre to learn
apprêter (s') to get ready
approcher (s') to draw near to
après-midi *m.* afternoon
arbre *m.* tree
arc-en-ciel *m.* rainbow
ardent ardent, fervent; burning
argent *m.* money; silver; **argent de poche** pocket money
argot *m.* slang
armoire *f.* cupboard, closet
arrêter to stop; to arrest; **s'arrêter** to stop, to cease
arrière (en) backwards, behind
arrivée *f.* arrival
arriver to arrive; to happen
artichaut *m.* artichoke; **fond d'artichaut** artichoke heart
asile *m.* shelter, refuge; rest home
assaillir to assail, to assault
assaisonner to season
asseoir (s') to sit down
assidu assiduous, diligent
assister to attend
assourdir to deafen; to muffle
assoupir (s') to doze off
athée atheist
atteindre to attain, to reach; to achieve
attendre to wait; to expect
attentat *m.* attempt; assault
attente *f.* expectation; wait, waiting
attentif, -ve attentive, heedful
attirer to attract
attraper to catch
aube *f.* dawn, daybreak
au-dehors on the outside
au-delà de beyond
au-dessus above
auditeur, -trice listener, hearer
auditif, -ve auditory, related to the sense of hearing
autant as much; so much
autel *m.* altar
auteur *m.* author
auto *f.* car
autocar *m.* bus, motorcoach

autoritaire authoritative; authoritarian
autoroute *f.* expressway, highway, freeway
autre other
avare miserly, stingy
avaler to swallow
avancer to advance; **s'avancer** to move forward
avenir *m.* future
avertir to notify; to warn
aveugle blind
avide greedy
avilissant debasing, degrading
avion *m.* airplane
avis *m.* opinion, judgment; **à votre avis** in your opinion
avocat *m.* lawyer; attorney; advocate
avoir to have; **avoir beau** (+ *infinitive*) to do in vain; **avoir envie de** to feel like; **avoir hâte** to be in a hurry; **avoir le cafard** to be sad; **avoir le mal du pays** to be homesick; **avoir l'habitude de** to be accustomed to, to be in the habit of; **avoir tort** to be wrong

bachot *m.* baccalaureate
badaud *m.* gaper; someone who watches others; passer-by
baguette *f.* stick; long, thin loaf of bread
baguette magique *f.* magic wand
bahut *m.* cupboard
baie *f.* bay window; bay
baigner to bathe; **se baigner** to go swimming
bailli *m.* bailiff; magistrate
bain *m.* bath
baisser to lower
balancer to balance; to sway
balayer to sweep
balsamique balsamic; balmy
bananier *m.* banana tree
bande *f.* band, strip; **bande dessinée** comic strip
barbe *f.* beard
bas *m.* stocking
bas, -sse low
base *f.* base, foundation; basic; **de base** basic
bataille *f.* battle
bateau *m.* boat, ship
bâtiment *m.* building, edifice
bâton *m.* rod, stick, staff
battre to beat, to strike; **se battre** to fight; **battre en neige** to beat into a stiff foam
battu (*p.p.* of **battre**) beaten; **œufs battus en neige** whites of eggs beaten stiff
baume *m.* balm; balsam
béant wide open
bégayer to stutter
bénéfice *m.* profit; benefit
bénir to bless
bercer to cradle
béret *m.* cap
besoin *m.* need
beurre *m.* butter
bibliothèque *f.* library
bien *m.* good, welfare; possession
bien *adv.* well, indeed; **bien des** many
bien-être *m.* well-being
bienfaiteur *m.* benefactor
bienveillant benevolent
bière *f.* beer; coffin
bifurquer to branch off, to fork
bigouden from the Bigouden region in Brittany
bile *m.* bile; gall
bistrot *m.* bar; café
blafard pale, wan
blague *f.* joke; **sans blague** no kidding
blé *m.* wheat
bloc *m.* block; coalition; **faire bloc avec** to unite with
bœuf *m.* beef
bohème *m., f.; adj.* Bohemian; Gypsy; impoverished
bohémien, -nne *m., f.; adj.* Bohemian; vagabond; Gypsy
bois *m.* wood; **en bois** wooden
boîte *f.* box, carton; can
boitiller to hobble
bonbon *m.* candy
bonheur *m.* happiness
bon marché inexpensive, cheap
bord *m.* side; edge; **du même bord** of the same opinion or party
botte *f.* high top boot; riding boot; bunch
boue *f.* mud
bouffon, -nne farcical; ludicrous
bouffonerie *f.* clownery, farce
bouger to move, to stir
bouillir to boil
bouillonner to bubble

bouleverser to upset; to throw into confusion
bourgeois middle-class person
bourrer to stuff, to cram, to pack tight
bourrique *f.* donkey
bourse *f.* scholarship
boursier *m.* scholarship holder
bout *m.* end; piece; **joindre les deux bouts** to make ends meet
bouteille *f.* bottle
boutonnière *f.* buttonhole
brassard *m.* armlet, arm badge
brebis *f.* sheep, ewe
bref, -ève brief, short
bride *f.* bridle, rein
briller to shine
brise *f.* breeze
broderie *f.* embroidery
brosser to brush
brou de noix *m.* walnut stain
brouillard *m.* fog
bruire to rustle
bruit *m.* noise
brûler to burn
brume *f.* mist
brun *m.* dark-haired man
brunir to brown
brusque abrupt, brusque
brusquement suddenly
brut unrefined, crude, raw
bruyant noisy, loud, boisterous
bûcheron *m.* woodcutter
buissonnier, -ère that lives, lurks in the bush; **faire l'école buissonnière** to play hookey
bureau *m.* office; desk
burette *f.* oilcan
but *m.* goal, aim
buveur *m.* drinker

cabochard pigheaded, stubborn
cacher to hide; **se cacher** to hide oneself
cadeau *m.* gift, present
cadence *f.* cadence, rhythm
cadet, -tte younger; youngest
cadre *m.* frame, setting
cafard: avoir le cafard to be sad
cahot *m.* jolt, bump
calcul *m.* calculation, computation
camion *m.* truck
campagne *f.* countryside, country; **à la campagne** in the country; **en pleine campagne** in open country
canard *m.* duck
candélabre *m.* branched candlestick
cantatrice *f.* female vocalist; opera singer
cantique *m.* hymn
capital *m.* capital, funds
caprice *m.* caprice, whim, impulse
car for, because
carafe *f.* water bottle, pitcher
caricature *f.* caricature; travesty; parody
carillonner to chime
carnet *m.* notebook
carpe *f.* carp
carré *m.* square
cas: en tout cas in any case
case *f.* cabin, hut
casse-tête *m.* difficult problem; puzzle
casser to break
casserole *f.* saucepan
causer to cause; to talk, to converse
causerie *f.* informal talk
céder to yield, to cede, to give up
ceinture *f.* belt, waistband
célèbre famous, celebrated
cellule *f.* cell; basic unit; **cellule familiale** family unit
cendre *f.* cinder
centaine approximately one hundred
cependant however
cerise *f.* cherry
certes most certainly; surely
certitude *f.* certainty; assurance
cerveau *m.* brain
c'est-à-dire that is to say
chacun each one
chaîne *f.* channel (TV); chain; **travail** *(m.)* **à la chaîne** assembly line work
chair *f.* flesh
chaire *f.* professorship; **monter en chaire** to ascend the pulpit
chaleur *f.* warmth
chambre *f.* chamber, room; **chambre à coucher** bedroom
champignon *m.* mushroom
champs *m. pl.* field
chance *f.* fortune; luck
chanson *f.* song

chant *f.* song
chanter to sing
chapeau *m.* hat
chapelain *m.* chaplain
chaque each, every
char *m.* tank
charbon *m.* coal
charcutier *m.* pork butcher
charrette *f.* cart
charger to load, to heap; **se charger de** to take responsibility for
charlot *m.* wagon, cart
charlatan *m.* quack
chasser to hunt
chat *m.* cat
châtiment *m.* punishment, chastisement
chaud hot
chauffage *m.* heating system
chauffer to heat
chaumine *f.* thatched cottage
chausser to put on (shoes); to take a (shoe) size
chaussure *f.* shoe
chauve bald
chauvin chauvinistic
chauvinisme *m.* excessive or blind patriotism
chaux *f.* lime
chef *m.* leader; **chef d'état** chief of state
chemin *m.* way, path; **chemin de fer** railroad
cheminée *f.* chimney, fireplace
cheminer to walk along
chemise *f.* shirt
chêne *m.* oak tree
cher, -ère expensive; dear
chercher to look for; **aller chercher** to go get
chérir to cherish
cheval *m.* horse
chevaleresque chivalrous
chevalet *m.* arts easel; sawhorse
cheveu *m.* (a) hair
chèvre *f.* goat; she-goat
chiffre *m.* cipher; numeral, figure
chimiste *m.* chemist
chirurgien *m.* surgeon
chœur *m.* choir, chorus
choix *m.* choice
chômage *m.* unemployment
choyer to cherish
chronique *f.* chronicle
ciel *m.* sky
cierge *m.* candle
cimetière *m.* cemetery, graveyard
cinéaste *m.* script writer
cinéphile *m., f.* motion picture enthusiast
ciseler to chisel
citation *f.* quotation
citoyen, -nne *m., f.* citizen
clairon *m.* clarion
claquer to bang
clarté *f.* clearness, brightness
clé *f.* key
clef *f.* key
clinquant *m.* showiness; tinsel
clochard *m.* tramp, hobo
cloche *f.* bell
cocotte *f.* saucepan
cœur *m.* heart
coin *m.* corner
colline *f.* hill
colonne vertébrale *f.* spine, backbone
combattre to fight
combinaison *f.* slip; combination
combler to fill up; to fill in
commencer to begin, to start
commenter to comment upon
commerçant *n.* tradesman; merchant
commettre to commit
commission *f.* message; errand; **faire des commissions** to run errands
compatriote *m., f.* fellow countryman
complaisant kind, obliging
comporter to comprise, to include; to involve
compréhensif, -ve understanding; comprehensive
comprendre to understand, to comprehend; to comprise
comprimer to compress
compris included
comptabilité *f.* bookkeeping
compe *m.* count; reckoning; account; **tenir des comptes** to keep accounts, to do accounting
compter to count; to intend
compte-rendu *m.* realization; accounting; report
concevoir to conceive, to imagine
concierge *m., f.* caretaker
conclure to conclude
concours *m.* competition; competitive examination; contest

conçu (*p.p.* of **concevoir**) conceived; imagined
concurrencer to compete with
condiment *m.* seasoning
condoléance *f.* condolence
conduire to conduct; to guide; to drive
confection *f.* making; mixing
confiance *f.* confidence; trust
confier to entrust; to confide
confit preserved; candied (fruits)
confiture *f.* jam, preserves
conflit *m.* conflict, dispute
confondre to confuse; to confound
confronter to confront
congé *m.* leave; leave of absence; dismissal; **donner congé** to give leave; to dismiss
congeler to freeze (solid)
connaîssance *f.* knowledge, learning; understanding; attainment
connaître to know; to be acquainted with
connu (*p.p.* of **connaître**) known
conquête *f.* conquest
consacrer to consecrate; **se consacrer** to devote oneself
conseil *m.* advice, counsel
conserves *f.* preserved, canned food
conserver to preserve
consoler to comfort
constater to ascertain; to take note of
construire to construct, to build
consulter to hold counsel with
contempler to contemplate
contenir to contain
content happy
contenter (se) to be satisfied with, to be content with
conter to tell, to relate
contestataire contender; rebel
conteur *m.* storyteller
contraindre to compel, to force
contre against; **par contre** on the other hand
contribuer to contribute
convaincre to convince
convenable fitting, proper, suitable
convenir to agree; to suit
convergent converging
convier to invite
convoquer to summon
coq de bruyère *m.* wood grouse
coreligionnaire *m.* coreligionist, person of the same religion
corné horned
correction *f.* correcting, correction
corriger to correct
corrompre to corrupt
corps *m.* body; **prendre corps** to materialize, to take form
corvée *f.* forced labor; chore
costume *m.* suit; costume
côte *f.* hill
côté *m.* side
couche *f.* layer
coucher to lay down; to put (a child) to bed; **se coucher** to lie down; to go to bed
coude m. elbow
coudre to sew
coulisse *f.* backstage
coup *m.* blow; **coup d'œil** *m.* glance
courant *m.* stream, current
courir to run
couronne *f.* crown, wreath
courrier *m.* mail, letters
cours *m.* course
courtier *m.* broker
court-métrage *m.* short length film
courtois courteous
coûter to cost
coûteux, -se costly
coutume *f.* custom
couture *f.* sewing
couvercle *m.* lid
couvert (*p.p.* of **couvrir**) covered
couverture *f.* covering
craindre to fear, to dread
crâne *m.* skull
craquer to crack; to crackle
cravate *f.* necktie
crayon *m.* pencil
créancier *m.* creditor
crèche *f.* crib; day nursery
créer to create
crème fraîche *f.* sour cream
crépuscule *m.* dusk; twilight
creux, -se hollow; sunken
crevasse *f.* crevice
crise *f.* crisis; paroxysm
critère *m.* criterion
croire to believe
croissant *m.* crescent; roll (to eat)

croix *f.* cross
croûte *f.* crust
cru raw; uncooked
crudité *f.* crudity; **crudités** raw vegetables
cuiller, -ère *f.* spoon, **cuillerée à café (à soupe)** teaspoon (tablespoon)
cuillerée *f.* spoonful
cuirassé *m.* battleship
cuire to cook; **faire cuire** to cook (something)
cuisine *f.* cooking
cuisinière *f.* stove, range
cuit (*p.p.* of **cuire**) cooked
cul: cul par-dessus tête head over heels
cul-de-jatte *m.* legless cripple
culotte *f.* knee breeches; **culotte de cheval** riding breeches
cuve *f.* storage tank

dame *f.* lady
danseuse *f.* dancer
daube *f.* stew
davantage more
débrouiller (se) to take care of oneself; to get by
debout upright, standing
début *m.* beginning, start
décéder to die; to decease
décevoir to disappoint; to deceive, to delude
déchaîner to let loose
déchausser (se) to take off one's shoes
déchirer to tear, to rend
déchirement *m.* tearing
décliner to decline, to refuse
décor *m.* setting
décoration *f.* ornament, decoration
découper to cut up, to carve; to cut out
découverte *f.* discovery
découvrir to discover; to uncover
décret *m.* decree, order
décrire to describe
décrocher to unhook; to win
dedans in, inside; within
dédicace *f.* dedication
dédier to dedicate
défaillant failing
défaut *m.* failure; shortcoming
défi *m.* challenge; defiance
défiler to move in procession
définir to define
défunt *m.* defunct; deceased
dégoût *m.* disgust
déguster to savor
dehors out, outside; **en dehors de** outside of
déjà already
délivrer to free, to release
demain tomorrow
demander to ask; **se demander** to wonder
démériter to be blameworthy
démesuré beyond measure, inordinate, excessive
demeure *f.* dwelling, abode
demeurer to dwell, to reside
demi half
démodé outdated, outmoded
démuni unprovided
dénigrer to denigrate; to decry
densifier to densify
dent *f.* tooth
départ *m.* departure; **au départ** starting from
dépaysé not at home; uprooted; **être dépaysé** to be homesick
dépenser to spend
dépit *m.* spite; grudge; **en dépit de** despite, in spite of
déposer to put down
dépouiller to strip
depuis since; from the time that
dérision *f.* mockery
dérisoire derisory; ridiculous; petty
dernier, -ère last
dérober to steal; to hide; **se dérober** to escape, to steal away
dérouler to unreel, to unfold; **se dérouler** to unfold; to proceed
dès as early as
descendre to go down
désespoir *m.* despair, hopelessness, desperation
déshabillé undressed
désintéressé unselfish, disinterested
désolé heartbroken; grieved; sorry
désordonné disorderly
dessalé knowing; sharp-witted; unsalted
destin *m.* fate, destiny
dessin *m.* drawing
dessin animé animated cartoon
dessinateur *m.* sketcher, drawer
désuet, -tte obsolete, out-of-date
détacher to come undone; to untie

détenir to detain; to possess
détente *f.* relaxation
détester to hate
détrempé soaking; wringing wet
deuil *m.* mourning
dévaluer to devaluate
devant before, in front of
devenir to become
devin *m.* fortune teller; wizard
deviner to guess; to foretell
devinette *f.* riddle
devise *f.* motto, slogan
devisser to unscrew
devoir to have to, to owe
devoir *m.* duty
dévouement *m.* devotion
dévoyé having lost one's way; perverted
diable *m.* devil
diatribe *f.* bitter or abusive discourse
dieu *m.* God
différend *m.* dispute, quarrel; difference
digne worthy; honorable; dignified
diminuer to diminish, to lessen, to reduce
diminution *f.* diminution, reduction
dinde *f.* turkey
dire to say, to tell
dire *m.* statement, allegation
dirigeant *m.* leader; director
diriger to direct, to lead
disjoindre to separate
disparaître to disappear, to vanish
disparu (*p.p.* of **disparaître**) disappeared, vanished
dispenser de to exempt from
disperser to scatter
disposer to dispose; to lay out; to arrange; **se disposer** to prepare oneself, to make ready
dissimuler to hide, to conceal; to disguise
distribuer to hand out
disque *m.* disc; record
divers various
divertir to amuse (someone); **se divertir** to enjoy oneself, to have fun
divertissement *m.* entertainment; pastime
dodeliner to rock (a child); **dodeliner de la tête** to nod one's head
doigt *m.* finger
domestique *adj.* domestic
domestique *m., f.* household servant
dominer to dominate
don *m.* gift
donc therefore; then
donner to give; **donner libre cours à** to give free vent to
dorénavant henceforth, from now on
doré gold, golden
dorer to brown
dormir to sleep
dos *m.* back
dossier *m.* file; records
douane *f.* customs
doucement slowly
douceur *f.* softness; sweetness; gentleness; pleasantness
douleur *f.* pain, suffering; grief
douloureux, -se painful; grievous
doux, -ce soft; sweet; gentle; pleasant
drame *m.* tragedy; drama
dresser to stand upright; to erect; **se dresser** to stand up
droit *m.* right
droit *adj.* straight; right
drôle funny
dû *p.p.* of **devoir**
dur *adj.* hard, severe; unfeeling
dur *adv.* hard
durée *f.* duration
durer to last

eau *f.* water
eau-de-vie *f.* brandy
éblouir to dazzle
ébranlement *m.* shaking; shock; commotion
échantillon *m.* specimen, sample
échapper to escape; **s'échapper** to get away
échevelé wild, dishevelled
échine *f.* spine, backbone
échouer to fail; to come to grief
éclair *m.* flash of lightning; **lancer des éclairs** to flash
éclairé lit up
éclat *m.* burst; splinter; **éclat de rire** burst of laughter
éclater to burst; **éclater de rire** to burst into laughter
économe thrifty, saving; sparing
économie *f.* economy; saving; thrift; **faire des économies** to save, to economize

écossais Scottish
écouler: faire écouler to cause to flow (out, away)
écran *m.* screen
écraser to crush
écrire to write
écrivain *m.* writer
édredon *m.* comforter filled with eiderdown
effacer to erase
effectuer to effect; to carry out, to accomplish
efficace efficacious, effective
efforcer (s') to strive to
effrayer to scare
égal equal; even; level
égaler to be equal to
égalité *f.* equality; evenness
égard: à l'égard de as regards, with respect to
église *f.* church
égoïste selfish; egoistic
égoutter to drain off the liquid
élan *m.* bound; spring; dash; impetus; momentum
élancer (s'): s'élancer vers to rush towards
élargir to enlarge
élève *m., f.* pupil
élevé brought up; **bien élevé** well-bred
élever to raise; to bring up; **s'élever** to rise
élire to elect, to choose
élu (*p.p.* of **élire**) elect; chosen; elected
embrouiller to confuse; to tangle up
émerveiller to amaze, to fill with wonder
émission *f.* TV program
émoi *m.* emotion
émouvoir to move, to touch, to affect
empêcher to prevent, to hinder; **s'empêcher de** to refrain from
emplir to fill
emporter to take away; to carry off
empresser (s') to hasten
emprunt *m.* loan
emprunter to borrow; **emprunter à** to borrow from
ému (*p.p.* of **émouvoir**) moved, touched
enceinte *f.* enclosure
enchevêtré entangled
encombrer to encumber; to clutter; to obstruct
encore yet; again; still
encrier *m.* inkwell
endormeur, -se having a sleep-inducing or hypnotic quality
endormir to put to sleep; **s'endormir** to go to sleep, to fall asleep
endroit *m.* place, spot
énerver to irritate; **s'énerver** to become irritable
enfance *f.* childhood
enfant child
enfanter to give birth
enfer *m.* Hell
enfermer to enclose, to shut in
enfin at last, finally; anyhow
enfoncer to drive (in); to thrust; **s'enfoncer** to penetrate
enfourcher to bestride, to mount
enfumer to fill with smoke
engager to engage (someone); to pledge (something); **s'engager** to promise; to commit oneself
engendrer to beget, to breed; to engender
enjoindre to enjoin, to call upon
enlever to remove; to carry off; to take away
enneigé snow-covered
ennui *m.* annoyance; tedium
ennuyer to bore; **s'ennuyer** to be bored
énoncer to state; to word; to express
enrager to be in a rage; to enrage
enregistrer to register; to record
enrichir to grow rich, to enrich
enseignant *adj.* teaching
enseignant *n.* teacher
enseigner to teach
ensemble together; at the same time
ensevelir to shroud; to bury
ensuite afterwards; next; then
entacher to blemish
entendre to hear; to understand
entendu (*p.p.* of **entendre**) understood; heard; **bien entendu** of course
enterrement *m.* burial; funeral
enterrer to bury
enthousiaste enthusiastic
entourer to surround, to encircle
entrailles *f. pl.* entrails, guts, bowels
entraîner to bring
entre between; among
entreprendre to undertake
entrer to come in, to enter
entretien *m.* talk; interview
entrevoir to catch a glimpse of; to sense

envers towards
envie envy; desire; **avoir envie de** to feel like; to desire
environ *adv.* about, approximately
environs *m. pl.* surroundings
envoyer to send
épais, -sse thick
épaissir to thicken
épanouir to bloom; to light up
épanouissement blossoming, flowering
épargne *f.* economy, thrift, saving; **épargner** to economize
éparpillement *m.* scattering
épaule *f.* shoulder
éperdu desperate; distracted
épice *f.* spice
épicier, -ère *m., f.* grocer
épier to spy upon
épiloguer to carp; to enlarge (upon)
épisode *m.* serial film
éplucher to peel
épopée *f.* epic
époque *f.* epoch, era, period in time
épouser to marry
épouvante *f.* terror; fright
époux, -se *m., f.* spouse
épreuve *f.* test; proof; trial
équipe *f.* team, crew
équipée *f.* escapade
éreinter to exhaust
errer to wander, to roam
escalier *m.* staircase
espèce *f.* sort, kind; breed, species
espérance *f.* hope; expectation
espérer to hope for
espoir *m.* hope; expectation
esprit *m.* spirit; mind; wit
essayer to try, to attempt
essence *f.* gas; petrol
essuyer to wipe
établir to establish
étage *m.* floor
étale slack; **mer étale** smooth water
étaler to spread out
étang *m.* pond
étape *f.* stage (of journey)
état *m.* state, condition; **homme d'état** statesman
éteindre to extinguish; **s'éteindre** to die out
étendre to spread; **s'étendre** to stretch oneself out
étinceler to sparkle, to gleam
étioler to weaken
étoffe *f.* material, fabric
étoile *f.* star
étonner to astonish; **s'étonner de** to be surprised at
étourdir to make giddy
étrange strange, odd
être to be; **être d'accord** to agree; **être mis à la porte** to be fired
être *m.* being
étroit narrow
évacuer to drain off; to vacate
événement *m.* event, occasion, happening
éviter to avoid
evoluer to evolve, to develop
évoquer to evoke, to conjure up; to raise
exclu (*p.p.* of **exclure**) excluded
exclure to exclude
exemplaire *m.* copy
exiger to demand; to require
exorbitant outrageous, exorbitant
expliquer to explain
exprimer to express
exquis exquisite
extraire to extract

fable *f.* fable, tale
face: en face de in front of, opposite; **faire face à** to face up to; to meet; to cope with; to face
fâcher to make angry; **se fâcher** to get angry
facile easy
faciliter to ease
façon *f.* way; **de toute façon** anyway
facultatif, -ve optional
fagot *m.* bundle
faible weak, feeble, frail
faiblesse *f.* weakness, frailty
faiblir to weaken
faim *f.* hunger
faire to do, to make; **faire des économies** to economize; **faire revenir** to brown; **se faire du souci** to worry; **faire cuire** to cook; **faire connaître** to bring out; **se faire jeter dehors** to get kicked out; **faire face** to face; **faire appel** to call upon
faisan *m.* pheasant

faît *m.* fact; feat; **en fait** as a matter of fact
faîte *m.* top; summit
fait-tout *m.* stewpan; large cooking pot
faix *m.* burden; load
falloir to be necessary; **il faut que** it must be that
familier, -ère familiar; colloquial
farce *f.* trick; practical joke
farceur, -se practical joker; humorist
farfelu *m.* harebrained
farine *f.* flour
faucon *m.* falcon
faux, -sse false
faute *f.* fault; mistake; **faute d'orthographe** *f.* spelling error
fauteuil *m.* armchair
fébrile feverish
féculent starchy (food)
féerie *f.* magic spectacle
femme *f.* woman; wife
fenêtre *f.* window
fer *m.* iron; **chemin de fer** *m.* railroad
ferme *f.* farm
ferme *adj.* firm
fermer to close
ferré fitted with iron; **voie ferrée** railroad
fête *f.* holiday; festivity; feast
feu *m.* fire; **à feu doux** over low flame
feuille *f.* leaf
feuilleton *m.* serial story
feutre *m.* felt
fidèle faithful
fier, -ère proud, haughty
fier (se) to trust
fierté *f.* pride, haughtiness
figurant *m.* crowd artist; extra (theater)
figure *f.* face
fil *m.* thread, string; **fil d'or** thread of spun gold; **fil conducteur** leading theme
filet *m.* luggage rack; net
filiation *f.* filiation; derivation; descent
fin *f.* end
fisc *m.* governmental tax-collecting administration
fissuré cracked
flairer to smell, to sniff, to scent
flambant blazing, flaming
flambeau *m.* torch
flamber to flame, to burn
flanc *m.* flank; side
flâner to stroll
fléau *m.* plague; curse
flétrir to denounce; to stigmatize
fleurir to blossom; to flourish
fleuve *m.* river
flot *m.* flow
foi *f.* faith
foie *m.* liver
foin *m.* hay
foire *f.* fair
fois *f.* time; occasion; **à la fois** at the same time
folie *f.* madness, insanity
foncièrement fundamentally
fonctionnaire *m.* official, civil servant
fond *m.* bottom; heart; **fond d'artichaut** artichoke heart
fondre to melt; **faire fondre** to melt (something)
fonte: en fonte made of cast-iron
forgeron *m.* blacksmith
former to form, to shape; to train
formidable great, terrific
fort *adj.* strong
fort *adv.* strongly; very
fossé *m.* gulf; ditch; breach
fou, folle crazy
fouchtra *m. fam.* swear word attributed to the Auvergnats
foudroyer to strike down; to dumbfound
fouet *m.* whip
fouetter to whip
fougue *f.* ardor
fouiller to dig
foulard *m.* scarf
foule *f.* multitude, crowd
four *m.* oven; **faire cuire à four** to bake
fourchette *f.* fork
fournir to furnish
fournitures *f. pl.* supplies; equipment
fourrure *f.* fur
fous-moi la paix *fam.* shut up; leave me alone
foyer *m.* home; hearth
fraîcheur *f.* freshness, coolness
frais, -îche fresh; **au frais** in a cool place
framboise *f.* raspberry
franchir to clear, to jump over; to cross, to pass through

frapper to strike, to hit
fraternel, -lle brotherly
frémir to tremble, to shake
friandise *f.* delicacy; tidbit
frictionner to rub
frire to fry; **faire frire** to fry (something)
frit (*p.p.* of **frire**) fried
froid cold, chilly, frigid
froisser to offend
fromage *m.* cheese
front *m.* forehead
frontière *f.* border
frotter to rub
fuir to flee, to run away
fulminer to explode; to react caustically
fumée *f.* smoke
fumer to smoke
funèbre funeral *(adj.)*

gagner to win; to earn; to gain
galant gallant; courteous
galéjeur given to mockery
galimatias *m.* gibberish
galop d'essai *m.* preliminary try
gamin *m.* boy; youngster; street urchin
garçon *m.* boy
garde: prendre garde à to be careful of, to take care of
garder to keep
garderie *f.* day nursery
garniture *f.* trimming
gâteau *m.* cake
gâter to spoil, to pamper
gausser (se) to mock, to ridicule
gazon *m.* lawn
geler to freeze
gelinotte *f.* fattened pullet
gémir to moan
gênant cumbersome; awkward; embarrassing
gêner to embarrass; to inconvenience
génie *m.* genius
genou *m.* knee
genre *m.* kind, family; gender
gens *m. pl.* people, folks
gentillesse *f.* kindness; graciousness
géographe *m.* geographer
gésir to lie; to be lying (down)
geste *m.* gesture; sign; motion
gisement *m.* layer, stratum; bed; deposit
givre *m.* hoarfrost
glacé icy, frozen; chilly
glaner to glean, to gather
glisser to slip
gloire *f.* glory, fame
gominé having plastered-down hair
gosse *m.* kid, youngster
gourmandise *f.* gluttony; greediness
goût *m.* taste
goûter *m.* snack
goûter to taste
grâce *f.* grace; **grâce à** thanks to
gracieux, -se graceful, pleasing
graisse *f.* grease
grand big, large
grand-chose: ne pas rester grand-chose not to be much left
grandeur *f.* greatness
grandiose grand
grandir to grow up; to grow, to increase
gratiner to brown; to crisp
gratuit free
gravir to climb, to ascend
grenier *m.* attic, loft
grève *f.* strike, walk-out
grille *f.* iron gate; fence
griller: faire griller to grill, to broil, to roast (something)
grimace *f.* grin; grimace
grimper to climb up
grisant merry; tipsy
grive *f.* thrush
gros, -sse big, large, fat, broad
guère: ne ... guère hardly, barely, scarcely
guérir to cure
guerre *f.* war
guetter to watch for; to lie in wait for
guirlande *f.* garland, wreath
gustatif, -ve gustatory, related to the sense of taste

habiller (s') to dress oneself
habitant *m.* inhabitant, occupant, resident
habiter to inhabit, to live in, to dwell, to reside
habitude *f.* habit; custom
haine *f.* hate, hatred
haineux, -se hateful; malignant
hantise *f.* obsession
harcelé harassed; tormented

hardiesse *f.* boldness
hasard: par hasard by chance
hausser les épaules to shrug one's shoulders
haut high
herborisateur, -trice plant classifier, botanist
hérisser (se) to bristle up
heure *f.* hour
heureusement fortunately, luckily
hideux, -se hideous
hier yesterday
histoire *f.* history; story; **histoire d'amour** love story
homme *m.* man
honnête honest; proper
honte *f.* shame, disgrace; **avoir honte** to be ashamed
horaire *m.* schedule
horloge *f.* clock
hormis except
hors *prep.* out of, outside of
hotte *f.* basket
houe *f.* hoe
huile *f.* oil
humain human
huppe *f.* tuft, crest

îlot *m.* islet, small island
illustre famous
imbattable unbeatable
imperméable *m.* raincoat
impôt *m.* tax; income tax
impotent crippled; impotent
imprimer to print
impuissant powerless, helpless
inattendu unexpected
incendie *m.* fire
inconnu unknown
incroyable incredible, unbelievable
inculquer to inculcate, to instill
indéchiffrable undecipherable, incomprehensible
indécis undecided, uncertain
indigne unworthy, dishonorable, shameful; unbecoming
induire to induce; to lead
indulgence *f.* leniency
inentamé intact
inespéré unhoped for
infirmière *f.* nurse
infraction *f.* violation
ingénieur engineer; **ingénieur des ponts et chaussées** civil engineer
inouï unheard of; amazing
inquiéter (s') to worry
insensible insensitive; indifferent; insensible
insérer to insert
insinuer to insinuate, to imply, to hint at
insondable unfathomable
inspirer to inspire; **s'inspirer de** to draw one's inspiration from
instituteur, -trice schoolteacher
integrant integral
intempérie *f.* inclemency
intéresser (s') to become interested
intérêt *m.* interest; advantage
intermédiaire *m.* intermediary; go-between
interminable never-ending; interminable
interroger to question, to interrogate
interrompre to interrupt
intimité *f.* intimacy
intrigue *f.* intrigue; plot
inutile useless
ivre intoxicated, drunk

jacasser to chatter
jacassin *m.* attitudes and expressions passed from generation to generation
jamais ever, never
jambe *f.* leg
jambon *m.* ham
jardin *m.* garden
jaser to gossip; to tattle
jet *m.* jet; stream; **jet d'eau** *m.* fountain
jeter to throw
jeu *m.* game; play
jeun: à jeun on an empty stomach; fasting
jeune young
jeunesse *f.* youth
j'menfichiste *fam.* one who couldn't care less
joie *f.* joy
joindre to join; **joindre les deux bouts** to make ends meet
joli pretty
jouer to play; to operate; to take effect; **jouer un tour à** to trick
jouet *m.* toy
joujou *m.* toy (*fam.*)
jour *m.* day

journal *m.* newspaper
journalier *m.* day laborer; journeyman
jounaliste *m., f.* reporter
journée *f.* day; daytime
joyeux, -se cheerful, joyful
juif, -ve Jewish
juillet *m.* July
juin *m.* June
jurer to swear

lâcher to release; to loosen
lacune *f.* break, gap
laid ugly
laine *f.* yarn, wool
laïque secular, lay; undenominational
laisser to let, to allow; to leave (behind)
lait *m.* milk
laitue *f.* lettuce
lame *f.* blade
lance *f.* spear
lancer to launch, to hurl, to throw; **lancer des éclairs** to flash; **se lancer dans** to go into, to launch into
lancier *m.* lancer; soldier armed with a lance
lapin *m.* rabbit
large: au large open sea, out to sea
larme *f.* tear
las, lasse tired, weary
lassitude *f.* weariness, lassitude
laurier *m.* laurels
laver to wash
lecture *f.* reading
léger, -ère light
légèrement slightly
légume *m.* vegetable
lendemain *m.* morrow, day after, next day
lent slow
lentement slowly
lessive *f.* laundry
lever to lift, to raise; **se lever** to rise
lèvre *f.* lip
libertin libertine, rake
libidineux, -se lustful
libre free
lien *m.* tie, connection
lier to tie, to bind; **pieds et poings liés** bound hand and foot
lieu *m.* place; **au lieu de** instead of; **avoir lieu** to take place
ligne *f.* line
linge *m.* linen
lisse smooth, sleek; soft
lisser to smooth, to gloss, to sleek
lit *m.* bed
livre *m.* book
livrer to deliver; to give up
logement *m.* housing, lodging
loger to lodge, to house
loi *f.* law
loin far, distant
lointain distant
loisir *m.* leisure, leisure hours, leisure activity
Londres London
longtemps long, a long time
lopin *m.* bit, piece; plot (of land)
lors de at the time of
lourd heavy
lueur *f.* gleam, glimmer, flash
lugubre dismal, gloomy, dreary
luire to glimmer, to gleam, to shine
lumière *f.* light
lune *f.* moon
lustrer to gloss, to polish
lutte *f.* struggle; wrestling
lutter to struggle
luxe *m.* luxury; **de luxe** luxurious
lycée: petit lycée grammar school; **grand lycée** secondary school

macédoine *f.* diced vegetables; diced fruit
magasin *m.* store
main *f.* hand
maintenant now
maire *m.* mayor
mairie *f.* town hall; mayoralty
mais but
maïs *m.* corn
maison *f.* house; **maison de retraite** retirement home
maître *m.* master
maïzena *f.* corn starch
majestueux, -se majestic, stately
mal *m.* hurt; harm; pain; evil; **faire du mal à quelqu'un** to harm someone
maladie *f.* sickness
maladresse *f.* clumsiness
malaxer to knead; to work; to mix
malédiction *f.* curse

malgré despite, in spite of
malheur *m.* unhappiness
malheureux, -se unhappy, unfortunate
malice *f.* mischievousness; shrewdness
malle *f.* trunk
malsain unhealthy, unwholesome
maltraiter to mistreat
manchot *m.* one-armed
manger to eat
manifester to demonstrate; **se manifester** to appear, to show
manque *m.* lack, shortage
manquer to be missing, to be lacking
mante *f.* coat; cape
manteau *m.* coat
maquis *m.* underground forces
marchander to bargain
marche *f.* walking; progress; course
marché *m.* market
mari *m.* husband
marier to marry, to unite, to join; **marier (se)** to get married
mariner to marinate
marionnette à fils *f.* puppet animated with strings
marmite *f.* cooking pot; stewpan
matelas *m.* mattress
matière *f.* material, substance; **matières premières** raw material
matin *m.* morning
mécanicien *m.* mechanic
méchant mean
médecin *m.* doctor, physician
méfier (se) de to distrust
mélange *m.* mixture
mélanger to mix
mêlé de mixed with
même *adj.* same
même *adv.* even; **tout de même** all the same
mémoire *f.* memory
ménage *m.* housekeeping
ménagère *f.* housewife
menfichiste: J'menfichiste *fam.* one who couldn't care less
mensonge *m.* lie, falsehood
mensuel, -le monthly
menthe *f.* mint
mentir to lie, to tell falsehoods
mépris *m.* disdain
mépriser to despise; to scorn
mer *f.* sea
mercier, -ère *n.* dealer in clothes, materials
merveille *f.* marvel, wonder
merveilleux, -se marvelous
messe *f.* mass
mesure *f.* measure; moderation; **dans quelle mesure** in what way; to what extent
métayer *m.* sharecropper
météo *f.* weather forecast
métier *m.* profession; trade
mets *m.* article of food; dish (food)
metteur en scène *m.* director
mettre to put, to place, to set; to put on (clothes)
meubler to furnish
meulier, -ère rude, coarse-grained
meurtrir to bruise
miche *f.* round loaf
midi *m.* noon
miel *m.* honey
mieux *adv.* better
mijoter: faire mijoter to simmer (something)
milieu *m.* middle; social class; environment
mince thin, slender
mine *f.* look; countenance, face
minuscule tiny
minutieusement scrupulously
mis (*p.p.* of **mettre**) put, placed, set; put on
miséricorde *f.* mercy
mitonner to nurse (a project); to simmer
mitrailleuse *f.* machine gun
mixage *m.* mixing of sounds
mode *f.* fashion; manner; **mode de vie** life style; **à la mode** in fashion
moelleux, -se soft; downy
mœurs *f. pl.* customs
moindre lesser; least
moins less
mois *m.* month
moitié *f.* half
momentanée momentary
mondain mundane; worldly; fashionable
monde *m.* world; **tout le monde** everyone
mondial: mondialement worldwide
monotone monotonous
mont *m.* mount; mountain
montage *m.* cutting, editing (film); staging (play)

montagne *f.* mountain
montant *m.* amount
montrer to show; **montrer du doigt** to point
moquer (se) to make fun of
morceau *m.* part, piece, portion
mordre to bite, to nip; **mordre sur l'avenir** to forecast the future
morgue *f.* mortuary
mort (*p.p.* of **mourir**) dead
mot *m.* word
moteur *m.* engine; motor
mou, molle soft
mouche *f.* fly; **mouche à miel** bee, honeybee
moudre to mill; to grind
moule *m.* mold; **moule à tarte** *m.* pie tin
moulu (*p.p.* of **moudre**) ground; milled
mourir to die
mousse *f.* foam
mouton *m.* sheep
moyen, -nne average; middle; medium
moyen *m.* resource; means
muet, -tte mute; dumb
munir: munir de to provide with, to supply with
mur *m.* wall
musée *m.* museum
musulman Moslem; Mohammedan
muté transferred; changed

nager to swim
naïf, -ve naive, unsophisticated, simple
naissance *f.* birth
narine *f.* nostril
natal native, natal
natation *f.* swimming
navire *m.* ship
navré heartbroken; deeply grieved; sorry
néanmoins nevertheless
néant *m.* nothingness
nécessiteux, -se needy
négritude *f.* ritual and cultural heritage of the Negro people
neige *f.* snow; **battre en neige** to beat into a stiff foam (cooking)
nettoyage *m.* cleaning
nettoyer to clean
neveu *m.* nephew
nid *m.* nest
nier to deny
nique *f.* sign of contempt; **faire la nique à** to turn up one's nose at
niveau *m.* level; **niveau de vie** standard of living
noceur, -se reveller; party goer
nocturne nocturnal
Noël *m.* Christmas
nombreux, -se numerous
nommer to name
notaire *m.* notary
nourrice *f.* wet nurse
nourrir to feed, to nourish
nourrisson *m.* nursling; suckling; foster child
nourriture *f.* food
nouveau, -elle new; recent
noyer to drown
nu naked, bare; **pieds nus** barefoot
nuage *m.* cloud
nuancer to shade; to vary slightly
nuit *f.* night
nulle part nowhere at all
nullement not at all

obéissance *f.* obedience
obliger to compel, to oblige, to force
obséquieux, -se obsequious, fawning
occident *m.* west, occident
occuper (s') de to look after, to take care of
occurrence: (en l'occurrence) in this case
ocre *f.* yellowish, reddish clay earth
odeur *f.* smell
odieux, -se odious, detestable
odorat *m.* sense of smell
œuf *m.* egg
œuvre *f.* work (of art); achievement
oignon *m.* onion
oiseau *m.* bird
olfactif, -ve olfactory, related to sense of smell
ombre *f.* shade, shadow
oncle *m.* uncle
opulent opulent, wealthy
or *m.* gold
orage *m.* storm
ordinateur *m.* computer
ordonnance *f.* prescription
oreille *f.* ear
orgueil pride; arrogance
originaire: être originaire de to come from, to be a native of, to originate from

original original, first-hand
osé bold, daring
ôter to take off, to remove
oubli *m.* forgetting, oversight, omission
oublier to forget
ouest west
ouïe *f.* sense of hearing
outil *m.* tool
outre: en outre furthermore, moreover
outre-mer overseas
ouvert (*p.p.* of **ouvrir**) open, opened
ouverture *f.* opening
ouvrier, -ère *n., adj.* worker
ouvrir to open

pagne *m.* loincloth
paille *f.* straw
pain *m.* bread
paisible peaceful
paix *f.* peace
palais *m.* palace
palpiter to throb; to palpitate
panier *m.* basket
Pâques Easter
paquet *m.* package, pack
parcourir to pass through
pardonner to forgive
pareille similar
paresseux, -se lazy; idle
parfaitement perfectly
parfum *m.* perfume
parler to speak, to talk
parmi among
parodie *f.* parody; skit
parsemer to sprinkle
part: de la part de on behalf of
partager to share, to divide into portions
parti *m.* political party; side, division
particulier, -ière private
partie *f.* part, portion; **faire partie de** to belong to
partisan *m.* supporter
paru (*p.p.* of **paraître** to appear) published; appeared
parure *f.* adornment
parvenir to succeed; to reach
pas *m.* step
passant *f.* passer-by
passé *m.* past
passer to pass, to go by; **se passer** to happen; **se passer de** to do without
pâte *f.* dough; paste; **pâtes alimentaires** noodles
patienter to be patient; to work patiently
patrie *f.* homeland; native country
patron, -nne boss; proprieter
pauvre poor
pauvreté *f.* poverty
pays *m.* land; country
paysage *m.* landscape
paysan, -nne peasant; farmer
peau *f.* skin
pêche *f.* peach
péché *m.* sin
pêcher to fish
peigne *m.* comb
peignoir *m.* negligee, woman's loosely fitting dressing gown
peindre to paint, to portray; to describe
peine *f.* pain; penalty; trouble; **à peine** barely
peintre *m.* painter
peinture *f.* painting
pelote *f.* skein (of yarn); pelota (sports)
pelure *f.* peel
penchant *m.* inclination
pencher to lean
pendant during
pendule *f.* pendulum clock
pénible painful; hard, laborious
pensée *f.* thought
penser to think
pensionnaire lodger, boarder
pente *f.* slope, incline
percée *f.* breakthrough
perception *f.* perception; collection
percevoir to perceive
perdre to lose; to waste
permettre (se) to afford; to permit (oneself)
perroquet *m.* parrot
perruche *f.* parakeet
persienne *f.* slatted shutter; blind
pesant weighty
peser to weigh; **peser sur** to weigh heavily on; to bear on
pester to rave; to swear
petit small, little
pétrir to knead
peu: à peu près about, approximately
peuple *m.* people, population

peur *f.* fear, dread
peut-être maybe
phare *f.* lighthouse
phrase *f.* sentence
pic *m.* peak
pièce *f.* piece; room; play
pied *m.* foot; **pieds et poings liès** bound hand and foot
pierre *f.* stone; **pierre tombale** tombstone
pincée *f.* pinch
pitre *m.* fool
place: sur place on the spot
placide placid; calm; serene
plage *f.* beach
plaindre to pity; **se plaindre** to complain
plaisanterie *f.* joke
planche *f.* board
plancher *m.* plank; floor
planer to glide; to soar
planter to plant
plaqué plated
plaquette *f.* small plate of metal
plat *m.* dish (food); platter
plateau *m.* stage
plein full
pleurer to cry
plonger to dive, to plunge
plongeur, -se *n.* diver
pluie *f.* rain
plume *f.* feather; pen
plumer to pluck
plupart *f.* the greatest part, the most part
plusieurs several
poche *f.* pocket; **argent de poche;** pocket money
poêle *f.* frying pan
poésie *f.* poetry
poids *m.* weight
poing *m.* fist
point: à point just right; medium-done (meat)
poire *f.* pear
poisson *m.* fish
poivre *m.* pepper
poli polite; polished
policer to police; to civilize; to refine
polisson, -nne *adj.* naughty
polisson, -nne *n.* naughty child
politesse *f.* politeness, courtesy
polystyrène *m.* transparent thermoplastic
pomme *f.* apple
pompe *f.* pump
pompier *m.* fireman
porte *f.* door
porte-avion *m.* aircraft carrier
porte-plume *m.* penholder
porter to carry; to wear; **se porter** (+ *noun*) to come forward as (+ *noun*); **se porter bien** to be well
portier *m.* doorkeeper
posséder to possess, to have
potage *m.* soup
poudre *f.* powder
poudrer to powder
poule *f.* hen; chicken
pouls *m.* pulse
pourceau *m.* hog
pourri rotten, decayed
poursuivre to pursue
pourtant yet, however, nevertheless
pourvu que as long as
pousser to push
poussière *f.* dust
pouvoir *m.* power
pouvoir to be able
préalable: au préalable beforehand
précieux, -se precious; affected
précipiter to precipitate; to rush (something)
prédire to predict, to foretell
préjugé *m.* preconception; prejudice
premier, -ère first; lasting
prendre to take; to choose; **s'en prendre à** to find fault with
prescrire to prescribe
pressentir to have a presentiment of; to sound (someone) out
presser to press; to hasten; **se presser** to hurry
pression *f.* pressure
prêt *adj.* ready, prepared
prêt *m.* loan
prétendre to claim, to assert, to affirm
prétention *f.* pretention; claim
prêter to lend; **prêter attention à** to pay attention to
prier to pray; to ask; to entreat
pris (*p.p.* of **prendre**) taken; chosen
prisé used
privé private

priver to deprive; **se priver de** to do without
prix *m.* price, cost; prize; **à tout prix** whatever the cost
procédé *m.* method, process
prochain next
proche near
prodige *m.* prodigy, wonder; **tenir du prodige** to be a wonder
produit *m.* product
proférer to utter
profiter de to take advantage of
profond deep, profound
profondeur *f.* depth
progrès *m.* progress, advancement; **faire des progrès** to progress, to make headway
proie *f.* prey
prolonger to prolong, to extend
promotion *f.* class (body of students to graduate in same year)
prononcer to pronounce, to utter
propice propitious; favorable
propos: à propos de pertaining to; **à tout propos** at every turn
propre *adj.* clean; own
propre *m.* attribute, characteristic; peculiarity
prostituée *f.* prostitute
provenir to derive, to originate
publier to publish
puiser to draw
puisque since; inasmuch as
puissant powerful
punir to punish
purger to purge; to drain

qualité *f.* quality; qualification; status
quant à as for
quartier *m.* one-fourth; quarter; neighborhood
quasi quasi, nearly, almost
quel, -lle what; which; who
quelque some, any; **quelque part** somewhere
quelquefois sometimes, now and then
quelqu'un someone, anyone
queue *f.* tail
quiconque anybody
quiproquo *m.* misunderstanding; mistake
quitter to leave
quoi *what;* **en quoi** how
quotidien, -nne daily

racheter to repurchase, to buy back
raconter to relate, to tell
raffinement *m.* refinement
raideur *f.* stiffness, rigidity
railler to jeer at; to banter
raillerie *f.* banter; scoff; quip
raisin *m.* grape
raison *f.* reason; **avoir raison** to be right; **en raison de** because of
ramasser to gather together; to pick up
ramée *f.* branch
ramener to bring back
ramollir to soften
rampe *f.* footlights; slope
râpe *f.* grater
râper to grate
rapport *m.* report; return; relation; **en rapport avec** in touch with, in keeping with; **avoir un rapport** to relate; to refer
rapprocher (se) to get close
rare uncommon, rare
ras filled to the brim
rattacher (se) à to be connected to
rattraper to catch again; to recover
ravissement *m.* rapture, delight; **dans le ravissement** in ecstasy
réagir to react
réalisateur *m.* director
recette *f.* recipe
recherche *f.* research
rechigner to look surly; to balk
récit *m.* account, narrative
récitant *m.* narrator
réclame *f.* advertisement
récolte *f.* harvest
récompenser to reward, to recompense
réconforter to comfort; to invigorate
reconnaissance *f.* gratitude
reconnaître to recognize; to acknowledge
recouvrir to cover again; to cover completely
recteur *m.* rector; vice-chancellor (of university)
reçu (*p.p.* of **recevoir**) received
recueil *m.* collection
reculer to draw back
redresser (se) to straighten up
réduire to reduce
réfléchir to reflect
refleurir to flourish anew; to blossom again
réflexion f. thought; consideration

réformer to reform; to receive a medical discharge
refroidir to cool, to chill
refus *m.* refusal; rejection
regard *m.* look, glance
regarder to look, to watch
regimber to kick; to balk
règle *f.* rule; **en règle** in order, correct
réglementaire regular; statutory
régler to regulate; to adjust; to settle
regretter to miss; to lament
rejoindre to rejoin; **se rejoindre** to meet again
réjouir to delight; to cheer up
relevailles *f. pl.* ceremony at church for a woman after childbirth
relever to raise; to bring into relief; to call attention to
relier to bind, to tie, to attach
relieur, -se *n.* bookbinder
remarquer to notice; to remark
rembourser to repay, to reimburse
remède *m.* remedy, cure; **porter remède à** to remedy
remercier to thank
remettre to put back, to replace; to postpone
remonter to reascend; to raise up
remords *m.* remorse
remous *m.* unrest, stirring; eddy (of wind, water)
remplacer to replace
remplir to fill
remuer to stir
rencontrer to meet, to encounter; to run across
rendre to give back; **se rendre compte de** to realize
renfermer to withdraw; to close in
renne *m.* reindeer
renseigner to inform
rentrée *f.* reopening (of school); return
rentrer to reenter; to reopen (school); to return
renverser to overthrow; to reverse
renvoi *m.* reference; sending back
renvoyer to send back; to expel
repartie *f.* rejoinder, reply
repentir to repent
répondant *m.* surety; caution; guarantor; voucher
répondre to answer, to respond
reportage *m.* report
reporter (se) à to look back on; to refer to
repos *m.* rest
représentation *f.* performance
représenter to perform
reprise: à ... reprises on ... successive occasions
reprocher to reproach, to upbraid
réprouver to disapprove of
répugner to disgust, to fill with loathing
réputé famed, renowned
requin *m.* shark; shark-like
réseau *m.* network
résigner to resign
résolu (*p.p.* of **résoudre**) resolved
résoudre to resolve
ressortir: faire ressortir to bring out
ressusciter to resuscitate; to resurrect
rester to remain; to stay
résumer to sum up
résultat *m.* result
retard *m.* delay; lateness; **en retard** late
retenir to keep, to retain
retentir to resound
retirer to withdraw, to take out, to extract
retors crafty
retourner to return; to turn back
retraite *f.* retirement; pension; **en retraite** retired; **maison de retraite** retirement home
retraité retired; pensioned off
retraverser to recross, to cross again
rétro old-fashioned style
retrouver to find again
réussir to succeed
réussite *f.* success
rêve *m.* dream
réveil *m.* awakening
réveillon *m.* midnight supper on Christmas or New Year's Eve
revendre to resell
revenir to come back
revoir to see again
rideau *m.* curtain, drape
rire to laugh
rivalité *f.* rivalry
rive *f.* bank, shore; side
robe *f.* dress
Robin des bois Robin Hood
rocheux, -se rocky

roi *m.* king
roman *m.* novel
romanichel, -lle Gypsy; vagrant
rompre to break; to call off
rompu worn out, tired out
rond round
rondelle *f.* disc; slice
roseau *m.* reed
rôtir to roast
rouage *m.* wheels; internal works; bureaucracy
rouleau *m.* roller; **rouleau de pâtissier** rolling pin
rouler to roll; to dupe; to swindle
route *f.* road, path, route, course; **en route** on the way
rue *f.* street
ruisseau *m.* brook, stream
russe Russian

sac *m.* bag
sacerdotal priestly
sacré sacred, holy
sacristain *m.* sexton
sage nice, good; wise
saigner to bleed
saisir to seize; to grasp
saison *f.* season
salle *f.* room; meeting hall
saloir *m.* salting tub
saluer to greet; to salute
salut *m.* salvation
sang *m.* blood
sapin *m.* fir tree; **sapin de Noël** Christmas tree
sarrau *m.* overall; smock
saucisse *f.* sausage
saupoudrer to powder, to dust
sauter to jump; **faire sauter** to fry; to toss
savant *adj.* scholarly
savant *m.* scholar; scientist; learned person
savoir to know (how)
savon *m.* soap
savourer to taste slowly; to enjoy
scander to scan; to emphasize; **se scander** to be repeated
scénario *m.* film script
scène *f.* stage; scene
scie *f.* saw
scier to saw
sec, sèche dry
sécher to dry
secouer to shake
secours *m.* help, assistance, aid
sein *m.* breast; **au sein de** in the heart of
séjour *m.* stay, residence
sel *m.* salt
selon according to
semaine *f.* week
sembler to seem; **il semble que** it seems like
sens *m.* sense; direction; meaning; **dans le sens** in the direction
sensible sensitive; susceptible
sentiment *m.* feeling, sentiment
sentinelle *f.* sentinel, sentry
sentir to feel; to be conscious of; to smell
sérieux, -se serious, grave
serpent *m.* snake
serrer to tighten; **serrer la main** to shake one's hand
servir to serve; **se servir de** to use
seuil *m.* threshold
seul only; alone, single
siècle *m.* century
signaler to point out
signe *m.* sign; gesture; **signe de tête** nod
signifier to point out
sinon otherwise; if not
sitôt que as soon as
soi self
soie *f.* silk
soigné well-kept; **cuisine soignée** first-rate meal
soin *m.* care
soir *m.* evening
sol *m.* ground
soldat *m.* soldier
soleil *m.* sun
solennel, -lle solemn
somme *f.* sum; **en somme** in short
sommeil *m.* sleep
songer to dream
songeur, -se dreamy; thoughtful
sonner to ring, to sound
sonore resonant; ringing; loud
sorte *f.* kind, sort
sortir to go out
sou *m.* five-centime coin
souci *m.* care, worry, anxiety

souffler to blow
souffrance *f.* suffering
souffrir to suffer
souhaiter to wish, to hope
souiller to soil, to dirty
soulager to alleviate; to comfort; to relieve
soûl satiated; drunk
soulever to lift
soulier *m.* shoe
souligner to underline
soumettre to subdue; to submit; to subject
soumis (*p.p.* of **soumettre**) subdued; **être soumis à** to be subject to
soupière *f.* soup tureen; a deep (soup) bowl
sourire *m.* smile
sourire to smile
sournois sly, sneaky
sous-vêtement *m.* underwear
soutenir to support
souterrain underground
soutien *m.* support
souvenir *m.* memory; remembrance, memento
souvenir *impers.* to occur to the mind; **se souvenir de** to remember, to recall
souverain *m.* sovereign
soyeux, -se silky, silken
spolier to despoil
stade *m.* stage
stoïcien, -nne stoical; **en stoïcien** as a Stoic, stoically
stylo *m.* fountain pen
su (*p.p.* of **savoir**) known
subalterne *m.* subordinate
subsister to subsist; to be in existence
subvenir to supply; to provide for
suédois Swedish
suffrage *m.* right to vote; **gagner leurs suffrages** to win their approbation, their votes
suie *f.* soot
suite *f.* sequel; **à la suite de** following; **de suite** immediately after; **sans suite** no follow-up
suivre to follow
supplanter to supplant; to supersede
supprimer to suppress; to abolish
sur on
surgeler to deep freeze
surplis *m.* surplice
surplus: au surplus moreover
surprendre to surprise; to catch
sursauter to start, to jump
surtout especially; above all
surtout *m.* centerpiece (of a table)
surveiller to watch over, to keep an eye on
survenir to occur; to arrive unexpectedly
susciter to give rise to
syndical pertaining to trade unions; **délégué syndical** *n.* labor union delegate

tabellion *m.* scrivener; laywer
tableau *m.* painting; **tableau d'honneur** honor roll
tâche *f.* task
tacher to spot
tâcher to try
taille *f.* stature
taire (se) to be silent
tam-tam *m.* tom-tom
tant as much, so much
tante *f.* aunt
tantôt soon; **tantôt ... tantôt...** sometimes ... sometimes...
tapissé papered (wall)
tard late
tarder to delay
tarte *f.* pie
tasse *f.* cup
tassé shrunk; packed
tel, -lle such
téléviseur *m.* television set
tempête *f.* storm, tempest
temps *m.* time; weather
tendre to draw tight; to stretch; to hold forth
tenir to hold, to keep; **s'en tenir à** to hold on to; to keep at
tentation *f.* temptation
tentative *f.* attempt, endeavor
tenter to try, to attempt; to tempt
tenue *f.* manner of behavior; uniform, dress
terminer (se) to finish, to end
terrain *m.* piece of land
terrasser to knock down, to lay low
terre *f.* earth, land
terrestre earthly, of the earth
tête *f.* head; **de tête** leading; capable
têtu stubborn, obstinate
thé *m.* tea
thoracique: cage thoracique *f.* rib cage

tiède lukewarm, tepid
tiers *m.* third (part)
tige *f.* stem
tirer to pull; to draw
tiret *m.* dash; hyphen
tissu *m.* material, cloth
titre *m.* title
toit *m.* roof
tomber to fall; **tomber amoureux, -se** to fall in love
ton *m.* tone; pitch
tonnerre *m.* thunder
tonique *adj.* stressed
tonique *f.* tonic
tortiller to twist
toucher to touch; to cash a check; to receive a payment
toujours always
tour *f.* tower; *m.* turn; trick; **jouer un tour à** to trick; **faire le tour de** to go around
tournage *m.* shooting (of a film)
tournant *m.* turning, bend, corner
tourner un film to shoot a film
tournoyer to swirl
tournure *f.* turn (of sentence)
tout all, every; **tout de même** all the same, just the same; **tout à fait** completely
traducteur, -rice translator
traduire to translate
train: être en train de to be in the process of
traîner to drag; to lag behind
trait *m.* feature; **d'un trait** in one breath
traité *m.* treaty
traiter to treat; to deal
tranche *f.* slice
trancher to cut, to sever, to slice
tranquille quiet, tranquil
transmettre to transmit
transmis transmitted
travail *m.* work; **travaux ménagers** housework
travailleur, -se worker; hard-working
travailler to work
travers *m.* fault; **à travers** through; **de travers** askew; amiss
traverser to cross
tremper to temper; to harden; to soak
trépas *m.* death
très very
trésor *m.* treasure
tribunaux *m. pl.* courts of justice
tricher to cheat; to trick
tricheur, -se *adj.* cheater
triompher to triumph, to overcome
tromper to deceive; to be unfaithful to; **tromper (se)** to be mistaken
trop too much
trottoir *m.* sidewalk
trou *m.* hole
troupeau *m.* herd, flock
trouver to find; **se trouver** to be located; to find oneself
truc *m.* trick
trucage *m.* gimmickry, trickery, special effects
truffé stuffed
truite *f.* trout
tuer to kill
tzigane Gypsy

uhlan *m.* member of a light cavalry unit armed with lances
uni united
usage *m.* use; practice, custom; **être d'usage de** to be customary to
usine *f.* factory

vacances *f. pl.* vacation
vache *f.* cow
vaincre to vanquish, to conquer, to defeat
vaisselle *f.* dishes; **faire la vaisselle** to wash the dishes
valeur *f.* worth, value
valise *f.* suitcase
valoir to be worth
vaste vast; wide
veau *m.* calf
vécu (*p.p.* of **vivre**) lived
vedette *f.* movie star
veiller to watch over
vendange *f.* grape gathering; wine harvest
vendre to sell
vénérer to venerate, to reverence
vénimeux, -se venomous, poisonous
venir to come
vent *m.* wind
venu (*p.p.* of **venir**) come
venue *f.* coming
verdeur *f.* vigor; greenness
véreux, -se worm-eaten; dishonest

verge *f.* stick, rod
verger *m.* orchard
vérifier to check
véritable real
vérité *f.* truth; **en vérité** really, truly
verre *m.* glass
verrière *f.* glass roof
vers toward
verser to pour
vertige *m.* dizziness, vertigo
vêtement *m.* garment; clothes
veuf *m.* widower
veuve *f.* widow
viande *f.* meat
vie *f.* life
vieillesse *f.* old age
vieux, vieille old
vif, -ve lively; alive
vigueur *f.* vigor, strength
villageois villager
ville *f.* city, town
vin *m.* wine
vis *f.* screw
vis-à-vis in relation to; facing, opposite
visage *m.* face
viser to take aim at
vite quick; quickly
vitrail *m.* stained-glass window
vitré glass; glazed; **porte vitrée** *f.* glass door
vitrine *f.* picture window; show window
vivant living
vivre to live
voie *f.* way, path, road; **voie lactée** *f.* milky way
voir to see
voisinage *m.* neighborhood
voiture *f.* car
voix *f.* voice
vol *m.* flight
volant *m.* steering wheel; flounce
voler to fly; to steal
voleur, -se thief
volonté *f.* will, volition; willpower; **bonne volonté** good will
volontiers readily, willingly
vouloir *v.* to will, to be willing; to want, to desire
voyage *m.* trip, journey
voyager to travel
voyant *m.* clairvoyant
vrai true; **à vrai dire** to tell the truth; actually; strictly speaking
vraiment really
vu (*p.p.* of **voir**) seen

water: les water water closet, toilet

yeux *m. pl.* eyes

zèle *m.* zeal; ardor

4 5 6 7 8 9 0